主　编　钱乘旦
本卷作者　张本英

英帝国史

第五卷　英帝国的巅峰

A HISTORY OF THE BRITISH EMPIRE

The Climax of the British Empire

江苏人民出版社

图书在版编目(CIP)数据

英帝国史.第五卷,英帝国的巅峰/张本英著.——南京:江苏人民出版社,2019.10
ISBN 978-7-214-23285-4

Ⅰ.①英… Ⅱ.①张… Ⅲ.①英国-历史 Ⅳ.
①K561.0

中国版本图书馆 CIP 数据核字(2019)第 043131 号

书　　　名	英帝国史·第五卷　英帝国的巅峰
主　　　编	钱乘旦
著　　　者	张本英
策　　　划	王保顶
责 任 编 辑	张惠玲
装 帧 设 计	周伟伟
责 任 监 印	王列丹
出 版 发 行	江苏人民出版社
出版社地址	南京市湖南路 1 号 A 楼,邮编:210009
出版社网址	http://www.jspph.com
照　　　排	江苏凤凰制版有限公司
印　　　刷	江苏凤凰新华印务有限公司
开　　　本	880 毫米×1 230 毫米　1/32
印　　　张	91.375　插页 32
字　　　数	2 040 千字
版　　　次	2019 年 10 月第 1 版　2019 年 10 月第 1 次印刷
标 准 书 号	ISBN 978-7-214-23285-4
定　　　价	580.00 元(全 8 卷)

(江苏人民出版社图书凡印装错误可向承印厂调换)

本书获国家哲学社会科学基金经费资助,项目名称:
"英帝国的形成、发展及其在 20 世纪的崩溃"
项目号 11ASS001

谨此致谢

目 录

前言………… *1*

第一章 自由主义帝国的基石——自由贸易………… *1*
一、告别旧的殖民制度………… *2*
二、实现贸易自由………… *16*
三、坚船利炮与自由贸易………… *38*
四、经济霸权与非正式帝国………… *55*

第二章 自由主义帝国的特征——移民自治………… *69*
一、自由主义与殖民地改革运动………… *70*
二、"达勒姆报告"与加拿大责任制政府的建立………… *88*
三、澳大利亚与新西兰………… *116*
四、从责任制政府到自治领………… *125*
五、殖民地的双重标准………… *144*

第三章　自由主义帝国的理念——"文明使命"………… 172

一、人道主义运动与奴隶制的废除………… 173

二、传教士与帝国的扩张………… 185

三、英国人与英帝国………… 198

四、征服者与开化者………… 231

第四章　自由主义帝国的原则——保卫印度………… 259

一、帝国的商业利益………… 259

二、全球贸易与战略防卫体系………… 282

三、印度与大英帝国………… 292

四、帝国利益与帝国防卫………… 307

结语：所谓"自由主义帝国"………… 325

附录………… 328

一、地图………… 328

二、大事年表………… 331

三、参考书目………… 336

四、译名对照表………… 342

前　言

在人类上下几千年的文明史上,曾经出现过许许多多著名的大国、强国,但是就对整个世界历史的影响而言,恐怕它们当中没有一个能与19世纪到20世纪前期的大英帝国相匹敌。然而,半个多世纪前,从战后初期的风雨飘摇,到60年代的迅速土崩瓦解,曾经不可一世的英帝国终于成为了历史的陈迹。

1987年,保罗·肯尼迪《大国的兴衰》一书在纽约出版,在该书的扉页上,一幅意味深长的插图给人留下了丰富的想象空间:一个丘吉尔模样的人,手持米字旗,已从地球仪的最高处走下台阶,站在顶峰位置的,是一个肩挑星条旗的大个子美国佬,然而一只脚也已向下迈进,跟在美国佬身后的,是个身形瘦小的日本人,扛着太阳旗正在向顶峰作吃力攀登状。这幅插图的含义是显而易见的:进入20世纪的大英帝国已经雄风不再,无可挽回地从鼎盛走向衰落,并最后退出历史的舞台。

30年过去了,当今国际社会中的英国,仍然只是一个名副其实的二流国家。今天英国的年轻人,对现实有诸多的不满,一些人甚至觉得做个英国人是一种耻辱,然而,当被问及有什么东西会使他们感到自豪时,他们的回答却是:大英帝国和足球!这样的选择,未免出人意料,但细想起来,却又在情理之中:英帝国虽然早已不复存在了,但其昔日的辉煌却并没有随风飘逝,它留在了一代一代英国人的集体记忆里,成为一个民族和国家的精神遗产。

客观地看,英帝国兴起、强盛与走向顶峰的历史,恰好与资本主义从欧洲向全球扩张、并最终形成世界体系的历史紧密相随,这并不是一个偶然的巧合,英国之所以从一个地处西欧一隅的岛国不间断地向外扩张,最后建成版图与势力范围遍及全球的庞大帝国,有着某种历史的必然性。它最早获得的工业生产力,帮助它建立了一个庞大的帝国。

众所周知,由于各种原因,建国以来中国学术界对整个英帝国史的专门研究基本是个空白。在有限的几部英国通史类著作中,或者因时代局限无法客观分析评述,或者受篇幅所限对帝国的内容语焉不详。一些有关美国独立战争、加拿大自治领建立、印度民族起义、殖民主义以及战后非殖民化等内容的论文与专著,虽涉及到英帝国历史的若干方面,但通常是就事论事,不可能从整体上去把握。更为重要的是,历史已经迈进 21 世纪,世界经济也已不可逆转地步入全球化的进程,中国的学者应当有勇气,也应当有更开阔的视野,在借鉴国外历史学界大量研究成果的基础上,科学地、客观地评判英帝国的历史,拿出我们中国人的英帝国研究著作。

英帝国史是一个虽算不上源远流长但却始终充满活力的研究领域。

1883 年,剑桥大学历史学家约翰·西利爵士将其关于英帝国史的讲稿,以《英格兰的扩张》(*The Expansion of England*)为名公开出版,立即在英国引起了轰动。西利在剑桥大学开设英帝国史讲座并出版讲稿的目的,不仅在于增加其学生对帝国的了解,更是为了创造一种新的帝国精神。因此,他详细描述了 17 世纪至 18 世纪英国的海外扩张,指出:从17世纪初到19世纪的英国历史,实际上就是创造"更大不列颠"的历史。此外,他还对英国在与西班牙、葡萄牙、荷兰、法国等国争夺海外殖民地的激烈斗争中后来居上的原因,作了具体而深刻的分析。19世纪80年代,正值英国公众对帝国领土扩张的关注与热情逐渐高涨的"新帝国主义时期",这本书的出版恰逢其时,它不仅更强烈地唤起了英国人的帝国情结,也为英帝国史的研究奠定了基础。

西利在书中阐述的观点,对以后英国几代历史学家的研究以及帝国史传统观点的确立,都产生了深远的影响。因此,西利被公认为英国帝国史学的鼻祖,《英格兰的扩张》也成为帝国史的开山之作。从那时起直到20世纪中期,一大批学者进入西利所开创的帝国史领域,他们继承了西利的研究方法,在西利的观点和框架基础上,进一步发展和完善了对英帝国海外扩张史的解释,形成了一个阵容强大的帝国史传统学派。这期间,一批有影响的帝国史专著相继问世,

例如:《英国殖民政策简史》(H. Egerton, *A Short History of British Colonial Policy*, 1897)、《帝国主义》(J. Hobson, *Imperialism: A Study*, 1902)、《19世纪英帝国史》(M. Dorman, *A History of the British Empire in the Nineteenth Century*, 1904)、《剑桥英帝国史》(*The Cambridge History of the British Empire*, 上世纪20年代起陆续分卷出版)、《英帝国简史》(Ramsay Muir, *A Short History of the British Commonwealth*, 1922)、《维多利亚中期帝国主义研究》(C. Bodelsen, *Studies in Mid-Victorian Imperialism*, 1924)、《1783—1915年英国殖民政策》(C. Currey, *British Colonial Policy*, 1924)、《英帝国的观念与理想》(E. Barker,

The Ideas and Ideals of the British Empire，1941)、《旧殖民制度的崩溃》(R. Schuyler，*The Fall of the Old Colonial System*，1945)、《第二英帝国的建立》(V. Harlow，*The Founding of the Second British Empire*，1952)等等。其中，多卷本《剑桥英帝国史》以其极为翔实可靠的史料和宏大丰富的内容，成为同类著作中的佼佼者，直至今天仍然具有不可动摇的参考价值。

同时期，还有一批有关殖民政策的历史档案相应编辑出版，例如《英国殖民政策文件集》(Bell & Morrell，*Selected Documents on British Colonial Policy*，1928)、《1763—1917 年英国殖民政策演说与文件集》(A. Keith，*Selected Speeches and Documents on British Colonial Policy*，1933)等等。

整个英帝国史研究中，19 世纪的英帝国一直是学者们最为关注的研究热点。在帝国史传统学派的著作里，19 世纪英帝国的历史是这样被描述的：从 19 世纪初开始，美国独立战争的教训和亚当·斯密的学说逐渐被人们所接受，旧的殖民体系被推翻，随着自由贸易时代的来临，帝国已经不再具有价值。同时，由于以曼彻斯特学派为代表的"小英格兰人"的宣传鼓动，英国出现了一股主张殖民地与母国相脱离的分离主义思潮，这股思潮在 19 世纪 60 年代和 70 年代达到顶点，因此，19 世纪中期成为英帝国史上的"分离主义时代"，是英国人对帝国"漠不关心"的时代。只是到了 19 世纪末期，由于面临新老对手的竞争与挑战，好战的新帝国主义才成为一种社会风气。

这一观点自出现以后就被不断完善，迅速在帝国史研究领域占据了主导地位，特别是 1940 年《剑桥英帝国史》第二卷《1783—1870 年新帝国的成长》出版以后，人们更是将有关 19 世纪英帝国史的一整套解释，看成是不可更改的权威定论。

1953年，两位剑桥大学的青年学者加拉盖尔(J. Gallagher)与罗宾逊(R. Robinson)，在英国《经济史评论》杂志上发表了著名的《自由贸易的帝国主义》一文。这是一篇向帝国史传统观点全面挑战的论文，文章一经发表，犹如一石激起千层浪，立即在英国历史学界引起了持久激烈的争论。在讨论与争辩中，长期形成的英帝国史权威观点几乎都受到了批驳，而与此同时，新的解释与理论也遇到毫不留情的质疑。

这场关于19世纪英帝国与帝国主义的论战是如此富于魅力和挑战性，以至于它同时也受到了国际学术界的关注，许多英国、美国、加拿大、澳大利亚的知名历史学者纷纷投身于19世纪英帝国史的研究，甚至连著名历史学家保罗·肯尼迪也参与其间。19世纪英帝国史的研究真正出现了百花齐放、百家争鸣的局面，这一时期的许多内容成了长盛不衰的课题，任何新的著述都无法绕开已有的争论，任何新的研究者也都必须给出自己的回答。虽然，两位学者在该篇以及此后发表的帝国史论文中的观点，并没有完全成为学术界的共识，但传统学派在19世纪英帝国史领域的一统天下局面却从此被打破了。从某种意义上说，正是这两位学者的论文，带来了帝国史研究的复兴。

从那以后的几十年中，19世纪的英帝国与帝国主义便成为学术界最为活跃的研究领域之一，其间涌现出大量优秀的著作，特别是上世纪70—80年代，似乎形成了一个帝国史研究和著述的高峰，产生了一大批影响持久的作品。例如：《1815—1914：不列颠帝国的世纪——帝国与扩张研究》(R. Hyam, *Britain's Imperial Century：A Study of Empire and Expansion*, 1976)、《狮子那一份：1850—1970年不列颠帝国主义简史》(B. Porter, *The Lion's Share：A Short*

History of British Imperialism,1975)、《英帝国史的重新评价》(R. Hyam & G. Martin, *Reappraisals in British Imperial History*,1975)、《维多利亚时代帝国主义》(C. Eldridge, *Victorian Imperialism*,1978)、《1558—1983年不列颠帝国》(T. Lloyd, *The British Empire*,1984)等等,这批著作出版后,由于反响较大,先后在上世纪80年代和90年代被再版、重印。

和第二次世界大战以前的研究论著相比,战后几十年来帝国史研究者的视野显然已经大大扩展,无论是在研究的深度还是广度上,都明显超越了半个世纪以前的学者。除了通史类和专题类的研究、著名帝国政治家活动家的传记,还汇编出版了一批新的历史文件集,以及不同时代英国人关于英帝国的观念、理论、思想的著作,例如:《1774—1834英国殖民地发展文献选编》(V. Harlow & F. Madden, *British Colonial Developments 1774—1834*,1953)、《1833—1874年英国历史文件集》(G. Young & W. Handcock, *English Historical Documents. Vol. XII*,*1833—1874*,1956)、《1688年至今英国历史文件》(Brian Blakeley & Jacquelin Collins eds., *Documents in British History*,*Vol. II*,1993);《英国殖民理论》(Klaus E. Knorr, *British Colonial Theories 1570—1850*,1963)、《帝国的观念:从伯克到艾德礼》(George Bennett, *The Concept of Empire*,1963)、《资本帝国主义的理论》(D. Fieldhouse (ed.), *The Theory of Capitalist Imperialism*,1967)等,从而使19世纪英帝国史的研究更加深入,更加全面,也使人们描述分析更接近真实历史的英帝国成为可能。

这一时期帝国史的研究成果与出版物极为丰富,但是,不管研究者所持的是怎样的立场和观点,选择的是哪一个研究角度,今天我们已经看不到完全因袭帝国史传统学派观点的著作了。1984年，由英国权威帝国史学家埃尔德瑞杰（C. Eldridge）主编的《19世纪不列颠帝国主义》(*British Imperialism in the Nineteenth Century*)一书出版，该书汇集了帝国史研究的各路名家，对19世纪末期以来的英帝国史研究作了回顾，特别是针对《自由贸易的帝国主义》一文发表以来围绕19世纪英帝国争论的焦点问题，作了类似总结性的评说。然而，正如埃尔德瑞杰本人在该书导言中所指出的：对大英帝国海外殖民与扩张史的研究虽然已有百年，但争论却并未结束，有关不列颠帝国历史重要性的讨论，将仍然和一个世纪以前一样充满活力。

上世纪90年代以来最新出版的帝国史著述表明，更多学者的眼光已经向更加广阔的领域拓展，不再拘泥于传统的帝国史研究与著述方式，从80年代开始兴盛的专题性研究成为了帝国史著作的主流。

例如：《剑桥插图英帝国史》(P. J. Marshall, *The Cambridge Illustrated History of British Empire*, 1996)、《殖民化：全球的历史》(Marc Frro, *Colonization: A Global History*, 1997)、《帝国：不列颠帝国的体验》(Denis Judd, *Empire: The British Imperial Experience from 1765 to the Present*, 1997)等等。

即便是通史类著作，也是按照问题来划分内容，与按年代、地域进行阐述的传统帝国史著作面貌已全然不同。例如：《英帝国的兴衰》(Lawrence James, *The Rise and Fall of the British Empire*, 1994)、《英帝国与英联邦简史》(Martin Kitchen, *The British Empire and Commonwealth: A Short History*, 1996)、《英帝国：不列颠怎样塑造现代世界？》(Niall Ferguson, *Empire: How Britain Made the*

Modern World，2003)、《上帝的帝国：英帝国范围的宗教与殖民主义1801—1908》(Hilary M. Carey, *God's Empire: Religion and Colonialism in the British World*, c. 1801—1908, 2011)等等，其中最为典型的要数《牛津英帝国史》(Andrew Porter (ed.), *The Oxford History of the British Empire*, 1999)，这套五卷本最新权威的英帝国史，只是由众多帝国史知名学者的文章按专题组成的论文集。上述特征表明，英帝国史研究已进入一个新的阶段，考察的内容更加广泛，阐述的观点在不断出新，分析的方法也在趋向多样化。

帝国史传统学派的观点经过几代英国学者的努力，已经形成一个体系，这套体系看上去十分完整和有说服力，似乎无懈可击。但是只要细心体察就不难发现，它的研究范围的狭小和考察方法的陈旧，它的基本观点在整体上的公式化与简单化，都是显而易见的。

重新考察19世纪英帝国史的挑战派学者所提出的新观点，许多看法不无道理，个别论点更是击中要害，但也同样存在着问题与缺陷。

首先是阐述观点时往往因过于激烈而失之偏颇，一些分析甚至显得牵强而难以令人信服。例如加拉盖尔和罗宾逊就不顾英帝国大规模领土扩张还是在19世纪末期的事实，坚持认为"维多利亚中期是英国对外扩张史上决定性时期"，"维多利亚中期的英国人并不比他们的后继者更反对帝国主义，而维多利亚后期的英国人也决不比其前辈更帝国主义"。

其次是一些翻案文章在选题上意义不大，在分析论证时深度又不够，给人以就事论事、缺乏历史感的印象。例如对达勒姆伯爵及其著名报告的评价，一些学者看不到达勒姆等殖民地改革派代表的是自由主义帝国的发展方向,看不到达勒姆报告在帝国观念上所具有的突破意义,硬将报告中的具体建议,与英国实际采纳的内容以及后来的责任政府作简单比照,以证明传统学派对达勒姆及其报告的评价名不副实。

有关19世纪英帝国史的主要争论问题简述如下:

(1) 关于"非正式帝国"

加拉盖尔和罗宾逊在《自由贸易的帝国主义》一文集中阐述的问题中,最具视觉冲击力的是"非正式帝国"的观点。他们认为:传统学派对19世纪英帝国的描述与研究只限于帝国的正式版图,这就好比根据冰山露出水面的部分来判断冰山大小与特征,显然是片面的。自由贸易帝国主义的实质是"如果可能就用非正式手段,如果必要就进行正式兼并",因此,非正式帝国应当被纳入19世纪英帝国史的研究范围。由于该篇论文对非正式帝国的论证非常有力,这一观点以及"非正式帝国"的概念已经被帝国史的研究者们广泛接受和认可,几乎所有在那之后出版的英帝国史著述,都不再固守帝国史传统学派的思路,而是将广大拉丁美洲、亚洲以及非洲地区英帝国的势力与影响所及之处,同样作为帝国史分析论述的内容。他们关于19世纪英帝国实质的著名论断,也被许多帝国史学者所引用。

(2) 关于"分离主义时代"

"分离主义"也许是19世纪英帝国学术论争中最激烈、最核心的问题,许多具体的分歧都围绕着19世纪中期到底是不是分离主义时代这个大的前提。加拉盖尔和罗宾逊在《自由贸易的帝国主义》中提出:传统学派将19世纪英帝国历史划分为"分离主义"和"帝国主义"两个不同的时期是不恰当的,因为在所谓的"漠不关心"或"反对帝国主义时期",帝国的对外领土扩张从来就没有停止过。"分离主义"是帝国史传统学派关于19世纪英帝国传播最广的一个评价，它甚至影响到了列宁的《帝国主义论》，列宁在该书中指出：当自由竞争在英国达到顶点时，例如1840年至1860年间，英国主要资产阶级政治家们认为，殖民地的解放以及与大不列颠完全相脱离是不可避免的，也是人们所希望的。因此，"分离主义说"似乎成了板上钉钉的历史定论。两位学者对"分离主义说"的批驳，落点是强调整个19世纪帝国扩张上的"连续性"（continuity），这一观点没有得到大多数学者们的赞同，但他们的批评却引发了学界长期的争论。

（3）关于"小英格兰人"与"曼彻斯特学派"

这两个称谓都出现在19世纪，与"曼彻斯特学派"主要由中产阶级工厂主构成不同，"小英格兰人"在当时就是一个模糊的概念，大致是指那些赞同移民殖民地与母国脱离的人，但很多情况下两者是一回事，有时曼彻斯特学派只是小英格兰人的主体，还包括一些政界人物。传统学派将它们的出现归结于自由贸易原则在英国的兴起，认为其立场直接影响了帝国的政策，是"分离主义"说的主要依据。由于概念本身的不清晰，也由于准确定义历史人物思想观念的困难，对这两者的评价无疑是最难把握的。许多英国学者在帝国史著作中作的大都是就事论事式的简单分析，缺乏说服力，例如有人仅根据"磨石"牢骚就认为，迪斯雷利也曾经是个"小英格兰人"。因此，这一让人莫衷一是的问题，对19世纪中期英帝国的研究者依然是个最大的挑战。

（4）关于迪斯雷利和格莱斯顿的帝国立场

迪斯雷利和格莱斯顿都是19世纪英国政界的重量级人物，两人之间由于各种原因导致的恶劣关系以及在政坛的激烈争斗，成为学者们津津乐道的话题。在传统学派那里，格莱斯顿属于"小英格兰人",他反对英国的对外侵略,对帝国的利益漠不关心;而迪斯雷利具有远大的帝国眼光,在帝国问题和对外关系上表现出更为积极的姿态。事实上,如同自由党和保守党在19世纪中期的差别被夸大了一样(我国学界尤甚),他们两人在帝国立场上的分歧也被当时和以后的人们几乎无限地夸大了。近年来这一问题有了突破,不少历史学家深入考察比较迪斯雷利上台前后的言与行,得出迪斯雷利对自由党的抨击不过是一种浮夸姿态的结论,并总结出两党政策逐渐向中心靠拢的规律,为更加全面客观分析这一问题提供了思路的启迪。

(5) 关于英国在印度的殖民统治

这个问题看似简单,其实最具挑战性。它既是学术问题又是政治问题,两者相互交织,在西方和东方国家的学者中产生了尖锐对立。早期的英国历史学家多偏于英国的殖民统治给印度带来的种种好处,而印度、中国等国学者则侧重于殖民统治所带来的种种罪恶,各自描绘的是完全不同的历史画面。伴随着战后非殖民化和英帝国解体的历史进程,西方学者的观点发生较大变化,特别是近几十年来,许多英帝国史的著作着重加强了对殖民统治的谴责,而东方学者的观点也同样开始趋于冷静客观。总体上,由于各种政治与历史的原因,如何全面、客观、准确地评价英印殖民统治的问题并没有解决。

费尔南·布罗代尔在《资本主义的动力》一书中指出:"治史永远是往复不已、从头开始的。历史永远在修撰中,永远在推陈出新。史学的命运与人类一切科学的命运无异。"

从19世纪初到70年代,一个与18世纪完全不同的全新的英帝国出现在历史舞台上。新帝国是怎样建立起来的？帝国殖民政策变革的动因是什么？新帝国的性质又是什么？本卷作者试图从贸易自由、移民自治、文明使命、扩张原则四个方面，考察新帝国的历程、地位及其全部要素，得出的结论基本如下：

对世界市场的需求和自由主义的思想，改造了传统的重商主义帝国。英国对其移民殖民地统治的新型方式，实现了亚当·斯密、爱德蒙·伯克以来几代英国自由主义思想家和政治家的帝国理想；英国人以最符合国家与民族利益的方式，建立起以海军霸权、工业霸权为基础的自由主义帝国。

第一章　自由主义帝国的基石——自由贸易

当亚当·斯密(Adam Smith 1723—1790)于1776年出版其代表作《国民财富的性质与原因的研究》(以下简称《国富论》)时,也许没有想到,他所极力倡导的贸易自由原则,要到70年以后,才成为英国历史进程中一面醒目的旗帜,并进而成长为整个不列颠帝国政策的基石。

人们往往习惯地认为,《国富论》一书的出版,亚当·斯密自由主义经济思想的传播,立即对英国的政治生活产生了很大影响,不仅斯密的自由贸易主张在美国独立后立即被政府接受,他的殖民地改革主张也影响了英国殖民政策的制定。事实上,这种评价过于乐观,也过于简单。

亚当·斯密无疑具有一个伟大思想家的远见卓识与惊人判断力,他在英国工业革命刚刚起步时,就坚决地提出了适应未来新时代的经济原则;英属北美13个殖民地与母国的冲突刚刚爆发,他就敏锐地认识到冲突的根源所在,并提出防止冲突发生的根本性措施——殖民地改革与贸易自由。然而,换一个角度,我们就不难理解,恰恰是亚当·斯密思想与主张的这种前瞻性,决定了他的学说不可能立即成为占支配地位的指导思想。19世纪上半期的英帝国历史表明:传统的重商主义政策自有它存在的合理性与历史惯性;

一种崭新的经济理论要真正成为主流思想并非易事,只有社会经济本身的充分发展,才会引发调整和改变原有政策的需求。

一、告别旧的殖民制度

"旧殖民制度"(Old Colonial System)是英帝国历史上一个特殊的术语,在完整意义上,它包括英国对殖民地的政治和经济控制两个方面,但通常特指英国与其海外殖民地之间以法令形式确立下来的经济与贸易关系。它是传统重商主义政策的产物,也是在其原则指导下帝国殖民政策的集中体现。

"旧殖民制度"自17世纪中期起初具雏形,随着英帝国的成长壮大而不断完善,其基本内容与特征是殖民地贸易垄断和帝国内部关税优惠。前者,是指不准欧洲其他国家与英国殖民地直接进行贸易;后者,是指从殖民地输入英国的货物享受低关税的特权。显然,"旧殖民制度"保护的是英国的商业与航运业,这对于自近代以来即将对外贸易作为立国之本的英国来说,确实是题中应有之义。

北美13个殖民地奋起反抗母国的统治,并进而以武力方式获得独立,这对英国人的冲击不可谓不大。尽管有极少数人能以"第三只眼睛"看殖民地,认为英国并未因此遭受任何损失[①],但对英国政治家来说,殖民地对母国的反叛始终是一个令人困惑的不解之谜,他们不知道究竟是因为给殖民地的自由太多了还是太少了,才导致

---

① Klaus E. Knorr, *British Colonial theories 1570—1850*, Frank Cass & Co. Ltd., 1963, p.208.

这场冲突的发生。① 然而,"旧殖民制度"却从未因此而受到触动,不列颠帝国依然意味着"殖民地、保护性商业制度、奴隶与蔗糖贸易以及对印度的掠夺"②。

英国著名帝国史学家詹姆斯·威廉姆森(James Williamson)在分析美洲殖民地与英国的矛盾根源时指出:

> 旧殖民制度,是建立在帝国的自足(self-sufficiency)、自立(self-contained)这一理念之上的。在其中,母国生产殖民地所需要的全部工业制成品,而殖民地则提供所有的原材料和正变成英国人文明生活必需品的热带奢侈品。在英国,上述观念受到狂热的、甚至几乎普遍的支持与认同,因为它是所有重商主义观点的共同因素;而在另一方面,殖民地人却对它反应冷淡。③

在威廉姆斯笔下,对最终导致美洲殖民地脱离帝国的旧殖民制度,英国社会抱有"狂热"和"几乎普遍"的赞同,这并非夸张之辞,它恰如其分地反映了绝大多数英国人关于殖民地的立场与心态。尽管这里分析的是美国独立战争爆发前夕的状况,但由于从美国独立到19世纪初,英国仍然固守着对殖民地的垄断贸易和《航海条例》的种种规定,仍然限制着殖民地与母国及其他国家的商业关系。因此,用它来说明进入19世纪以后英国人对旧殖民制度的看法,显然并不过时。

---

① 格莱兹布鲁克:《加拿大简史》,山东大学翻译组译,山东人民出版社1972年版,第182页。

② Andrew Gamble, *Britain In Decline*, London, 1981, p.49.

③ James Williamson, *The Old Colonial Empire*, London, 1965, p.424.

在英国人看来,帝国的海外属地,尤其是白人移民殖民地,只是英国领土的延伸,殖民地人则是移居到海外的英国臣民,因此,英国垄断殖民地的贸易,不许他国染指,而殖民地人遵守英国制定的法律,乃是天经地义的事。

然而,倘若我们由此判断,这种招致殖民地人民不满的旧殖民制度,完全建立在掠夺殖民地资源以促进母国经济发展的基础之上,那也不完全符合历史的真实。"自足"和"自立"的原则,暗含了一种近似帝国统一体的思想,在这个统一体中,殖民地和英国各自作出一些牺牲,又为此获得各自的好处。帝国内部关税优惠制的产生,就很能说明这一点。1636年,英国首次规定:殖民地出口的烟草,不光只能输往英国,而且只能用英国船只装载运输。与此同时,英国对来自外国的烟草征收高额关税,以此作为对殖民地的补偿。①此后,随着《航海条例》的颁布实施,殖民地产品进入母国享有关税优惠,便成为一个传统的特权。

因此,我们有理由说,旧殖民制度最初所确立的,是一种对英国和殖民地双方都有好处的商业关系,它使垄断殖民地贸易和给予殖民地优惠关税,从一开始就构成英国与其殖民地关系的主要特征,如同一个硬币的两面一样不可分割。《旧殖民帝国》一书作者欧内斯特·巴克尔(E. Barker)因而认为:"总体上,它并非是一个不成功的制度。殖民地和大不列颠之间确实存在着一些摩擦,但在主要方面它对双方还是适合的。"②

旧殖民制度所具有的这种特性,决定了殖民地人民对它的双重

---

① James Williamson, *The Old Colonial Empire*, London, 1965, p.246.
② Ernest Barker, *The Ideas and Ideals of the British Empire*, Cambridge, 1941, p.42.

态度。一方面,他们对殖民地产品在英国市场所受到的保护十分满意,对殖民地航运业由于《航海条例》而免遭外国的竞争也十分满意;另一方面,他们又抱怨母国对殖民地经济发展所作的种种限制,抱怨殖民地不得与欧洲大陆国家进行直接贸易的禁令。

随着殖民地自身经济实力的逐渐壮大,帝国统一体的观念日益苍白,而殖民地的特殊利益则愈加凸显,人们开始对帝国贸易政策的"公平"与"公正"进行质疑,相信"母国正在从与殖民地的关系中得到更大好处"①。因此,当英国对殖民地实施高压政策时,革命便爆发了。

但是,美洲殖民地独立战争的爆发,在很大程度上是英国自七年战争之后对殖民地加强控制的结果,"无代表,不纳税"的口号,喊出的是殖民地人民对母国暴政的反抗,并不表明旧殖民制度本身的危机。

在结束美国独立战争的谈判期间,时任英国首相的谢尔本伯爵(2nd Earl of Shelburne 1737—1805)曾经说过:"我们宁愿要贸易而不要统治权。"②这句话经常被人们所引用,以说明英国人对美洲殖民地从帝国独立出去的态度。但事实上,只要稍加分析,就不难看出,谢尔本伯爵的这句名言,更多反映的是一种对既成事实的无奈,而不是政治家的所谓明智选择。因为,在旧殖民体系下,贸易权及商业利益,与对殖民地的统治权密不可分。只有拥有统治权,才能获取相应的商业利益,这在当时是不言而喻的。它从另一个侧面,说明了美国独立战争未能对帝国的旧殖民制度产生冲击的原因。

真正从根本上动摇旧殖民制度基础的力量,是工业革命与工业

---

① James Williamson, *The Old Colonial Empire*, London, 1965, p.425.
② Glyn Williams & John Ramsden, *Ruling Britannia 1688—1988*, Longman, 1990, p.246.

化的逐步实现。

早在法国大革命与拿破仑战争爆发之前,英国工业革命的第一阶段就已如火如荼般展开,战争爆发并没有中断其进程。1815 年,在经过 20 多年的惨烈厮杀后,和平与均势终于降临欧洲,当各主要参战国都被战争弄得伤痕累累时,全世界惊异地发现,作为反法战争的最大赢家,一个更为强大的不列颠帝国已经初具规模。此后,工业革命的第二阶段更以加速度向前推进。短短几十年内,英国社会的面貌发生了前所未有的巨大变化:欣欣向荣的工业城镇、魔术般增长的城市人口、迅速扩展的铁路干线、急剧增长的工业产品、大量涌现的社会财富……所有这一切,仿佛是一夜间奇迹般地出现在人们面前,向全世界昭示着第一个工业化国家的繁荣与强盛。

作为工业化的领头羊,英国成为无可争辩的世界工业霸主,它不再只是通过海上霸权、广阔的殖民地以及保护性贸易来统领世界经济,近代机器工业及其巨大的生产能力和廉价的工业品,成为它新的力量源泉。这无疑预示着英国传统的商业战略与政策已经不合时宜,以垄断殖民地贸易和保护性关税为主要特征的旧殖民制度,显然已到了必须进行根本调整的时刻。

1833 年,爱德华・吉本・韦克菲尔德(Edward Gibbon Wakefield 1796—1862)向英国公众信心十足地描绘了大英帝国诱人的经济前景:"整个世界都在你们面前!……让英国人从每一个拥有廉价面包的人手中购买面包吧!让英格兰变成向全世界提供蒸汽产品的工厂吧!"[①]

[①] Bernard Semmel, *The Liberal Ideal and the Demons of Empire*, The Johns Hopkins University Press, 1993, p.30.

韦克菲尔德既是19世纪30年代—40年代英国著名的殖民地改革家,又是自由贸易的积极支持者,他的演讲,最充分地反映了工业革命突飞猛进时代英国人的雄心与自信。

从1815年起,英法两国争夺商业与殖民霸权的长期较量,算是真正画上了句号,法国降为二等国家,英国则实现了其"进一步扩展在东方的贸易和夺取世界各地战略据点的目标"①,成为傲视欧洲群雄、独享海上霸权的世界级强国,在19世纪以欧洲为中心的国际政治对弈中,大英帝国已经没有敌手。

随着工业革命的进程,巨大的经济实力和海权、帝国一起,使英国正走向它在历史上从未达到过的全球性霸权,在历史学家眼中,"滑铁卢战役之后的大不列颠,至少在一个世纪里就达到了顶峰,它对国际事务的影响是如此之大,以至于几乎实现了'不列颠治下的和平'"(Pax Britannica)。② 乔赛亚·塔克(Josiah Tucker)在《商业要素与税收理论》(*The Elements of Commerce and the Theory of Taxes*, 1755)一书中所呼吁的"商业制度中的'光荣革命'"③,亚当·斯密在《国富论》中所鼓吹的自由贸易主张,终于有了赋予实施的物质力量,越来越多的人开始认识到,只有向全世界开放英国的贸易,才是确保英国继续支配世界经济最便宜、因而也是最有利的政策。

由此,在时代与历史的要求面前,作为重商主义帝国核心与基

---

① W. D. Hussey, *The British Empire and Commonwealth*, Cambridge, 1963, p.144.
② K. B. Smellie, *Great Britain since 1688: A Modern History*, The University of Michigan Press, 1962, p.187.
③ Robert Eccleshall, *British Liberalism: Liberal Thought from the 1640s to 1980s*, Longman, 1986, p.21.

础的旧殖民制度,开始面临真正的危机。

当代法国学者帕斯卡·萨兰认为:"保护主义是国家强制权力的表现。……任何时代,各政府都试图控制贸易,保护本国经济,抵制外部竞争。"[①]他在对贸易保护主义进行历史考察时,分析了其产生和存在的历史进步性与合理性,指出:近代以来,"随着科尔贝的重商主义者统治经济理论……保护主义几乎流行于整个欧洲"[②]。应当说,他的分析与判断是客观的,符合历史的真实。认清这一点,可以帮助我们理解何以英国传统的贸易政策并没有在时代的冲击下立即崩溃,而是走了一条渐进的道路。

发端于17世纪中期的英国垄断性贸易政策,说到底,是一个充分利用当时英国在地理上、政治上享有的有利地位,使之服务于英国国家利益的政策。因此,它所具有的历史必然性与合理性是显而易见的。尽管这种重商主义国策及其主要表现形式即旧殖民制度在18世纪中期就开始遭到批评,不断有政治家宣称自己是亚当·斯密的学生,但自由贸易时代却并未呼之欲出。

历史的运行似乎有着某种强大的惯性。从拿破仑战争结束到19世纪40年代—50年代,英国人对建立一个什么样帝国的争论就没有中断过。是基于面向全世界的自由贸易?还是基于殖民地基础上的保护贸易?在政治家之间、学者之间、不同利益集团之间,答案是不同的。

对19世纪上半期的许多英国人来说,放弃垄断与保护,实行开放性自由贸易,其好处并非不证自明。例如,著名政治经济学家马

---

① 帕斯卡·萨兰:《自由贸易与保护主义》,商务印书馆1997年版,第107页。
② 同上书,第109页。

尔萨斯(Thomas Robert Malthus1766—1834)就认为：一个依赖于对外贸易的社会，其基础是最不确定的，只有农业才是"更重要更永久的财富来源"①。马尔萨斯因此对废除《谷物法》持强烈反对态度，认为这是冒着摧毁英国的社会基础即农业的危险，去实现可能只是暂时的商业利益，因此是一种愚蠢的做法。②

可见，在当时的英国，与政治上的激进和保守相对应的，还有赞成和反对自由贸易这两股对立的经济思潮。所以，尽管19世纪开始时不列颠已经是世界最大的工业国和贸易国，但在冲破传统束缚、走向自由贸易的进程中，却只能走逐步渐进的道路，这就是20年代进行的赫斯基森改革。

威廉·赫斯基森(William Huskisson 1770—1830)是19世纪初期英国杰出的自由主义政治家，亚当·斯密和大卫·李嘉图学说的信徒，众所周知的自由贸易论者。他认为"开放性贸易，尤其是对一个富裕和繁荣的国家，比任何形式的垄断都要有价值得多"③。1823年初，赫斯基森进入利物浦勋爵(2nd Earl of Liverpool 1777—1828)的托利党政府，担任贸易大臣。在此之前，政府内自由派人士对传统贸易政策的调整已经开始，赫斯基森上任后，立即对被他称为"旧的、没有希望的贸易保护体系"大力实施改革，整个20年代因此被打上了鲜明的自由主义烙印，并成为英国走向自由贸易时代的重要过渡时期。

---

① Bernard Semmel, *The Liberal Ideal and the Demons of Empire*, The Johns Hopkins University Press, 1993, p.23.

② Andrew Gamble, *Britain in Decline*, London, 1981, p.50.

③ J. Rose & A. Newton, E. Benians (eds.), *The Cambridge History of the British Empire*, Vol. II, London, 1940, p.388.

19世纪初,困扰英国社会经济发展的突出障碍,一个是《谷物法》(The Corn of Law),另一个是《航海条例》(Navigation Acts),两者实际上都是传统贸易政策下旧关税体制的产物。

1815年,英国议会不顾新兴工业地区的激烈反对和抗议,通过了臭名昭著的《谷物法》,规定只有当国内小麦价格超过每夸脱80先令时,才允许从国外进口谷物。显然,该法令保护的是英国土地贵族和农业资本家的利益。这些人是拿破仑战争期间粮价高涨的最大受益者,他们害怕战争结束后欧洲传统谷物出口国家的廉价粮食涌入英国,力图继续人为地保持粮食的高价,因而强烈要求政府对农业的保护。

《谷物法》的实施,保证了土地贵族尤其是大地产者的巨大利润,刺激了物价的上涨与投机之风的盛行,使工资劳动者和城市居民深受其害。《谷物法》还直接损害了工商业资产阶级的利益。因为,一方面高价食品带来工资和成本的增加,造成英国产品在世界市场上竞争力下降;另一方面国内的失业与贫困带来购买力低下与消费需求不足,最终导致商业的停滞。与此同时,《谷物法》还招致欧洲国家的关税报复,其结果是:既增加了国内生产的成本,也限制了英国工业品在国外市场的销售。[①] 因此,《谷物法》成了19世纪上半期英国各种社会矛盾与冲突产生的一个根源。

《航海条例》是自克伦威尔以来英帝国体系内垄断性贸易政策的基石,后来被所有英国统治者所继承。它对英国工商业发展的不

[①] James S. Olson & Robert Shadle (eds.), *Historical Dictionary of the British Empire*, London, 1996, p. 334.

利之处,首先是使制造业阶级无法以最便宜的价格,在世界市场上购买英国工业所需的羊毛、黄麻、木材、丝等工业原料;其次是造成欧洲国家愈演愈烈的关税战。

根据查理二世时代颁布的法令,所有亚洲、非洲、美洲以及欧洲的货物,只有用由英国船员指挥和驾驶的英国船只运输才能进入英国,否则就被课以极高的关税。直到北美独立战争之前,《航海条例》的各项禁令基本上得到顺利执行。美国独立后,也开始对英国船只运输的货物征收同样高的进口关税,结果,两国的船队不得不装载压舱物横渡大西洋。这种关税战的直接后果是商品运输成本的增加,消费者被迫支付双倍的运费。1815年,两国终于放弃代价巨大的关税战,相互给对方以优惠关税。

英美贸易互惠关系建立后,欧洲国家纷纷仿效,要求英国给予同样的优惠,并均以提高对英国船只的关税作为手段。因此,在拿破仑战争结束后的最初几年里,英国一直处于与欧洲国家激烈的关税纠纷中。

显然,对工业革命进入新的阶段,急需扩张国际市场的英国来说,打破旧关税体制下对贸易的种种限制,允许国外廉价工业原料和食品自由输入,与各国结束关税战,成为当务之急。

这一时期,英国有许多人,或出于信念,或出于利益,都看到了旧关税体制的明显弊端。1820年,伦敦商人首先向议会请愿,要求实现自由贸易。同年,政府开始就英国对外贸易问题进行调查。调查直接导致了随后的关税调整。1821年,英国降低了针对波罗的海国家木材的高额关税。1822年,英国修改已造成国内社会矛盾尖锐化的《谷物法》,降低了允许外国谷物进口的标准。同年,英国商业部(Board of Trade)将查理二世时代颁布的《航海条例》中大部分限制条款予以废除。

赫斯基森上任后,为与欧洲国家进一步改善贸易关系,立即向议会提出了《互惠关税法案》(Reciprocity of Duties Bill, 1823),建议对所有进入英国的货物,不论用何种船只运输,一律征收同等关税,并在出口转运时实行税后退款。该法案终于以 75 票对 15 票被下院通过。① 《互惠关税法案》起初受到英国国内商船主的强烈反对,因为他们对海运业的垄断因此被剥夺。然而,法案实施后英国的对外贸易迅速增长,大大补偿了他们的损失,各种不满很快便消散。

赫斯基森担任贸易大臣一职长达四五年,在此期间,他不遗余力地推行自由主义贸易政策,取消了长期以来外国生丝进入英国的禁令,仅在 1824—1825 年间,就调整、削减了全部的商品进口关税,将关税率从 18%—40%降到 10%—30%,原有 1 100 个贸易法令也减少到 11 个。② 特别是 1825 年,赫斯基森对《航海条例》再次作出重大修订,宣布向所有拥有海外殖民地的国家开放英国的殖民地贸易,条件是这些国家也作出相同的让步。这是英帝国历史上前所未有的举措,因此,如果说《互惠关税法案》主要是为了改善与欧洲国家的商贸关系,以满足英国扩张国外市场的需求,那么,开放殖民地贸易这一破天荒的决定,则无疑是插入英国传统贸易垄断政策藩篱的第一个楔子。

赫斯基森是一个现实主义政治家,他之所以立场坚定地进行商业与关税政策改革,是因为他清楚地看到:随着美国的独立与荷兰

---

① Marcus R. P. Dorman, *A History of the British Empire in the Nineteenth Century*, Vol. II, London, 1904, p. 300.
② Brian Fitzpatrick, *British Imperialism and Australia 1783—1833*, London, 1939, pp. 238—239.

的衰落,旧的航海条例和与之相关联的歧视性关税已成为无用甚至阻碍之物。而英国由于工业革命及岛国的自然条件等原因,城市人口大量增加,原料与食品的供应愈来愈依赖国外市场也已成了不争的事实。因此,只有更多地依靠工业技术的优势与霸权,而不是用人为手段来增加贸易,才真正符合英国的利益。

对于英国在20年代主要由赫斯基森所进行的改革,史家和赫斯基森的同时代人一样评价不一,有的甚至相去甚远。《19世纪英帝国史》的作者道尔曼(M. Dorman)认为:当赫斯基森接任贸易大臣一职时,"英国历史便开始了一个新时代"[1]。英国著名帝国史学家菲尔德豪斯(D. K. Fieldhouse)指出:实行自由贸易是19世纪英帝国的重要特征:"在一个世纪里,自由贸易对英帝国政策和英国的殖民地产生了重大的塑造性的影响"[2],他认为"1830年起不列颠帝国即成为自由贸易国家"。显然,他的这个结论,在很大程度上是指20年代所推行的贸易与关税政策改革,廓清了通往自由贸易的道路。

菲尔德豪斯关于自由贸易与帝国政策之间关系的论述,无疑十分精辟而准确,但他对英国进入自由贸易的年代划分,却未免过于乐观,这既不符合英国1820年代的历史现实,也与赫斯基森本人的观念有很大距离。

实际上,赫斯基森符合时代发展趋向的改革,不仅遭到托利党内和国内保护主义者的反对,也遇到经济萧条的冲击。当1825年

---

[1] Marcus R. P. Dorman, *A History of the British in the Nineteenth Century*, Vol. II, London, 1904, p.297.

[2] D. K. Fieldhouse, *The Colonial Empire: A Comparative Survey from the 18 th Century*, Macmillan, 1982, p.242.

底英国爆发第一次经济危机时,许多人将危机造成的困境归咎于政府的改革与新政策。对此,赫斯基森的同时代人查尔斯·格雷维尔(C. Greville)①在其回忆录中,倒是作出了较为真实的评价:"这个国家所有最能干的人都与他意见一致,而人民大众则被人说服,认为他的计划非常有害。"②

另一方面,赫斯基森虽然是英国走向自由贸易的先锋,他却不是一个以牺牲帝国利益为代价的自由贸易论者。换句话说,赫斯基森和他同时代的自由主义者一样,抱有很强的"帝国精神",其改革的主观意图并非去改变旧的殖民制度。20年代英国所有改革措施,都没有触动或削弱帝国内部关税优惠的原则。殖民地对英国商品依然给予优惠关税,而殖民地出产的物品,如加拿大的木材与小麦,东印度和西印度的蔗糖与咖啡,以及开普殖民地的红酒等,也都继续享受英国的优惠关税。

应当说,19世纪初期的英国政治家从来没有忘记帝国与殖民地的利益。例如,当美国对英国的关税优惠政策表示反对,并要求给予同样的待遇时,赫斯基森毫不让步,认为这是"一个在独立的国家之间商业关系中闻所未闻的借口,就像英国要求美国对西印度群岛的糖或甜酒在进入纽约时,给予和路易斯安纳的出产物同样的条件和关税一样没有道理"③。在波罗的海国家木材进口税问题上,赫斯

---

① 查尔斯·格雷维尔时任枢密院(the Privy Council)秘书。
② Lucy Brown, *The Board of Trade and the Free-Trade Movement 1830—42*, Oxford, 1958, p.1.
③ Huskisson, *Speeches*, Vol. 2, p. 315, from *The Cambridge History of the British Empire*, Vol. II, 1940, p.390.

基森也拒绝作进一步削减,理由是将会损害加拿大的木材贸易。他认为,加拿大木材"产自我们自己的殖民地,用我们自己的船只运输,因而对大不列颠是最有价值的贸易"①。考虑到波罗的海国家的木材要比加拿大木材更适于造船,赫斯基森保护殖民地利益的意图是显而易见的。

客观地看,19世纪20年代实行的改革,确实是对传统贸易政策和原则的背离,并且作为改革的副产品,英国还部分开放了其殖民地的贸易,但它终究"只是在垄断与自由贸易之间的一种妥协"②,就其实际影响和范围来说,还很有限,离真正的自由贸易相距还很远。例如,《航海条例》虽作了较大修订,但其内容实际上只对拥有大规模商船舰队的国家才有意义,英国商船仍然占有世界航运业的大部分份额;在欧洲国家出产的物品中,仍有相当一部分被列入必须由英国船只或出产国和出口国船只运输的清单;此外,《航海条例》中有关禁令的取消与放宽,也只限于美洲和欧洲国家,对亚洲和非洲国家商品的限制依然如故。

显然,对传统贸易政策的改革,带来英国对外贸易的繁荣与扩张,也使旧殖民制度下200年对殖民地的垄断贸易打开了一个不小的缺口。但它只是新时代来临的曙光,自由贸易原则的完全胜利和旧殖民制度的最后终结,还有待于英国工业革命的完成,及其所创造的物质力量。

---

① Huskisson, *Speeches*, Vol. 2, p. 362, from *The Cambridge History of the British Empire*, Vol. II, 1940, p.391.
② C. C. Eldridge, *Victorian Imperialism*, Humanities Press, 1978, p.30.

二、实现贸易自由

《英帝国与英联邦》的作者哈塞(W. D. Husssey)认为：从1763年起，大不列颠帝国政策的目标，就是向全世界扩展贸易，以及控制那些能够保护英国贸易的战略要地。他还进一步分析说，"在上述政策背后的动机，是英国对出口市场的需求，大不列颠正在日益成为工业国，她要求能出售自己产品的海外市场"①。哈塞的判断与分析，在总体上是正确的，尤其是突出强调了对外贸易与帝国政策之间的关系，让人更深刻地感受到帝国扩张的动力与存在的价值。但他把七年战争结束后的英国说成是正在日益工业化的国家，却未免让人迷惑不解。撇开"1763年"这个具体的年代，用上述话语来描述19世纪上半期的英帝国政策，又有谁能表示反对呢？事实上，倒可能更加恰如其分。

对此，我们可以说，这种两个不同时代帝国政策在总体上的惊人相似，一方面说明了对外贸易对于英国的极其重要性；另一方面，恐怕也说明了新旧英帝国在本质上的某种同一性。如果说，在18世纪60年代工业革命刚刚开始时，英国已经有强烈的扩张海外市场的需求，那么当19世纪30年代—40年代，工业革命已基本完成之际，贸易与市场对于英国而言，就更加是关系到民族生存与国家强盛的根本问题。

然而，将扩张对外贸易作为帝国政策的主旨本是顺理成章的

---

① W. D. Hussey, *The British Empire and Commonwealth*, Cambridge, 1963, p. 138.

事，在英国人看来，贸易与海外扩张及殖民地的建立，与英国航运业的繁荣与海军的强大，都是因果链条上不可缺少的环节。早在克伦威尔和复辟王朝时期，英国对外政策的这一取向已清晰可见：要成为一个伟大的国家，英国必须富裕，而获得财富的最好办法，是通过成功的海外商业，这就需要占有和利用殖民地；为了进行海外及殖民地的贸易，拥有一支巨大的商船队至关重要，同时还需要强大的海军；而只有富裕的国家才能够维持和支撑一支足够强大的海军舰队。

看上去，这似乎成了一个互为因果、分不清目的与手段的怪圈，以至于到 19 世纪初，著名的功利主义思想家杰里米·边沁（Jeremy Bentham, 1748—1832）发出了这样的诘问："殖民地的好处是什么？是养育了如此庞大的海军。而拥有如此庞大的海军的好处是什么？是维持和征服殖民地。"①

不管怎样，贸易与殖民地、商船与海军舰队，成为重商主义时代英国不可动摇的传统国策，并且还得到了同时代人的广泛认同。一个叫乔赛亚·柴尔德（Sir Josiah Child）的爵士于 1672 年写的一封信为此作了充分的说明："英格兰无可怀疑的利益就是贸易，因为只有贸易才能使我们富裕和安全；没有一支强大的海军，我们将成为邻国的捕食品，而没有贸易，我们则既没有水手也没有舰队。"②

这种重商主义国策的必然结果，只能是英国与西班牙、荷兰以及法国等强国在海外贸易与殖民扩张上的激烈争夺，只能是英帝国

---

① Klaus E. Knorr, *British Colonial Theories 1570—1850*, Frank Cass & Co. Ltd. 1963, p.258.
② James A. Williamson, *A Short History of British Expansion*, Macmillan, 1965, p.255.

用商业战争手段赢得的海运业优势及殖民地贸易的垄断。因此,丝毫不奇怪的是,它给英帝国 200 多年的历史打上了深深的烙印,也给决定帝国政策的政治家们留下一份可珍视的历史遗产。这份历史遗产是如此庞大,以至于到了 19 世纪上半期,仍然被视作不可动摇的信条。固守这一传统的势力是如此强大,以至于从 19 世纪初期开始,英国国内自由贸易主义者和保护主义者的尖锐分歧与论争就从未停止过。

当 1776 年亚当·斯密发表《国富论》,独树一帜地提出他的"自由贸易"理论时,他也并不主张立即开放殖民地的贸易,而是认为应"适度地、逐渐地放宽那给英国以殖民地贸易独占权的法律,一直到很大自由为止"①。他还提出:"殖民地贸易应怎样逐渐公开;什么限制应首先撤除,什么限制应最后撤除;完全自由与正义的自然制度应怎样逐渐恢复,这些问题,留待未来政治家和立法者运用智慧去解决吧。"②亚当·斯密这段预言般的文字,似乎已经预见到了在他之后,英国走向自由贸易道路的漫长与坎坷。

的确,小皮特(William Pitt, The Younger 1759—1806)从 1783 年起担任英国首相,就曾公开宣布自己是亚当·斯密的学生,迪斯雷利则认为他是"自由贸易信条的第一个制定颁布者"③。但他在反法战争爆发前的 10 年间,"面对来自权力利益(集团)的反对,只是设法对当时通行的关税水平进行了适度削减"④。而在 19 世纪 20 年

---

① 亚当·斯密:《国民财富的性质和原因的研究》(下),郭大力、王亚楠译,商务印书馆 1997 年版,第 176 页。
② 同上书,第 177 页。
③ John Morley, *The Life of Richard Cobden*, T. Fisher Unwin, London, 1910, p.239.
④ J. S. Olson & R. Shadle (eds.), *Historical Dictionary of the British Empire*, Greenwood Press, 1996, p.442.

代积极推行关税改革、力图为英国的对外贸易开辟出一条坦途的赫斯基森,虽然废止和取消了许多旧关税体制下的贸易限制,从而使英国在通向自由贸易的道路上迈出了一大步,但他对殖民地贸易的开放是有条件、有限度的,而他对殖民地传统贸易利益的维护则是坚定的、毫不动摇的。

英国真正实现自由贸易是在 40—50 年代,尤以 1846 年对《谷物法》的废除为重大标志。

从赫斯基森的改革到废除《谷物法》,又经过了 20 多年,这期间,英国工业革命正以前所未有的速度和力量向前推进。棉花时代、蒸汽机时代以及铁路时代的来临,改变着古老英格兰的面貌,"全世界机器制成品 40% 以上的产量来自英国"①,而英国也比以往任何时候都更加依赖食品和工业原料的进口。因而,越来越多的英国人相信,"自由贸易是确保不列颠继续支配世界经济的最廉价的政策"②。1842 年,著名辉格党人托马斯·巴宾顿·麦考莱男爵(Thomas Babington Macaulay 1800—1859)旗帜鲜明地指出:如果《谷物法》被废弃,那么英国人就可以向全世界提供自己的工业品,在享用从密西西比到维斯杜拉河岸丰富物产的同时,英国几乎可以垄断整个世界贸易。③

反《谷物法》运动的领袖人物约翰·布莱特(John Bright 1811—1889)宣布:"作为一个基督教国家,我们必须认识到,贸易应当像天

---

① Glyn Williams & John Ramsden, *Ruling Britannia, 1688—1988*, Longman, 1990, p.233.
② Andrew Gamble, *Britain in Decline*, London, 1981, p.233.
③ Denis Judd, Empire: *The British Imperial Experience*, Fontana Press, London, 1996, p.59.

国里的风儿一样自由。"①另一位反《谷物法》的领袖人物理查德·科布登(Richard Cobden 1804—1865)则论证道:对进口谷物征收保护性关税,不仅抬高了国内面包的价格,是为了少数土地集团的利益而加在穷人身上的一种不合法税收,而且束缚抑制经济的发展。一旦谷物的价格由供求关系来确定,而不是由政府来确定,生产和消费都将得到增长。②

的确,对许多19世纪中期的英国人来说,自由贸易似乎是能够解决一切问题的万灵药方。首先,"自由贸易意味着他们得以自由地在世界上的所有市场中出售更廉价的商品;其次,英国能迫使低开发国家把自己的产品——主要是食品和原料——以低廉的价格大量卖给英国,并用得来的钱购买英国的工业产品"③。

从理论上讲,自由贸易的实行,应当是工业革命的完成及其所产生的要求合乎逻辑的结果。然而,事情并非仅由议会通过两个法令那样看上去那么简单。实际上,当英国的工业已享有无可争辩的霸权,任何形式的贸易保护不仅变得多余而且有害时,英国仍在完全开放贸易的门槛下徘徊不前。

不列颠民族历来是特别务实的民族,善于根据情况的变化,调整国家的政策、利益追逐的方向,乃至国民的心态。换言之,英国人在无法固守传统时,往往会主动地寻求变革。那么,是什么阻挡了他们彻底踏上自由贸易这条利国利民的康庄大道? 著名英帝国史

---

① L. C. B. Seaman, *Victorian England: Aspects of English and Imperial History*, Methuen, 1982, p.87.
② Robert Eccleshall, *British Liberalism: Liberal Thought from the 1640s to 1980s*, Longman, 1986, p.24.
③ 艾瑞克·霍布思鲍姆:《资本的年代 1848—1875》,张晓华等译,江苏人民出版社1999年版,第44页。

学家劳埃德(T. O. Lloyd)指出:"1815 年《谷物法》影响了英国的贸易政策整整 30 年。"①《谷物法》的存在无疑是一个重大的障碍,它的长期实施,反映了英国土地贵族利益集团势力的强大和政治影响力的持久。

在英国彻底改变保护主义政策走上自由贸易的过程中,有一个里程碑似的人物,他就是托利党领袖罗伯特·皮尔(Robert Peel 1788—1850)。

皮尔本人出身于纺织工厂主家庭,但在早年政治生涯中却曾经是一个极端保守派。他在 19 世纪 10 年代先后担任过托利党内阁的陆军与殖民部政务次官和爱尔兰事务大臣,从 1820 年前后起开始向自由主义转化,与乔治·坎宁(George Canning 1770—1827)等人组成了托利党内的改革派,在坎宁大力推行自由主义外交、赫斯基森进行关税政策改革的同时,皮尔在内务大臣任上大刀阔斧地进行了一系列内政改革。

皮尔作为政治家的一个鲜明特点,是善于审时度势,顺应历史发展趋势。法国的基佐对皮尔推崇备至,认为他"本质上是一个讲究实际的人,每走一步都要观察一下是否切合实际情况,就如海员不时地观察天象一样"②。

皮尔曾和威灵顿公爵(Duke of Wellington 1769—1852)一样是议会改革的反对者,他认为议会改革将会摧毁"英国的混合宪法",产生一种民主的暴政。在议会辩论时他多次发言反对改革法案,明

---

① T. O. Lloyd, *The British Empire 1558—1995*, Oxford, 1996, p.118.
② 转引自乔治·马尔科姆·汤姆森《英国历届首相小传》,高坚、昌甫译,新华出版社 1986 年版,第 154 页。

确表示:"我一直反对去改革原则,因为我不愿意打开一扇我认为不可能再关闭的门。"①但当 1832 年议会改革法案通过后,他则根据新的形势,致力于托利党的全面改造。

对于 30 年代末由"反谷物法同盟"掀起的自由贸易运动,皮尔最初也和大部分托利党人一样持反对态度。直到 1841 年担任首相,皮尔"仍然是一个保护主义者和'反谷物法同盟'的反对者"②。但几年以后,正是皮尔废除了《谷物法》,以至于辉格党人甚至抨击皮尔从前"在辉格党人当政时反对自由贸易是为了随后自己去实行它"③。

辉格党人对皮尔的这种攻击似乎不无道理,因为从 30 年代起,自由贸易问题不仅成为英国工业资产阶级在政治上的一面旗帜,同时也是辉格党和托利党之间党派斗争的重要内容。

整个 30 年代是辉格党人掌权的年代(1830—1834 为格雷内阁,1834—1841 为墨尔本内阁),然而,赞成自由贸易的辉格党人尽管有些降低关税的尝试,但在英国走向自由贸易的历史进程中却基本上毫无建树,有史家评论是因为辉格党人在政府各部门工作协调上的低效,及财政金融管理上的失败。④ 然而这个分析未免过于表面和简单。从根本上说,英国没能在 30 年代沿着赫斯基森改革的方向继续走下去,还是由于国内保护主义势力的强大。从 30 年代末开始的两党日益突出的自由贸易政策之争,实质上反映的是自由贸易主张

---

① D. G. Wright, *Democracy and Reform: 1815—1885*, Longman, 1986, p.119.
② Ramsay Muir, *A Short History of the British Commonwealth*, Vol. II, London, 1927, p.402.
③ G. M. Young & W. D. Handcock (eds.), *English Historical Documents 1833—1874*, London, 1956, p.404.
④ Ramsay Muir, *A Short History of the British Commonwealth*, Vol. II, London, 1927, p.401.

和保护主义传统之间的分歧与斗争。

1840年英国议会下院成立专门调查进口关税问题的特别委员会,委员会提交的报告分析了英国现行关税状况,指出:保护性关税政策以牺牲国家财政收入、牺牲英国与其他国家商业往来为代价,满足的是一些特殊利益集团,而给予殖民地的优惠关税,则牺牲了母国的利益。[1] 这份"不亚于一个自由贸易宣言"的报告,对英国的社会舆论产生了巨大影响。在此基础上,辉格党政府决心向英国的三大保护主义利益集团发起进攻,他们提出议案,要求以固定税率取代1828年的谷物进口调节税,降低来自外国的糖和木材的进口税,同时提高来自殖民地的糖和木材的进口税。

但在下院辩论中,托利党人将火力集中于糖税问题,提出必须保护西印度群岛殖民地用已获解放的自由黑人生产出来的糖[2],以提高其与那些仍然使用奴隶劳动的国家所产糖的竞争力。托利党人因而使自己的保护主义立场具有了道德的力量,不仅击败了辉格党政府的议案,而且乘胜追击,一举赢得1841年大选,组成了皮尔内阁。

在同时代人的眼里,罗伯特·皮尔是"一个保守党人中最具自由思想、自由党人中最具保守思想的人",这多半指皮尔在辉格党人支持下,最终顶住托利党内保护主义者的强大压力,一步步使英国走上自由贸易的道路。当1850年皮尔因骑马摔伤而去世时,科布登

---

[1] G. M. Young & W. D. Handcock (eds.), *English Historical Documents 1833—1874*, London, 1956, p. 419.

[2] 1833年英国宣布在帝国范围内废除奴隶制,西印度群岛蔗糖的生产因此受到很大影响。

这样评价他：在政治家们中，现在已经找不到具有时代思想的代表了"①。维多利亚时代著名的社会改革家沙夫茨伯里伯爵（The Earl of Shaftesbury 1801—1885）曾在当时的日记中写道："这个人的政治生涯在政治家历史上是没有先例的，他以反对派开始，却以推行（而不是简单的支持）现今几乎每一个重大问题而结束。……"②

事实上，皮尔是个极有远见的自由主义政治家，善于并敢于根据形势的需求及时对自己的立场作出重大调整。此外，皮尔并不是一个极端保护主义者，对于《谷物法》的存废，他考虑更多的是整个全局而不是党派的立场分歧，例如他在1839年的一次议会发言中曾表示："我可以毫不犹豫地说，除非《谷物法》表现出不仅与农业的繁荣、地主利益的维持相一致，而且也与国家整体利益的维持、保护，特别是与劳动阶级状况的改进相一致，否则它实际上就已完结了。"③

从英国在19世纪40年代逐步攻陷保护主义最后堡垒的历史进程，我们不难看出皮尔立场的变化。30—40年代正值英国国内社会矛盾尖锐、经济形势困难时期，农业收成从1837年起就一直不好，到皮尔上任时，情况变得更糟。

根据历史资料统计，当时农业工人的周工资只有10先令，城市的熟练工人也只有18先令，每11个英国人中就有一个属于赤贫。无论乡村还是城市，经济都是一片萧条，伯明翰人口的1/5依靠救济

---

① L. C. B. Seaman, *Victorian England: Aspects of English and Imperial History*, Methuen, 1982, p. 81.
② G. M. Young & W. D. Handcock (eds.), *English Historical Documents 1833—1874*, London, 1956, p. 25.
③ John Morley, *The Life of Richard Cobden*, T. Fisher Unwin, London, 1910, p. 150.

过活,而曼彻斯特有 116 家工厂倒闭,5 万人接受济贫救济。①

1842 初,约翰·布莱特在信中写道:"我们的周围,到处都是乞丐。"而他的传记作者肯思·罗宾斯(Keith Robbins)则认为,"维多利亚时代的英国,饥饿与政治从来没有像在 1842 年那样紧密相连"②。

面对严峻的经济形势,面对由"反谷物法同盟"(Anti-Corn Law League)发起、声势日益壮大的要求废除《谷物法》运动,皮尔决心"要使英国成为一个生活费用低廉的国家"③,但他并没有立即改变组阁时维护《谷物法》的立场,而是从降低、取消关税入手,选择了一条"避免剧烈变化"的渐进之路。

1842 年,皮尔首先修改《谷物法》,进一步削减了谷物进口税率,接着在 1842 年政府预算案中不顾各方面的强烈不满与反对,决定开征 3% 的个人所得税④,以弥补削减关税造成的政府收入下降和严重的财政赤字(拿破仑战争期间所得税税率为 5%,是引起战后初期英国社会骚动不满的一个重要原因,已在 1816 年 3 月被议会废除),紧接着又提出"关税法案",对几百种商品的税率作了大幅度削减。1844 年继续削减包括食糖在内的商品进口税。⑤

和平时期征收个人所得税的新财政政策起到了出人意料的效果,1844 年政府的收入已超过支出 200 万英镑。到 1845 年,皮尔提出更加趋向自由贸易的预算案,进行了更大规模的关税改革,几百

---

① ③ Herbert L. Peacock, *A History of Modern Britain 1815—1981*, Heinemann, London, 1982, p.59.
② Keith Robbins, *John Bright*, London, 1979, p.33.
④ R. K. Webb, *Modern England: from the Eighteenth Century to the Present*, Harper & Row, Publishers, 1980, p.273.
⑤ Herbert L. Peacock, *A History of Modern Britain: 1815—1981*, Heinemann, London, 1982, p.60.

种包括大部分原料和食品在内的商品进口税被完全废除，1000余种商品的进口税被降低，同时取消了全部英国工业品的出口税。至此，英国保护主义的藩篱已基本倒塌。

1845年秋爱尔兰、英格兰马铃薯严重歉收造成的饥荒，成了攻克保护主义者固守的最后阵地——《谷物法》的导火索。皮尔意识到《谷物法》必须尽快废除，他首先在内阁提出中止征收粮食进口税，建议通过发布枢密院令，或者召集议会进行辩论来解决，但未获通过。这时，辉格党领袖约翰·罗素（John Russell 1792—1878）发表著名的"爱丁堡来信"（The Edinburgh Letter），宣布辉格党放弃以固定税率取代调节税率的立场，呼吁立即废除《谷物法》，"彻底结束已证明是扼杀商业、毁灭农业，引起阶级之间尖锐分裂，成为贫困、疾病、死亡和犯罪根源的保护关税制度"[①]。

1846年1月，围绕皮尔提出的议案，一场关于是否废除《谷物法》的议会大辩论开始了，它被认为是"英国近代议会史上最重大、最激动人心的场面之一"[②]。在冗长激烈的辩论中，皮尔共作了五次长篇演讲。1846年6月，议案终于先后在议会下院和上院获得通过。

然而，《谷物法》被废除的同时，皮尔的政治生命也完结了——他坚定鲜明的自由贸易立场引起托利党内部的分裂，皮尔被迫辞职。一年多以后，当有人将法国发生二月革命、路易·菲力浦被推翻的消息告诉皮尔时，皮尔指着议会中保护主义者的议席说："如果

---

① John Prest, *Lord John Russell*, (Macmillan, 1972), p.427.
② G. M. Young & W. D. Handcock, *English Historical Documents 1833—1874*, London, 1956, p.406.

我当初听了他们的,法国所发生的事就会在这里出现。"①

《谷物法》的废除"炸毁了地主阶级保守势力赖以抵御自由主义经济体制的最后一道屏障,从而解除了土地阶级独占政权的经济防线",以皮尔为代表的自由主义政治家,"强迫保守党完成了自由资本主义所要求的最重要的经济体制改革"②。

尽管皮尔政府的垮台,说明英国保护主义传统及其势力仍有相当的政治能量,然而它们毕竟只是强弩之末。新上台的辉格党罗素政府于1849年宣布废除《航海条例》,至此,英国终于彻底告别以保护关税和垄断贸易为特征的传统贸易政策,成为世界上第一个完全实行自由贸易的国家。

从亚当·斯密发表《国富论》,提出自由主义经济原则,到自由贸易在英国最后实现,其间经历了整整 70 年,而在它取得胜利的最后阶段,英国工业革命已基本完成,由此给英国社会和经济发展带来的巨大变革与利益,已经有目共睹,英国的世界工业霸主地位正如日东升。然而,通往自由贸易之路的最后冲刺依然充满阻力与斗争,这不免让后世读史的人们感到某种困惑——那些激烈反对皮尔的自由贸易举措,反对放弃传统贸易政策的人,究竟出于什么样的立场与考虑?难道他们看不到显而易见的事实,看不到英国真正的国家利益所在吗?

从历史记载来看,皮尔的废除《谷物法》议案在下院经历了三次表决,尽管遭到许多托利党议员的激烈反对,但在辉格党人的支持下均仍以多数票获得通过。而在议案提交上院后,形势却远非如此

---

① G. M. Young & W. D. Handcock, *English Historical Documents 1833—1874*, London, 1956, p.408.
② 钱乘旦:《英国保守主义的特征及其演进》,载《西洋史集刊》第三期。

明朗,因为上院集中了众多的土地贵族,而他们反对废除《谷物法》的倾向是明显的。最后,由于威灵顿公爵的极力劝说,议案终于被上院通过。

历史见证了这有惊无险的一幕。翻开威灵顿公爵在英国上院对皮尔废除《谷物法》议案进行二读时的演讲稿,多少让人生出几许感叹。作为托利党元老和上院议长,作为曾经战胜过拿破仑的英雄,威灵顿的演讲几乎可以说是苦口婆心。根据历史记载,威灵顿并不是完全赞成废除《谷物法》,从感情上他是站在保护主义一边的[1],但他对皮尔议案表示了坚决的支持,对在上院积极鼓动反对议案的德比伯爵作了坚决的驳斥。

然而,威灵顿在演讲中反复劝诫托利党贵族议员的,并非是自由贸易的种种好处和废除《谷物法》的必要性,而只是集中于两点:第一,议案在下院已获大多数票通过并经王室同意,上院如果离开了下院和王室什么事也做不了;第二,如果拒绝议案,其后果将是政府辞职、举行大选,新组成的政府还是会提出同样的议案。[2] 显然,威灵顿公爵清楚地意识到:废除《谷物法》、实行自由贸易已是大势所趋,正如同1832年通过议会改革法一样。

在探究反对皮尔自由贸易改革的人们的立场时,学者往往仅将其归咎于土地贵族阶级势力的顽固与强大,但实际情形远比这复杂得多。发生在19世纪30和40年代的那场斗争,牵涉到最终告别已

---

[1] Herbert L. Peacock, *A History of Modern Britain 1815—1981*, Heinemann, London, 1982, p.67.
[2] G. M. Young & W. D. Handcock, *English Historical Documents 1833—1874*, London, 1956, pp.140—142.

实行几百年的传统商业和贸易政策，牵涉到一个完全实行"自由放任"原则的市场经济的诞生，牵涉到工业资产阶级继议会改革运动之后政治影响力的又一次壮大，牵涉到在保护主义和垄断殖民地贸易政策下享有各种好处的各个利益集团。总之，如同 30 年代初的议会选举改革运动汇集了英国社会的种种矛盾一样，40 年代英国的主要社会矛盾，似乎都集中体现在保留还是废除《谷物法》、反对还是支持自由贸易的斗争上了。

固守贸易保护主义立场的人，主要来自托利党内部，其核心人物是德比伯爵（14th Earl of Derby 1799—1869）和本杰明·迪斯雷利（Benjamin Disraeli 1804—1881），他们在皮尔最初推行自由贸易措施时就与其意见相左，当废除《谷物法》的大辩论开始时，作为托利党内部反皮尔一派的代表，他们分别在议会上院和下院辩论时进行鼓动，强烈反对废除法案，正式与皮尔分道扬镳。

德比本名爱德华·斯坦利（Edward Stanley），出身于英国最古老最有影响的贵族豪门世家，1851 年继承父亲爵位，为第十四代德比伯爵。由于德比是皮尔辞职之后的托利党领袖，因此，他的保护主义立场具有某种象征意义。

在 19 世纪的英国政治家中，德比的政治生涯颇富戏剧性。和许多由保守主义逐步走向自由主义的人相反，出身辉格党贵族家庭的德比早年的政治立场是自由主义的。作为辉格党议员，他赞成天主教徒解放法案，支持议会改革运动，曾经是当时英国政坛主要的自由党人。1833 年他在格雷内阁任陆军与殖民大臣，提出并使议会通过了废除英国殖民地奴隶制度的法令，从而在英帝国史上留下自己值得骄傲的一页。但他很快因政见分歧脱离辉格党，不久成为托利党人。1844 年德比进入上院，他"在那里积极向自由贸易运动作战，成为英国贸易保护主义者的领军人物"①。

德比是皮尔内阁的陆军与殖民大臣,却始终充当皮尔关税改革政策反对派的角色,当1845年底皮尔宣布赞成废除谷物法时,他是内阁中唯一拒绝支持皮尔的人。在他看来,废除《谷物法》,让外国的廉价粮食自由输入英国,不仅会毁掉英国的农业和土地贵族阶级,还将损害英国殖民地的利益,进而破坏整个帝国的殖民体系。②显然,德比清楚地看到了新的贸易政策与殖民地和母国传统关系之间的冲突,看到了自由贸易原则将颠覆建立在垄断贸易与优惠关税基础上的整个旧殖民制度。

德比之所以如此强烈地关注殖民地的经济利益,这或许与他在几届内阁中都担任陆军与殖民大臣的职位有关。③ 的确,除了1843年通过的《加拿大谷物法令》(Canada Corn Act),作为首相的罗伯特·皮尔对帝国与殖民地事务关注很少。该法令规定加拿大的小麦和面粉进入英国时,可以享受每夸脱1先令的名义关税④,以此作为对加拿大向美国小麦征收进口关税的回报。

对维多利亚时代的普通民众来说,"自由贸易即使不等同于繁荣,至少也意味着充足和免于饥饿。而保护主义则与高昂的食品价

---

① J. S. Olson and Robert Shadle (eds.), *Historical Dictionary of the British Empire*, London,1996, p.1058.
② Ramsay Muir, *A Short History of the British Commonwealth*, Vol. II. 1763—1919, London, 1927, p.403.
③ 除了格雷内阁和皮尔内阁,德比在20年代的坎宁内阁和戈德里奇内阁均任陆军与殖民副大臣。
④ Kenneth N. Bell & W. P. Morrell, *Selected Documents on British Colonial Policy*, Oxford,1928, p.332.

格和即将衰亡的土地贵族集团的狭隘利益相连"①。皮尔政府实际上面对的是整个英国贸易政策的根本变革,和紧迫的社会经济问题。换句话说,废除垄断保护、实行自由贸易的改革,既是符合国家利益的必由之路,更是解决现实问题的唯一选择。

然而,英国推行自由贸易的改革对于殖民地的影响终究不可避免,因为帝国自身的历史从来都是和海外贸易紧紧联系在一起的。在旧殖民制度下,英国是殖民地大宗产品小麦、蔗糖、咖啡以及木材的唯一市场,殖民地长期所享有的优惠关税,已使它们的经济对母国市场形成强烈依赖,一旦英国完全打破贸易壁垒,外国的商品得以廉价进入英国,殖民地的优惠关税便会失去意义,最后的废止也将指日可待,而这对于殖民地经济的影响是不言而喻的。

在当时英国的海外移民殖民地中(英属北美、西印度、南非、澳大利亚),受帝国贸易政策变化影响最大的是加拿大,因为在英国最重要的三大垄断性进口商品即小麦、木材和蔗糖中,加拿大就占了小麦和木材两项。因此,英国的改革在加拿大引起强烈不满,"几乎每一个改革步骤都遇到殖民地人的激烈反对……当改革过程完成时,仍有少数人认为:英格兰的辉煌已是落日余晖,而帝国已经破碎"②。对加拿大的殖民地人来说,"废除谷物法法令是一项影响帝国信念的法令"③。

许多英国人也预言,殖民地对母国的不满将会直接导致它们与

---

① Denis Judd, *Empire: The British Imperial Experience, 1765 to the Present*, London, 1996, p.65.
② Arthur R.M. Lower, *A History of Canada, Colony to Nation*, McClelland and Stewart Ltd.1977, pp.263—264.
③ J. Rose, A. Newton, E. Benians (eds.), *The Cambridge History of the British Empire*, Vol.II, London,1940, p.403.

母国的脱离。迪斯雷利在下院辩论皮尔废除谷物法议案时说:"我们不能在决定这一问题时不考虑我们的殖民地。我不认为被美国兼并是加拿大人不可避免的命运,但加拿大已具备所有成为一个伟大和独立国家的因素,命中注定它将成为新大陆的俄国。"①

当殖民地在母国市场上被给予优惠关税的待遇时,帝国当局认为它不仅会促进殖民地的贸易,而且能帮助巩固其遥远的臣民对母国的忠诚。事实的确如此,加拿大的农业和木材业一直得益于英国的优惠关税政策,1843年的法令更促进了加拿大商业的繁荣。随着大量小麦和面粉运往英国,运河、铁路、货栈、仓库等运输设施迅速发展起来,跨大西洋贸易使圣劳伦斯河流域和蒙特利尔欣欣向荣。而现在,《谷物法》的废除使所有这一切都受到沉重打击,可以说,自由贸易改革在最初几年对加拿大经济的影响是灾难性的。因此,人们有理由怀疑,加拿大殖民地人还能保持对帝国的忠诚吗?自由贸易的实现到底将会使英国与殖民地的关系发生怎样的变化?加拿大真的会剪断与母国的联系成为第二个美国?

在英帝国历史上,曾经有过预言与事实不同甚至完全相反的例子。当帝国痛失北美13个殖民地时,英国的政治家曾认为:"大不列颠的太阳正在陨落,英格兰人将不再是强大的和受人尊敬的人。"欧洲的政治家断言:"英格兰现在只是一个像瑞典和丹麦那样的二流国家。"②英国的商人们则担心贸易的损失和经济的萧条。

然而,历史的发展超出了所有人的想象:失去13个殖民地并没

---

① James S. Olson and Robert Shadle (eds.), *Historical Dictionary of the British Empire*, London, 1996, p.460.
② Denis Judd, *Empire: The British Imperial Experience, 1765 to the Present*, London, 1996, p.26.

有使第一帝国从此一蹶不振,相反,一个更为强大的"第二帝国"建立和发展起来。同样,独立后的美国经济迅猛发展,成为英国工业品的巨大市场,英美之间的商业贸易呈现出从未有过的繁荣。现在,英属北美殖民地中加拿大与母国关系的演变,提供了又一个例证:19世纪英帝国的历史并没有沿着18世纪70年代—80年代的轨道运行,《谷物法》废除后,加拿大小麦产品在英国市场的贸易优势虽然受到严重损害,但殖民地人保持了对母国的忠诚,尽管之后在贸易和文化上加拿大与美国的联系日益密切,但它既没有与美国合并,也没有脱离英国成为一个独立国家。

然而,帝国贸易政策由保护向开放、由垄断向自由的转变,不仅将改变殖民地经济原有对母国市场的严重依赖,而且必然对英国与殖民地关系乃至整个帝国的殖民政策产生深远影响,尽管它的意义在当时不可能立即为人们所认识。

由于旧殖民制度本身所具有的双重性,殖民地在经济发展和商业贸易上受到严格限制的同时,也享受到产品在母国市场上的关税优惠,即"帝国特惠制"(Imperial Preferential),殖民地人虽然不想失去这种特权,却不满并渴望摆脱母国的控制与种种限制,即英国对殖民地贸易的垄断与独占。对加拿大人来说,谷物贸易优惠的丧失多少影响了他们对帝国的信念,尤其是那些得益于英国保护主义贸易法规的殖民地各利益集团,他们认为,英国推行自由贸易政策是对加拿大的"抛弃"[1]。但对1849年英国对于《航海条例》的废除,殖

---

[1] M. Conrad, A. Finkel, C. Jaenen, *The History of Canadian Peoples*, Vol. I, Toronto, 1993, p. 427.

民地人却"并不讨厌"①,因为航海条例禁止殖民地与其他国家的直接贸易,也限制了圣劳伦斯河的航运业,损害了殖民地的经济利益。

不管怎样,19世纪40年代英国的一系列自由贸易法令,使已建立200年的帝国贸易体系迅速解体。在经历了最初的愤怒、失望和迷惘之后,加拿大人选择了另一条发展道路:向富裕而强大的美国寻求新的市场。1854年,加拿大明智地作出允许美国新英格兰渔民自由进入英属北美渔场捕鱼的让步,与美国顺利签订了《贸易互惠条约》(Reciprocity Treaty,1854)。互惠条约不仅为加拿大打开了广阔的外部市场,改变了长期以来对英国市场的严重依赖,而且使包括加拿大在内的英属北美各殖民地的经济都获得极大发展,以至于19世纪50年代成为加拿大历史上的"商业革命"时期。

与此同时,加拿大利用刚刚获得的关税政策决定权,开始走自己的路。就在英国废除《谷物法》的同一年,加拿大废除了给予英国商品的关税优惠。此后,加拿大在北美殖民地各省之间实行自由贸易的同时,逐步走向外部的贸易保护主义,1859年,加拿大开始对包括英国工业品在内的外国商品征收高额进口关税,和毗邻的美国一样竖起了关税壁垒。

传统的帝国旧殖民制度,本是英国人为了英国人的利益而建立的,而现在,实现自由贸易的需要又使英国人亲手摧毁了它。尽管旧殖民制度的终结并没有造成殖民地的脱离,但却给殖民地争取建立责任制政府和逐渐觉醒的民族意识注入了根本性的推动力:既然英国实行了自由贸易,它就不能否认殖民地的贸易和关税自由,而

---

① J. Rose, A. Newton, E. Benians(eds.), *The Cambridge History of the British Empire*, Vol. II, London,1940, p.403.

殖民地一旦获得贸易领域的行动自由，政治的自由就不可能长期被拒绝，因为"自由是不可分割的"①。

这样的逻辑和结局，恐怕无论是英国人还是殖民地人民当时都未曾料到。

对于英国人来说，自由贸易改革彻底打破了阻止英国成为世界工厂和世界市场的障碍，同时也结束了沿袭几百年的旧殖民制度。旧殖民制度，说到底，其核心就是独占殖民地的贸易。在70多年前，亚当·斯密就一针见血地指出："英国统治殖民地的主要目的，或更确切地说唯一目的，一向就是维持独占。……其主要利益，据说就是这种专营的贸易。此种独占，即是此等殖民地隶属我国的主要标志，亦是我国从这种隶属所得的唯一果实。"②

对于殖民地贸易与殖民地独占贸易的区别以及对英国的影响，亚当·斯密在作了详细分析后断言："前者总是而且必然是有利的；后者总是而且必然是有害的。但因为前者是那么有利，所以，即使殖民地贸易被独占，而独占又是那么有害，就全体来说，殖民地贸易，仍是有利，而且大大有利。不过，设若没有独占，其有利程度就要大得多。"③

亚当·斯密如此睿智的思想与精辟论述，很快被美国独立后英美两国之间不断繁荣兴盛的商贸往来所证实。这一大大出乎人们预料的事实，给几代务实的英国人留下极为深刻的印象，也给他们传统的帝国观带来强烈冲击。随着亚当·斯密自由主义经济思想

---

① Arthur R.M. Lower, *A History of Canada, Colony to Nation*, McClelland & Stewart Limited,1977, p.263.
② 亚当·斯密：《国民财富的性质与原因的研究》(下)，第185页。
③ 同上书，第178页。

的传播,随着英国工业革命前进的步伐,以及越来越强烈的获取更广阔市场的愿望,垄断与独占殖民地贸易无利可图的观念,也逐渐为英国的政治家和民众所认识。从18世纪末的小皮特,到19世纪初的赫斯基森,再到40年代的皮尔和罗素,我们可以看到一条清晰的由逐步开放殖民地贸易到彻底放弃垄断的历史轨迹。

帝国特惠制本是旧殖民制度下英国垄断殖民地贸易的副产品,一旦垄断本身失去了存在的必要性,给予殖民地货物的优惠关税也就没有了继续实行的理由。1840年议会下院特别委员会的调查报告,可以说集中反映了当时英国的社会舆论。在英国人看来,"帝国特惠制是加在英国消费者身上无回报的捐税,只是为了帮助殖民地的生产者"[1]。因此,《谷物法》和《航海条例》分别废除之后,殖民地货物进入英国所享有的关税优惠虽然没有立即取消,而且保留了一段时间,但由于帝国特惠制日益不得人心,一旦取消程序被启动,便仿佛势如破竹。1851年,英国首先结束对咖啡的优惠关税;1853年,取消对稻米、棉花、羊毛和一些其他物品的进口优惠;1854年,取消对蔗糖的进口优惠;1860年,结束对木材和所有其他殖民地产品的关税优惠。短短十年间,帝国特惠制已不复存在,帝国贸易体系的最后残余迅速成为历史的遗迹。

理查德·科布登曾指出:"除非用自由贸易这种间接办法,把依靠一个自私自利的错误观念将我们的殖民地和我们联结在一起的那条纽带,逐渐不知不觉地松懈开来,殖民制度连同它使人动情

---

[1] D.K. Fieldhouse, *The Colonial Empire: A Comparative Survey from 18 th Century*, Macmillan, 1982, p.248.

的眩人耳目的魅力,就绝对无法摒除。"①沿袭几百年的旧殖民制度和帝国贸易体系,在自由贸易历史大潮的冲击下终于解体了,它对英国与其殖民地之间的关系,对未来的帝国政策乃至帝国的发展方向,所产生和将要产生的重大影响,是无论怎么评价也不过分的。

如果说拿破仑战争的胜利,使英国得以重振世界强国的雄风,那么30年后,工业革命的完成和自由贸易的实现,则为整个帝国奠定了一块最为坚固的基石。第二帝国不再只是第一帝国的简单延续,它的旗帜上如今最为瞩目的是"贸易自由",一个崭新的帝国因此正在形成。在这个新的帝国内,英国人和殖民地人同时面临着新的历史选择:对于殖民地人来说,既然传统的帝国贸易体系已被打破,殖民地不得不走自己的路,那么,帝国对于殖民地又意味着什么呢?此外,既然国内的英国人已在很大程度上得到政治自由,作为帝国的海外臣民,为什么不能享有同样的权利?

对英国人来说,选择无疑要困难得多。还在美洲13个殖民地刚刚举起反叛旗帜时,亚当·斯密就曾断言:"在现今的经营管理下,英国统治殖民地,毫无所得,只有损失。"②如今,英国告别了旧殖民制度,殖民地也已经纳入世界经济体系,不再给予母国任何经济上的好处,那么,这些殖民地对于英国的意义与价值何在?什么样的帝国关系才符合英国的利益?

所有这一切,预示着帝国政策将发生重大的改变。

---

① 马里欧特:《现代英国》,姚曾廙译,商务印书馆1963年版,第121页。
② 亚当·斯密:《国民财富的性质和原因的研究》(下),第186页。

三、坚船利炮与自由贸易

如果说皮尔在推行自由贸易时,对殖民地的利益没有过多的考虑,那么,他对自由贸易与英国繁荣强盛之间的关系却非常明了。在皮尔看来:廉价而丰富的外国食品能够保证英国工业与商业的优势,因为它将促进英国资本的增加,而资本的增加反过来又将保持英国的工商业优势。因此,"'前进'必须成为帝国的座右铭,英国必须充分担负起上帝所赋予她的使命。英国是旧世界和新世界之间的主要联结点,她在财力、创造性、声望以及海军力量上超过所有的国家,不必惧怕竞争"[①]。

皮尔之所以对自由贸易必将给英国带来商业繁荣抱有如此坚定的信念,并非由于"反谷物法同盟"对自由贸易的极力倡导与鼓吹,而是由于英国自身所拥有的无可争辩的工业优势。拿破仑战争结束后的40年,的确是英国历史上绝无仅有的"黄金时代",在此期间,工业革命在各个领域迅猛发展,其巨大成就让世人瞩目惊叹。以发展速度最为惊人的纺织工业为例,1815年后的25年里,它以每年6%—7%的比率增长,到1837年已吸收英国全部工业劳动力的30%,其产品占了整个英国出口产品的70%。[②] 整个19世纪中期,质优价廉的英国棉纺织品始终牢牢占据着世界市场。

[①] Ronald Hyam, *Britain's Imperial Century: A Study of Empire and Expansion*, Macmillan, 1993, p.30.

[②] Glyn Williams & John Ramsden, *Ruling Britannia 1688—1988*, Longman, London, 1990, p.233.

英国人欢欣鼓舞地面对蒸汽时代的来临,一些眼光睿利的人已经预感到工业化将给整个世界带来的冲击。1830年,利物浦勋爵与曼彻斯特铁路公司司库亨利·布思(Henry Booth)的一番话,最形象生动地表达了英国人对未来的预见:"从西到东,从北到南,机械的法则——整个19世纪的哲学——将广为传播。世界已接受了新的推动力。时代的浪潮就像一条新世界的巨大河流,浩浩荡荡,一路奔腾,汹涌澎湃,不可阻挡。"①当时,无论是自由党还是保守党,无论是政府高官还是平民百姓,无论是自由贸易主义者还是贸易保护主义者,在这一点上无疑是具有共识的:不列颠已经成为当之无愧的"世界工厂",足以向全世界提供自己的工业产品,因此,有资格同时更有需要占据更加广阔的世界市场。

正是在这样的历史前提下,在英帝国贸易与经济扩张史上占有重要地位的"炮舰政策"应运而生。所谓"炮舰政策",顾名思义,就是以英国强大的海军力量为后盾,在全世界扩展英国的商业贸易和势力范围,并维护帝国的权威。由于1815年之后强大的第二英帝国已经形成,在以欧洲强国为主的国际竞技场上英国已没有真正的对手,因此,炮舰政策的主要目的并不是为了扩张帝国的版图,而是获取对于英国来说至关重要的贸易特权或政治控制权。同时,英国在追求自己的目标时,对于落后国家和地区,更多的是使用武力威胁的手段,而且往往只需炫耀一下停泊在近海的军舰与大炮就能奏效,因此炮舰政策通常又被称作"炮舰外交"(Gunboat Diplomacy)。

英国海军与英国对外贸易和海外扩张之间的密切关系是与生

---

① L. C. B. Seaman, *Victorian England: Aspects of English and Imperial History*, Methuen, London, 1982, p. 25.

俱来的。在与各欧陆劲敌几个世纪的争斗中,英国正是凭借着海军力量先后战胜了西班牙、荷兰和法国,抢夺了大量殖民地与军事要塞,在建立起庞大的第一英帝国的同时,掌握了对海洋的控制权。1805年的特拉法加海战之后,英国的海上霸主地位更为巩固。"海上霸权自始至终是英国的扩张、英国对世界和平与秩序的影响、以及英国作为一个大国存在的条件。英国海军所保卫的贸易通道,不仅仅是道路,而且是英国的命脉。"①

历代英国人都清楚地看到,没有皇家海军就没有英国的对外贸易与海外殖民地,没有海上霸权也就没有帝国的声威与安全。对政治家们来说这几乎就是一条自然法则。例如,在1842年的政府预算中,皮尔为了弥补因降低关税而减少的政府财政收入,不得不开征会招致反对的个人所得税,但他却没有削减英国皇家海军的费用。1845年,当通往自由贸易之路进入最后关头时,皮尔甚至与自由贸易论者的信条背道而驰,在财政预算中要求增加海军军费100万英镑。② 1903年,英国海军上将约翰·费希尔(John Fisher)骄傲地指出:"大英帝国是浮在不列颠海军军舰之上的。"③在所有关于英国海军与帝国关系的评论中,这句话不仅形象生动,同时也最为精辟。

从拿破仑战争结束到19世纪末期,由于"不列颠帝国的大部分处于一种实力——政治权力的真空之中"④,英国在海军力量、殖民

---

① J. Rose, A. Newton, E. Benians (eds.), *The Cambridge History of the British Empire*, Vol. II, London, 1940, p.ix.
② J. Rose, A. Newton, E. Benians (eds.), *The Cambridge History of the British Empire*, Vol. II, pp.408—409.
③ Ronald Hyam, *Britain's Imperial Century: A Study of Empire and Expansion*, Macmillan, 1993, p.15.
④ 保罗·肯尼迪:《大国的兴衰》,王保存等译,求实出版社1989年版,第189页。

地、商业贸易以及工业化上都发展到顶峰,成为无可匹敌的全球性强国。在国际舞台上,英国不仅同时担当着海上霸主、工业霸主和最大殖民帝国的角色,而且将其海军的绝对优势与强大威慑力一直保持到20世纪初。正是由于英国占压倒优势的海军舰队,列强之间"争夺海洋控制权"的斗争在整个19世纪失去了全部意义。

然而,英国推行炮舰外交最为突出的年代,却是在19世纪中期。研究英帝国史的学者们通常认为,"1835—1860年是炮舰外交和海军干涉的时代"①。炮舰政策之所以集中体现在19世纪中期并非偶然,它恰好印证了英国海军所担负的历史使命。从30年代到60年代,正是英国放弃传统重商主义原则,逐步废止垄断与保护,彻底实现自由贸易的年代,也是英国稳居头号工业强国地位而没有对手的年代,英国要比以往任何一个历史时期都更需要拓展贸易机会和商品市场。如果说自由贸易已成为最代表英国利益的康庄大道,那么,炮舰政策则是攫取和保护这种利益的制胜法宝。

在炮舰外交上,最充分地体现了19世纪中期英国人意欲征服世界的雄心,和海上霸主那种"顺我者昌逆我者亡"的傲慢:英国需要的是贸易机会与特权,追求的是进入全世界市场的自由,如果有落后国家不愿给予这种自由,那么就强迫它给予,或者是用外交威胁手段,或者是直接动用武力,用皇家海军发射的"24磅重的道德力量"②,直至达到目的。

19世纪中期的英国政治家,大多支持并积极推行帝国的炮舰外

---

① Ronald Hyam, *Britain's Imperial Century: A Study of Empire and Expansion*, Macmillan,1993, p.18.

② Andrew Porter (ed.), *The Oxford History of the British Empire, Vol. III, The Nineteenth Century*, Oxford,1999, p.108.

交政策，但要论其中最为忠实自觉并成绩斐然者，则非帕默斯顿莫属。帕默斯顿子爵(3rd Viscount Palmerston)是19世纪英国最著名的政治家之一，"他对19世纪不列颠的影响可能要超过任何一个其他的政治家"①。帕默斯顿又是个跨越时代的人物，他漫长的政治生涯反映了英国政治从保守主义走向自由主义的历程，也折射出步入鼎盛时期的英帝国耀眼的光辉。

帕默斯顿本名亨利·约翰·坦普尔(Henry John Temple 1784—1865)，1802年继承其父亲的爵位，成为第三代帕默斯顿子爵。和同时代的许多英国贵族政治家一样，帕默斯顿也是以托利党立场开始其政治生涯的，并大约从20年代后期起转向自由主义。他于1807年进入议会下院，1809年起先后在托利党政府海军部和陆军部任职，曾长期担任陆军部军务大臣(secretary-at-war)，至19世纪20年代成为托利党内坎宁派的重要成员。

帕默斯顿赞成议会改革运动，支持天主教解放法案。1828年拒绝进入威灵顿内阁并离开托利党。1830年格雷组建辉格党内阁，帕默斯顿担任外交大臣一直到1841年(除了1834年底至1835初的第一届皮尔内阁)。在1846—1851年的罗素内阁中，帕默斯顿再任外交大臣。1852年至1855年任阿伯丁内阁的内政大臣。从1855年到1865年，除了1858—1859年保守党的短期执政，帕默斯顿始终担任自由党内阁首相直至去世。在同时代的政治家中，帕默斯顿对欧洲事务与英帝国的影响是无人可比的，历史学家因此称"19世纪中

---

① Hebert L. Peacock, *A History of Modern Britain 1815—1981*, Heinemann, London, 1982, p.76.

期是帕默斯顿的时代"①。

作为一个著名的自由主义政治家,帕默斯顿公开宣称:"除了那些涉及到自身政治或商业的特殊利益,英格兰的真正政策,就是成为公正与正义的支持者。"②在长期的外交大臣和首相任期内,帕默斯顿将英国的自由主义国际形象推进到新的境界,他支持比利时从荷兰取得独立,对波兰的民族起义表示同情,与法、西、葡结盟以抗衡俄、普、奥"神圣同盟",避免卷入美国内战,允许欧洲各国的政治流亡者进入英国,等等。帕默斯顿曾在议会宣称:如果大陆国家向英国提出驱逐流亡者的要求,"他们将遭到断然的坚决的拒绝,不列颠政府从来不愿意为他国内部的安全而操心"③。

尽管帕默斯顿的举动多出于"均势外交"中制衡列强的考虑,甚至仅是一种姿态,但无疑都符合英国的利益,这不仅为帕默斯顿赢得了个人声誉,也"使英国成为整个欧洲自由主义的斗士"④。然而,帕默斯顿的政治实践,更多的是与保卫英国的贸易权利和商业利益,以及捍卫帝国的权威相联系。帕默斯顿是个坚定的自由贸易论者,他把自由贸易称作"伟大的自然法则",是"万能上帝之下的国际法"。⑤ 他对英国向全世界扩展贸易的行为充满道德上的自豪感,认为"为了使人类更幸福、更有希望、更富裕,商业用一只手引导着文

---

① R. K. Webb, *Modern England: from the Eighteenth Century to the Present*, Harper & Row, Publishers, New York, 1980, p. 301.
② W. Baring Pemberton, *Lord Palmerston*, The Batchworth Press, London, 1954, p. iii.
③ 转引自王荣堂编著《英国历代首相传略》,辽宁大学出版社 1987 年版,第 225 页。
④ James S. Olson & Robert Shadle (eds.), *Historical Dictionary of the British Empire*, London, 1996, p. 1084.
⑤ Harold Temperley, *The Victorian Age in Politics, War and Diplomacy*, Cambridge, 1928, p. 54.

明,另一只手引导着和平,而这是上帝(给我们)的使命"①。因此,"商业是文明的最好先锋"②。

美国史学家戴维·罗伯茨(David Roberts)这样评论帕默斯顿:他是"一个爱国心很强的英国人,一个工商业和海军举世无敌的国家的外交大臣。他把英国的传统利益时时放在心上,但他的外交政策也不免对英国的强国地位和大国偏见很敏感。他动不动就准备派遣军队,无时不在考虑维护英国的尊严,尤其是当他的外交胜利赢得了有爱国狂的国会或舆论的喝彩时"③。

应当说,这一评价恰如其分。由于帕默斯顿在积极运用武力维护英国及帝国的利益上不遗余力,他的名字几乎成了英国"炮舰政策"的代名词和同义语,19世纪中期的英国外交也鲜明地打上了帕默斯顿的烙印。

帕默斯顿是个帝国观念极强的政治家,在他的外交考虑中,保卫印度的安全,保卫英国通往印度航线的安全,始终是处于第一位的战略目标。为此,他将英国外交的重点放在与沙皇俄国在近东与中东的争斗上,千方百计地遏制俄国领土与势力的扩张。例如1839年发动侵略阿富汗的战争,1841年联合法、普、奥与俄国签订阻止其控制黑海海峡的《伦敦海峡公约》,1856年发动对伊朗的战争,等等。但同时,对于大英帝国所享有的至尊地位,对于所谓英国保卫其臣民利益的责任,帕默斯顿也表现出超乎寻常的热衷与执著。

---

① P.J. Marshall, *The Cambridge Illustrated History of the British Empire*, Cambridge, 1996, p.32.
② Andrew Porter (ed.), *The Oxford History of the British Empire, Vol. III, The Nineteenth Century*, Oxford, 1999, p.107.
③ 戴维·罗伯茨:《英国史——1688年至今》,鲁光桓译,中山大学出版社1990年版,第176页。

然而，历史学家们认为，与其说帕默斯顿关心的是英国商人的利益，不如说他关心的是事件所涉及的原则——关乎到英国国家利益和帝国权威的原则。1846 年，在给当时的香港总督戴维斯爵士(John Francis Davis 1795—1890)①的信中，帕默斯顿写道："我必须说，不管哪里的英国臣民处于危险中，英国的军舰就不仅应当被派往该地，而且只要有保护英国利益的需要，它还将维持在该地的存在。"②在闹得沸沸扬扬的"唐·帕西菲科事件"上，帕默斯顿把英国人那种有强大海军和工业优势作后盾的霸道与傲慢，表现得淋漓尽致。

唐·帕西菲科(Don Pacifico)是一个葡萄牙犹太人，因出生在直布罗陀而获得英国国籍。1847 年他在希腊雅典的住宅被当地示威民众烧毁，帕西菲科向希腊政府索赔遭拒，引发英希两国之间的冲突。帕默斯顿以保护英国商人的利益为由，将英国舰队派往希腊海岸实行封锁，扣押了一部分希腊船只，并发出"最后通牒"，要求希腊赔偿帕西菲科的损失 3.1 万英镑。英国的行动又招致与法国的外交纠纷，因为法国、俄国与英国都是希腊独立的保证者，1850 年法国撤回驻伦敦大使以示抗议。

帕西菲科并非地道的英国人，希腊又是一个 1830 年刚刚获得独立的弱小国家，对英国的利益和安全并没有构成威胁，帕默斯顿如此大动干戈，态度如此强硬蛮横，在国内引起很大非议。上院对帕默斯顿表示了谴责，首相罗素决定在下院进行信任投票，这给了帕默斯顿捍卫自己立场的机会。1850 年 7 月，下院针对政府的希腊行

---

① 即中文文献中的"德庇时"，为第二任香港总督，1844—1848 年在任。
② Peter Lowe, *Britain in the Far East*, Longman, 1981, p.17.

动进行了四天的辩论。

帕默斯顿为辩论作了精心准备,翻阅了外交部文件不下 2000 份。根据记载,帕默斯顿的发言从 1850 年 7 月 25 日晚 9 时 45 分开始,到次日凌晨 2 时 20 分,在将近五个小时的长篇演讲中,他将唐·帕西菲科事件说成是"关系到国家政策的原则、英格兰的重大利益及其荣誉和尊严的问题"①,为自己的政策作了极为成功的辩护。帕默斯顿的传记作者巴林·佩伯顿(Baring Pemberton)称:这次"严肃的、说理的"演讲,"是帕默斯顿政治生涯中最伟大的一次",赢得了包括反对者在内的交口称赞,会场内欢呼声不断。其中最具鼓动性也最受欢迎的一段,后来成了最能代表帕默斯顿炮舰外交政策的名句:

……决定女王陛下政府外交政策的原则,以及使我们一定要向我们的海外国民提供保护的责任感,对于那些执掌英国政府大权的人,是正确的、适当的指南与向导。如同古罗马人宣称"我是罗马公民"就可以免受侮辱一样,一个英国臣民,不管他在什么地方,都将充满自信——英格兰警惕的眼睛和强大的臂膀将保护他免受任何不公。②

帕默斯顿"充当了那个时代英国人的代言人"③。他的精彩演讲不仅在议会获得巨大成功,更受到议会外英国民众和众多海外英国人的欢呼,他将英帝国与古罗马帝国的类比,极大地丰富了英国人对帝国权威与荣耀的想象空间,因此被罗素在议会辩论中誉为"真

---

① B. L. Blakeley & J. Collins (eds.), *Documents in British History*, Vol. II, McGRAW-Hill Inc., 1993, p.127.
② W. Baring Pemberton, *Lord Palmerston*, London, 1954, p.180.
③ 转引自乔治·马尔科姆·汤姆森《英国历届首相小传》,第 188 页。

正的英国大臣"(the Minister of England)。①

历史学家们指出:对同时代的外国政府来说,帕默斯顿是一个爱干涉的、专横的恃强凌弱者,是19世纪"丑陋的英国人"(Ugly Englishman)形象的代表。德国人甚至把帕默斯顿与魔鬼相连:"如果魔鬼有一个儿子,他必定就是帕默斯顿。"②

在国内的批评者看来,帕默斯顿的意志过于强硬,无论对内阁还是对女王都不够顺从,例如时任枢密院秘书的查尔斯·格雷维尔就在日记中对帕默斯顿表示了明显的不信任:"在讨论涉及如此重大利益的问题时,他的语调里有一种浮躁,一种无可怀疑的自负与轻率,这使我相信,他是一个危险的人。"③

但在帕默斯顿敬慕者的眼里,帕默斯顿是永远准备为捍卫英国臣民利益与外国政府进行正义争吵的"约翰牛"(John Bull)。④ 帕默斯顿则否认自己恃强凌弱,认为即使是小国也要为它们的行为负责,"一个政府越是弱,它的傲慢和不正义就越不可宽恕"⑤。

如果说炮舰政策在帕西菲科事件中的运用,突出表现了帕默斯顿对大英帝国威慑力的追求,那么,对中国发动的两次"鸦片战争",则是帕默斯顿用坚船利炮直接打开其他国家的国门,迫使其对英国开放贸易的典型例证。相比较而言,保卫或攫取英国的贸易权利,

---

① John Preset, *Lord John Russell*, Macmillan,1972, p.316.
② William Edwards, *British Foreign Policy: from 1815—1933*, Methuen, London, 1934, p.42.
③ Muriel E. Chamberlain, *'Pax Britannica'? British Foreign Policy 1784—1914*, Longman, 1988, p.74.
④ "约翰牛"成为英国人的绰号有一个历史过程。据称该名字最早被提及是在16世纪。1712年,英国首次出现漫画人物。
⑤ B. L. Blakeley & J. Collins (eds.), *Documents in British History*, Vol. II, McGRAW-Hill Inc.,1993, p.126.

更是炮舰政策的题中之义。

英国拓展中国贸易市场的愿望由来已久。对于这个从未接触过的巨大而陌生的东方帝国，英国最初显然是试图通过派遣使者的方法，来谋求贸易关系的建立与扩大。1793年，第一位英国全权大使马嘎尔尼勋爵（Lord Macartney 1737—1806）率800多人的高级使团，携带乔治三世的信及大量礼品，以祝寿名义来到中国，觐见了清朝乾隆皇帝，提出通商、派驻使节和割占舟山附近一小岛作为英商存放货物及居住地的要求，但遭到长期实行闭关锁国政策的清王朝断然拒绝。

马嘎尔尼的首次使华虽然无功而返，但英国人却清楚地看到了庞大中华帝国的外强中干，对清政府官员的腐败以及中国海防的虚弱更是印象深刻。从某种意义上说，两国之间这第一次的官方交往，已经埋下了几十年后英国远征军在中国海岸长驱直入的伏笔。

1840—1842年的第一次鸦片战争，表面起因是林则徐大刀阔斧的禁烟行动使英国鸦片商人遭受了损失，实质上却是英国借机实现其彻底打开中国市场的野心所致。对中国的贸易一向是由英国的东印度公司垄断的。长期以来，英国和其他欧洲国家一样，从中国进口的商品主要有丝绸、瓷器和茶叶等，由于中国的闭关锁国政策和自给自足的封建自然经济，东印度公司的对华贸易一直受到严格限制，而英国人对中国茶叶的需求却越来越大，饮茶的习惯逐渐从贵族上流社会进入寻常百姓阶层，茶叶也从奢侈品成为英国人的一种生活必需品，议会甚至专门通过法令，要求东印度公司始终保持有一年的茶叶储备。[①] 18世纪中期起，中国在对英贸易中开始处于

[①] M. Greenberg, *British Trade and the Opening of China 1800—1842*, Cambridge, 1951, p.3.

出超地位,以至于一位中国地方官对皇帝夸口:"只须凭借茶叶,陛下就能控制住英国人。"①

对中国贸易的现状使英国工商业资产阶级极为不满,乾隆皇帝对马嘎尔尼使团通商要求的拒绝,被同时代的英国人看作是"傲慢"和"反商业主义的"。② 为打开中国市场,扭转对华贸易逆差,英国商人开始向中国走私鸦片。东印度公司在罪恶的鸦片贸易中扮演了重要角色,它从1797年起成为印度唯一的鸦片制造商,公司在印度大量种植、生产鸦片,再通过私人身份的英国商人偷运进中国,形成了印度提供鸦片、中国用茶叶来换取、公司再将茶叶输往英国国内的"三角贸易"。1813年公司对印度贸易的垄断权被取消,但议会允许公司继续控制对中国的贸易,这使鸦片走私的规模与数量都急剧上升,向中国走私鸦片成为当时最有利可图的生意。1830年威廉·贾丁(William Jardine 1784—1843)③从广州写信给苏塞克斯的一个朋友,敦促他投资鸦片贸易:"我已经计算过,在好的年份,鸦片的毛利有时高达每箱1000英镑。……这是我所知道的最安全、最绅士的投机买卖。"④

1833年,英国议会决定取消东印度公司对华贸易的专营权,由

---

① J. Rose & A. Newton, E. Benians (eds.), *The Cambridge History of the British Empire*, Vol. II, London, 1940, p.396.
② M. Greenberg, *British Trade and the Opening of China 1800—1842*, Cambridge, 1951, p.5.
③ 即中国清代历史文献中的"渣甸"。威廉·渣甸早年作为商船上的外科医生就职于东印度公司,后专门从事在印度和中国的贸易(包括鸦片贸易),1832年创办后来声名显赫的"怡和洋行",香港至今有渣甸街、渣甸坊、渣甸山等以其姓氏命名的地名。
④ Michael Greenberg, *British Trade and the Opening of China 1800—1842*, Monthly Review Press, 1951, p.105.

政府向中国派出常驻商务总监。此后,参与鸦片贸易的英国商人大增,鸦片走私活动也愈演愈烈,1800年至1818年,非法输入中国的鸦片平均每年为2000箱,1820年以后鸦片贸易增长了四倍多,到1836年已猛增至3.4万箱。① 失去垄断权的东印度公司,对同中国进行鸦片贸易的兴趣丝毫不减,因为鸦片贸易的收入已占英属印度财政总收入的1/7。②

英国官方对于日益猖獗的鸦片走私贸易采取一种默许的态度,1839年,外交大臣帕默斯顿在给英国驻华商务总监的训令中写道:女王陛下的政府不能因为英国臣民违反中国的法律而采取干预行动。③

与此同时,英国人彻底进入中国市场、并夺取中国领土作为东方贸易据点的野心也在急剧膨胀。1830年,47名从事对华贸易的商人、船长向议会递交请愿书,要求英国政府派代表长驻北京,至少要"采取一项和国家地位相称的决定,取得邻近中国沿海的一处岛屿"④。同年,曾参加过马嘎尔尼使团并长期在东印度公司任职的议员斯汤顿(Sir George Thomas Staunton,1781—1859)⑤在议会发言中进一步提出:在取消对贸易的限制时,如果不能由王国政府建立

---

① Peter Lowe, *Britain in the Far East*, Longman, 1981, p.10.
② Daniel R Headrick, *The Tools of Empire: Technology and European Imperialism In the Nineteenth Century*, Oxford, 1981, p.45.
③ Parl. Pap.1840,VII(359), Q.479, see *The Cambridge History of the British Empire*, Vol. II, London,1940, p.401.
④ 转引自刘蜀永《香港的历史》,新华出版社1997年版,第17页。
⑤ 即中国清代历史文献中的"斯当东"。小斯汤顿12岁时曾跟随其父参加1793年马嘎尔尼使团来华,很快掌握了中文,成为著名的中国通,并将《大清律例》翻译成英文在英国出版。斯汤顿曾官至东印度公司驻广州"大班"。1816年作为阿美士德使团的副使再次来华。

国家间的直接联系,那么在中国沿海岛屿建立贸易中心,以摆脱中国当局的控制,将是可取之策。① 此后,几任驻华商务总监在向外交大臣提交的报告中,更是明确提出了占领"天然极适合各种商业用途"的香港岛的建议。

东印度公司对华贸易专营权被取消后,英国商人对进入中国市场已经迫不及待。第一任驻华商务总监内皮尔勋爵(William John Napier 1786—1834)②声称:"大不列颠的商人希望与整个中国通商,他们在未达到自己的目的以前是不会安心的。"③1834 年,60 多名在华英商向国王呈交请愿书,要求派出三艘军舰和一位全权大使去中国炫耀武力,向中国人"表达这样的概念:英国军舰可以毫不费力地拦截中国的内外贸易,并俘获中国所有的武装船只"④。1835 年,一只英国蒸汽商船来到广东,要求准许在广东与澳门之间的珠江上航行,被广东地方官员拒绝,违反禁令后遭到炮击而被迫撤退。

这次挫折使英国商人更加急切地渴望政府的支持,他们继续向政府请愿,要求派遣远征军,以惩罚中国人。此时英国政府大臣们的立场已发生变化,尤其是一向以厉害著称的帕默斯顿。他在 1833 年任命内皮尔为驻华商务总监时,还曾经希望促进与中国的贸易但不要与中国发生冲突⑤,而现在已"确信对中国的战争不可避免,唯

---

① 转引自刘蜀永《香港的历史》,第 18 页。
② 即中国清代历史文献中的"律劳卑"。此译名带有明显贬低歧视之意,内皮尔本人得知其含义后十分不满,认为自己受到侮辱,并有损大英帝国的尊严,因此拒绝与两广总督卢坤会面。
③ 张立平编著:《外国著名外交家列传》,世界知识出版社 1998 年版,第 90 页。
④ William Conrad Costin, *Great Britain and China 1833—1860*, Oxford, 1937, p.27.
⑤ Peter Lowe, *Britain in the Far East*, Longman, 1981, p.10.

一的问题是如何去进行"①。

显然,用武力打开中国的市场,占领香港岛,将其发展为"好望角以东最重要的商业中心",并成为英国扩展东方贸易的基地,早在鸦片战争爆发以前好几年,就已经是英国政府和商人的共同诉求。可以说,即使没有清政府的禁烟行动,英国对中国的侵略也终究会发生,因为中国这个巨大市场所具有的潜力与商业前景,对于刚刚完成工业革命亟待获取更大市场的英国人来说,其诱惑力是不可抵御的。事实上,拥有坚船利炮、正走向自由贸易的英国,雄心勃勃地意欲征服整个世界,对于中国市场,绝对是志在必得,林则徐的禁烟行动恰好提供了一个派遣远征军以保卫英国臣民利益的理由。

鸦片战争使中国的领土、领海、司法、关税以及贸易主权都遭到严重破坏。1842年的《南京条约》,最大限度地满足了英国正式进入中国市场的要求,清政府不仅被迫同意割让香港、赔偿军费白银2100万两、五口通商,而且丧失了对中英间贸易税率的决定权。1843年签订的中英《五口通商章程》和《虎门条约》,作为《南京条约》的附件,又将英国在华特权进一步扩大:英国获得"领事裁判权""片面最惠国待遇",以及英商在通商口岸租赁土地、房屋和永久居住的权利。古老中华帝国的大门终于被不列颠军舰的大炮轰开。

十几年后,英国对在华所获利益已经不能满足,借1856年的"亚罗号"(the Arrow)事件发难,联合法国再次对中国发动战争。签订于1858年的《天津条约》和1860年的《北京条约》,极大地扩展了英法等国在中国的利益与特权。《天津条约》除了规定中国赔偿英商损失200万两白银,赔偿英法军费各200万两白银之外,还规定:外

---

① Daniel R. Headrick, *The Tools of Empire*, Oxford, 1981, p.46.

国公使可进驻北京;增开 10 处通商口岸;外国商船可以在长江各口岸自由航行;外国人可到中国内地游历、传教和经商。《北京条约》增辟天津为商埠,割让九龙半岛南部给英国,并将赔偿英法两国的军费各增至 800 万两白银。

在这两次战争中,帕默斯顿充当了重要的角色。他在第一次鸦片战争前和战争中担任外交大臣,第二次鸦片战争的前期和后期担任首相,采取的立场非常强硬。然而,和"帕西菲科事件"相比,对华战争在英国国内遇到的反对要强烈得多。

第一次鸦片战争爆发前夕,就有人写文章谴责鸦片走私活动,称"鸦片贸易给英国国旗带来了莫大的耻辱"。在战争中,许多人认为,帕默斯顿的座右铭始终是"我的国家,不管它对还是错"。对此,帕默斯顿强硬地回答:"不列颠的利益就是北极星,是英国政府的指导原则。"①

第二次对中国的侵略,甚至在英国引起了内阁危机。1857 年 2 月 26 日至 3 月 3 日,议会就政府对华政策展开激烈辩论,站在帕默斯顿对立面的不仅有保守党议员,还有许多自由党人,时任财政大臣的威廉·格拉斯顿(William Gladstone 1809—1898)在发言中强调"基督教的原则"和"人类的正义",呼吁人们投票来阻止在中国发生的"不幸""犯罪"和"暴行","将仁慈与和平,不列颠的正义和英国人的明智,作为讯息传向世界最遥远的角落"。②一直鼓吹国家间自由贸易、和平通商的"曼彻斯特学派"主要成员科布登,则提出对政府

---

① William Edwards, *British Foreign Policy: from 1815—1933*, Methuen, London, 1934, p. 35.
② Joel H. Wiener, *Great Britain: Foreign Policy and the Span of Empire, 1689—1971, A Documentary History*, Chelsea House

的不信任案,该议案在下院以263票对247票获得通过后,帕默斯顿立即解散议会,重新大选。

在竞选中,帕默斯顿积极为炮舰政策和对华战争辩护,声称"一个在广州掌权的傲慢无理的野蛮人,侮辱了英国的国旗,违反了条约的规定,为在华英国臣民的头颅提供奖赏,制定了以谋杀、暗杀和下毒来摧毁英国人的计划……"①如此,他为战争披上了捍卫帝国荣誉和国际法尊严的外衣。

帕默斯顿一向极富演讲才能,细读他1857年3月在议会关于"亚罗号"事件的辩论发言,人们会发现,他的演说不仅逻辑严密,而且充满激情,可以说是滔滔雄辩。② 英国历史学家西曼评论道:"帕默斯顿的演说如此有效,以至于任何人只要站在野蛮的中国人一边反对英国的殖民地总督,那他就不是一个真正的英国人。"③

帕默斯顿的强硬立场在议会遭到反对,但却受到工商业资产阶级几乎普遍的支持,自由党赢得了自1832年以来最壮观的选举胜利,保守党的席位从290个下降到256个,皮尔派从45个降到26个④,而曼彻斯特学派则受到重创,科布登和布莱特等人再次丢掉议席。对此,帕默斯顿不无得意地写道:"上届议会中许多讨厌的家伙已经被扔了出去。"⑤

---

① W. Baring Pemberton, *Lord Palmerston*, The Batchworth Press, London, 1954, p. 249.
② Joel H. Wiener, *Great Britain: Foreign Policy and the Span of Empire, A Documentary History*, pp. 2736—2744.
③ L. C. B. Seaman, *Victorian England: Aspects of English and Imperial History*, Methuen, London, 1982, p. 135.
④ Ibid., p. 135.
⑤ Hebert L. Peacock, *A History of Modern Britain 1815—1981*, Heinemann, London, 1982, p. 80.

在同时代的英国人中,帕默斯顿对海军炮舰威力的认识也许是最充分的。历史学家曾指出,帕默斯顿心里念念不忘的永远是英国海军。在他看来:"外交官和议定书是很有用的,但是装备精良的重型炮舰是再好不过的和平保卫者。"[1]以蒸汽为动力的海军铁甲舰船,服务于英国在全世界进行商业扩张的目的,成为自由贸易最有效的工具和最忠实的守护神。同时,它还是帝国势力与声威的象征。1850年9月,帕默斯顿在下院发表演讲:

> ……那些像中国、葡萄牙、西属拉丁美洲国家那样半开化的政府,每隔八到十年就需要狠揍它们一顿,以便让它们老实一些。警告是不起什么作用的,它们的头脑太肤浅,接受不了超过这一时限的印象。他们对言语并不留意,在他们屈服以前,必须让他们不仅看到棍子,而且要实际感受到棍子打在肩上的滋味。[2]

这段霸气十足的话,可以说是19世纪中期英国炮舰外交政策最好的注脚。

四、经济霸权与非正式帝国

自由贸易实现之后,资产阶级心存感激,庆祝资本主义繁荣昌盛时代的到来。1856年,在曼彻斯特的"彼得卢"广场,一座文艺复兴时代风格的建筑拔地而起,这座典雅的建筑被命名为"自由贸易

---

[1] 转引自乔治·马尔科姆·汤姆森《英国历届首相小传》,第186页。
[2] Lawrence James, *The Rise and Fall of The British Empire*, London, 1994, p.174.

大厦"(Free Trade Hall)。这个名称的含义是意味深长的：在英国，公共建筑多以人物名或地方名命名，人们极少见到为纪念一个原则而命名的建筑物。"自由贸易大厦"的建成是一个时代的标志——它是自由主义经济信条彻底胜利的标志，是英国工业资产阶级走向政治成功的标志，同时，也是大英帝国进入鼎盛时期的标志。

1851年，在谈及将要开工的大厦时，约翰·布莱特对自由贸易和自由主义作了经典的表述："现在，我们被称作'曼彻斯特党'，我们的政策就是'曼彻斯特的政策'。我想，这所建筑将是我们曼彻斯特学派的课堂。"①

走上自由贸易之路的历史选择，从根本上说，既是英国实现工业化的结果，又是英国获得世界经济霸权的契机。

作为打败拿破仑的功臣，英国成为维也纳会议的最大受益者，同时也是唯一俯视群雄的世界级强国。然而，如果我们作进一步的分析就会发现：这时英国的头号强国地位，其真正的含义是指对海洋的控制，和在战争中版图获得扩大的帝国。从国家的经济实力来看，除了因最先开始工业革命而在技术上拥有的领先地位，英国还远没有强大到在世界经济领域可以独领风骚的地步。相反，长期战争所带来的负效应还引发了英国国内的社会经济问题和政治动荡。只是到了20年代以后，第二阶段的工业革命才真正起飞，并在30—40年代呈现出空前的速度与繁荣。因此，海上优势和遍布世界的殖民地、战略要塞及贸易据点，只能表明英国在军事上的大国强国地位，并不必然等同于世界政治与经济中的领导权。

正是在实现自由贸易的过程中，英国逐步建立起自己的世界经

---

① P.F. Clarke, *Lancashire and the New Liberalism*, Cambridge, 1971, p.28.

济霸权。在自由贸易的旗帜下,英国的工业品和资本涌向世界各个角落。1815年英国的出口额为5 862.9万英镑,到1855年达到11 669.1万英镑[1],40年里增加了一倍,其中除了煤以外绝大多数都是机器制成品。

根据霍布思鲍姆的统计,从1848到1870的35年间,英国向土耳其、中东、亚洲、印度以及澳大利亚的出口额,都是大幅度直线上升,作为"世界上工业化程度最高的国家,(英国)与最遥远或者说最落后地区的贸易额,足足增加了六倍"[2]。

再看资本的输出:1770—1820年,半个世纪里英国的对外投资额,只约占其国民生产总值的1%,19世纪20年代到40年代猛增到2%,进入50年代迅速攀升至3.3%,60年代则达到了3.8%[3],这种加速度的态势,彰显出经济巨人的富足与强盛。

从1840年代后期到1870年,"工业资本主义演变成名副其实的世界经济,地球从一个地理概念转变成持续运作的动态实体。……历史已经演变成世界历史"[4]。凭借着商品、资本、技术以及海军舰队,英国人在形成中的资本主义世界体系内独占鳌头,理所当然地确立了在世界工业和世界贸易中的垄断地位。

在建立与执掌世界经济霸权的历史进程中,英帝国的形象也在悄悄地发生变化,除了占领世界各地交通要道上的战略要地,以确保海外贸易的安全,英国人对帝国版图的单纯扩大已经失去兴趣,

---

[1] Donald C. Gordon, *The Moment of Power—Britain's Imperial Epoch*, Englewood Cliffs, 1970, p.87.
[2] 霍布思鲍姆:《资本的年代 1848—1875》,第59页。
[3] Mark R. Brawley, *Liberal Leadership*, Cornell University Press, 1993, p.111.
[4] 霍布思鲍姆:《资本的年代 1848—1875》,第55页。

运用经济的、军事的、外交的以及政治的手段,最大限度地扩展英国在全球的势力范围,将落后国家与地区变为英国经济、政治上的附庸,而不是变为英国直接统治的殖民地,从而最大限度地获得经济利益,成为帝国新的追求。

这种新的帝国政策,被历史学家称为"自由贸易的帝国主义"(The Imperialism of Free Trade)[①],而这期间由英国所征服与控制的势力范围,则被看作英国的"非正式帝国"(Informal Empire)。

帝国这一政策重心的变化,早在18世纪末期就已显现出来。在七年战争之前,英帝国的重点是殖民扩张与版图的扩大,海外贸易也主要集中于美洲殖民地,1763年战争结束之后,英国便开始将关注重点转向东方的贸易,北美13个殖民地的丢失,使这一战略性转向更加明显。

事实上,贸易从来就是帝国的生命,是帝国不断扩张的最大动力。在英帝国的扩张史上,我们可以看到一个鲜明特征,这就是它自始至终对海外贸易的强烈追求,尤其是在基本完成第一帝国的版图扩张之后。和西班牙、葡萄牙等老牌殖民帝国相比较,英帝国的这一特征显得更为突出。

英国人也许是世界上最现实的民族,失去美洲殖民地,虽然让英国人不免痛心疾首,但他们也感到了就此省去维持与保护殖民地花费的轻松,同时他们还对与独立后的美国发展商业关系表现出强烈的期盼。1782年,首相谢尔本伯爵在议会就承认美国独立的议案进行辩论时指出:

[①] J. Gallager and R. Robinson, The Imperialism of Free Trade, *Economic History Review, August, 1953.*

……在免除我们维持与保护这些殖民地巨大费用的同时,我们与它们的商业关系将仍然产生许多好处,如果美国像人们所预期的那样,在人口和粮食生产上迅速增加,很可能我们与它们的贸易利益要超过以往任何时候。①

历史的演进不仅证实了这一预测,它甚至超过了当时人们的想象:脱离母国而独立的美国成了英国最重要的商品市场和贸易对象,1783年以后,英国向美国的出口比殖民地时期的最高贸易额还要大。②

英国最早的殖民地与母国关系的这种巨大变化,要比任何一本教科书对英国人帝国观念的冲击都要大。从那时起,亚当·斯密关于控制殖民地的政治和商业无利可图的观点,不再只是理论家在书斋里的离经叛道与标新立异,它开始在议会、内阁登堂入室,并对整个社会舆论产生影响,"贸易跟着国旗走"(Trade Follows the Flag)这一重商主义时代的信条也开始动摇。

深受亚当·斯密自由主义经济思想影响的小皮特,在首相任内向着开放贸易迈出最初的一步:削减了部分商品的进口关税,与法国签订了降低关税率的《英法通商条约》(1786)。人们有理由据此推断,如果不是法国大革命和反法战争的爆发,英国将会继续沿着开放贸易的方向走下去。

18世纪末英国人帝国观念上的这种变化,在第二英帝国的建立过程中得到充分体现。经过20余年反对法国和拿破仑帝国的战争,

---

① Mark R. Brawley, *Liberal Leadership*, Cornell University Press, 1993, p.94.
② P.J. Marshall, *The Cambridge Illustrated History of the British Empire*, Cambridge, 1996, p.16.

英国的海外属地得以继续扩大,但打开帝国版图人们会发现,英国新获得的地方几乎全是关系到贸易通畅和帝国安全的战略要地:南非的开普敦;印度洋上的锡兰、塞舌尔群岛、毛里求斯岛;加勒比海的特立尼达、圣卢西亚、多巴哥;地中海上的马耳他岛、伊奥尼亚群岛(Ionian Islands);北海的赫尔戈兰岛(Heligoland)。

有学者在分析帝国扩张原因时指出:"到18世纪末,英国建立帝国的热情冷却下去了,但帝国本身却由于对法国的战争而扩大。"①这一解释显得过于简单,英国将如此众多的岛屿纳入帝国版图,与同时期英国人对帝国扩疆拓土热情的下降并不矛盾。

反法战争的胜利无疑是英国得以占有这么多地方的重要原因,但应当看到的是,对殖民地价值的失望和怀疑,对商业利益和贸易市场的追求,不但不会影响英国人去占领具有军事与战略意义的要地,相反会更加促进这一过程,因为贸易是英国的生命线,而安全的贸易则是英国最大的利益所在。

1860年,帕默斯顿在一份名为"贸易的保护"备忘录中写道,"贸易不应由加农炮弹来是强制实行,这也许是对的,但另一方面,没有安全贸易就不可能繁荣,没有物质力量的保护,安全是得不到的"②;"'和平、安全、贸易'是英国任何一位外交大臣必须坚持的三个主要原则"③。

因此,英国高度重视它所占领的战略要地,高度重视帝国苦心经营起来的大西洋、印度洋、地中海的贸易通道,除了伊奥尼亚群岛

---

① 戴维·罗伯茨:《英国史——1688年至今》,第295页。
② Donald C. Gordon, *The Moment of Power-Britain's Imperial Epoch*, Englewood Cliffs, 1970, p.37.
③ Arthur Willert, *Aspects of British Foreign Policy*, Yale University Press, 1928, p.2.

于1863年交给希腊,赫尔戈兰岛1890年与德国东非一块殖民地相交换以外,英国不仅将所有这些属地连同历史上已经占领的殖民地和军事要塞、贸易据点一起保留下来,而且在19世纪上半期继续其对全球战略和交通要道的控制与占领,以确保帝国本身与贸易的安全。

1819年英国占领新加坡,1839年占领亚丁(Aden),1841年占领香港岛,在维也纳会议之后的25年里,英国已经将对亚洲商业扩张意义重大的战略要地占领完毕。从好望角到印度和中国的海上通道上,一批英国属地连点成线,它们和英国皇家海军舰队一起,构成了保证帝国贸易安全的强大屏障,以及对周围落后国家与地区进行商业渗透的重要据点。

英国这种在海上不受挑战的霸主地位,与同时期因推行自由贸易而进一步加强的经济霸权之间,形成了天然的伙伴关系,它们相互携手,相得益彰,是英国开拓和经营"非正式帝国"最具杀伤力的武器。

由于同时拥有军事和经济霸权,英国在进行帝国经济扩张时,显得是那么从容不迫,游刃有余。"如果可能就用非正式手段,如果必要就进行正式的兼并"[1],成为19世纪人们最常见的帝国政策。

所谓非正式扩张手段,是相对于用武力征服并实施英国直接统治的方式而言,并非意味着对战争或战争威胁手段的排斥。非正式手段的表现形式可以是多种多样的,但目的永远只有一个:用各种可能的方法取得贸易特权,进而控制落后国家与地区的经济,使其

---

[1] Anil Seal (ed.), *The Decline, Revival and Fall of the British Empire*, Cambridge, 1982, p.4.

最大限度地服务于英国自身的经济利益。

发表于1848年的《共产党宣言》,对西方资产阶级当时的形象和历史使命作过最生动的描述:

> 不断扩大产品销路的需要,驱使资产阶级奔走于全球各地。它必须到处落户,到处创业,到处建立联系。……资产阶级,由于一切生产工具的迅速改进,由于交通的极其便利,把一切民族甚至最野蛮的民族都卷到文明中来了。它的商品的低廉价格,是它用来摧毁一切万里长城、征服野蛮人最顽强的仇外心理的重炮。它迫使一切民族——如果它们不想灭亡的话——采用资产阶级的生产方式……一句话,它按照自己的面貌为自己创造出一个世界。①

马克思恩格斯是在作总体的分析论证,并没有具体单指哪一个国家,但任何人都不难看出,它正是最先完成工业革命的英国资产阶级的真实写照。资产阶级近乎本能的经济扩张欲望和创业冲动,资本主义生产方式本身具有的特性,成为资本主义在19世纪中期迅速形成世界体系的强大动力。

维多利亚时代的英国正经历着工业化和城市化的变迁,急于获得廉价的食品以供养快速增长的工业人口,急需获得新的商品市场以满足工业品的出口需求,事实上,英国的经济生长与运行已经与国际贸易和海外市场密不可分。因此,与贫弱国家签订不平等的贸易条约无疑是最有效最经济的扩张手段。

在具体实施过程中,英国的海军炮舰和经济优势紧密结合,共

---

① 《马克思恩格斯选集》(第1卷),人民出版社1972年版,第254、255页。

同构成无法抗拒的政治影响力和威慑力,一大批亚洲、非洲和拉丁美洲的弱小落后国家被轻易地纳入英国的势力范围,成为自由帝国的"非正式"成员。尽管具体做法各有差异,但总体来说,英国基本是以和平方式缔结了一个又一个不平等条约,从而在庞大的殖民帝国之外又建立起一个"非正式"的英帝国。

从维也纳会议结束到第一次世界大战爆发的 100 年间,英国真正参与其中的只有克里米亚战争(1853—1856)和英布战争(1899—1902)。两次鸦片战争对近代中国的影响是决定性的,对西方几乎一无所知的中国人尝到了西方坚船利炮的厉害,被迫割地、赔款、打开国门的不平等条约改变了中国的社会性质,也改变了中国历史发展的方向。但如果从英国角度来看,它们实际上只是规模很小的军事行动,算不上严格意义上的战争,尤其是第一次鸦片战争,更像是英国远征军在中国海岸进行的一次实战演习。

翻开整个 19 世纪中期英帝国商业扩张史,鸦片战争并不是特例,更具典型性的是武力的威胁。1851 年,当英国的意愿在西非海岸土著人那里受阻时,外交大臣帕默斯顿对土著人首领冷冷地说了这样一句意味深长的话:"拉各斯(Lagos)[①]离海很近,而在海上是我们英国的军舰和大炮。"[②] 很多情况下,只需几艘在近海游弋的英国军舰和政府的警告性话语,就足以迫使对方屈服退让。正如保罗·肯尼迪所说:"在欧洲以外,较小的皇家海军舰队,甚或个别的战舰进行所有的活动:镇压海盗活动,拦截贩奴船只,运送陆战队登陆,威慑从广州到桑给巴尔的地方当权者。在那些地方,看来其影响甚

[①] 拉各斯为今尼日利亚首都。
[②] Ronald Hyam, *Britain's Imperial Century: A Study of Empire and Expansion*, Macmillan, 1993, p.18.

至更是决定性的。"①

在打开日本的大门时,英国甚至连海军的武力威胁都没有使用,就搭上美国人的顺风车达到了目的。1853年,美国派出四艘军舰抵达日本,要求开港通商。次年日本幕府被迫签订《日美亲善条约》,同意开放下田、函馆,并给予美国最惠国待遇。英国与俄国、法国、荷兰立即照此办理,与日本签订了类似的条约。1858年,美国再次强迫日本签订《友好通商条约》和《贸易章程》,英国也再次和俄国、法国、荷兰与日本签订了性质相同的条约。这些强加在日本民族头上的不平等条约,几乎是《南京条约》《天津条约》以及《北京条约》内容的翻版:日本同意增辟开放港口与城市,列强得在日本派驻外交使节,并享有领事裁判权和议定关税权,外国人在通商口岸可永久居住和自由贸易,等等。

除了直接动武和武力威胁,英国还利用施加政治影响等手段,来引诱贫弱国家与之建立名义上的友好关系,乘机缔结不平等的条约。例如,1836年、1857年英国与伊朗签订的条约,1838年、1861年英国与土耳其签订的条约。这些条约虽然在内容上不可能完全相同,但它们都共有一个核心内容,那就是英国从中得到的贸易、投资等方面的特权,如购置土地、开设工厂以及商品免征关税等等。

英国对拉丁美洲国家的商业渗透和政治控制,走的是另外一条道路。

对于在西班牙葡萄牙殖民统治下的拉丁美洲,英国早就抱有野心。19世纪初西属拉美相继爆发争取民族独立的解放战争,为英国扩大在拉美的势力与影响,以经济控制取代西班牙的殖民统治提供

---

① 保罗·肯尼迪:《大国的兴衰》,第189页。

了天赐良机。外交大臣坎宁对格拉斯哥的商人们说:"现在西属美洲是自由的,如果我们不犯错误的话,它将是英国的。"①

英国以拉美国家民族独立运动支持者的立场出现在国际舞台上。1823年,法国在俄国、奥地利、普鲁士的支持下出兵镇压了1820年西班牙革命,坎宁先向法国发出不得干涉西属拉美殖民地的警告,又向美国提议发表一个反对神圣同盟干涉的联合声明。美国人拒绝了这个建议,却单独以总统国情咨文的形式发表了"门罗宣言",宣称"今后欧洲任何大国不得把美洲大陆业已独立自由的国家当作将来殖民的对象",任何对拉丁美洲国家的干涉,都只能被看作是对美国不友好的行为。

"门罗宣言"无疑在客观上起到了遏制神圣同盟、支持拉美国家独立的作用,从道义上为美国在新独立的拉美国家面前树立了良好的形象。然而,事实上当时美国的海军力量还很弱,无力阻挡神圣同盟国家的武装干涉,真正有此实力并在实际上起到威慑作用的是英国海军。因此,坎宁决不愿美国坐享其成。他以备忘录形式发表了与法国驻英大使的会谈内容,好让拉丁美洲国家确认英国才是它们的保护人②,1824年又正式承认了阿根廷、墨西哥、哥伦比亚等国的独立,以抵消美国的影响。

英国与神圣同盟截然不同的自由主义立场,以及坎宁的外交谋略,收到了预期的效果。拉美国家对英国充满感激,独立运动著名领袖玻利瓦尔说:"只有英格兰——海上的霸主,才能保护我们反对

---

① Ronald Hyam, *Britain's Imperial Century: A Study of Empire and Expansion*, Macmillan, 1993, p.58.
② 法国大使向坎宁保证法国无意对西属拉美国家采取行动。

欧洲反动派的联合力量。"①而坎宁自己则在下院不无自豪地宣称："我创造了一个新世界,用以改变旧世界的力量对比。"②

对拉美国家的外交支持,为英国商品和资本的进入打开了方便之门。西属拉美宣布独立前,1807—1814年英国输往拉美的商品平均每年只有40万英镑,1815年在整个英国的出口中,拉丁美洲大约只占到5%。③独立后英国商品输入迅速攀升,1822—1824年间猛增到590万英镑,1825—1827年又进一步上升到660万英镑,英国对拉美国家的出口已经超过了对美国的出口。

英国对拉美资本输出的速度也同样惊人,1822年英国分四次购买了拉丁美洲国家发行的债券365万英镑,1824—1825年又分10次购买了债券1747万英镑。到1825年底,英国在拉美的投资已超过2000万英镑,是同时期英国在美国投资的3倍。④

在拉美国家取得彻底打败西班牙殖民军的胜利之后,英国的资本投资更多采用直接贷款的方式,贷款额在19世纪中期直线上升,以巴西为例:1852年以前,英国对巴西的贷款为250万英镑,而1858—1871年的十几年间就翻了几倍,达到1575万英镑。⑤

大量英国商品和资本的涌入,对拉美国家社会经济生活产生了巨大的影响。凭借着自己无可抗拒的经济霸权,英国顺利实现了对

---

① Ronald Hyam, *Britain's Imperial Century: A Study of Empire and Expansion*, Macmillan, 1993, p.19.
② 转引自乔治·马尔科姆·汤姆森《英国历届首相小传》,第120页。
③ Eric J. Evans, *The Forging of the Modern State: Early Industrial Britain 1783—1870*, Longman, 1986, p.199.
④ Ronald Hyam, *Britain's Imperial Century: A Study of Empire and Expansion*, Macmillan, 1993, p.57.
⑤ 樊亢、宋则行主编:《外国经济史》(第一册),人民出版社1981年版,第269页。

拉丁美洲市场的占领,并一直保持着在拉美的商业与投资优势。直到第一次世界大战爆发之前,尽管有来自美国势头很猛的竞争,英国在拉美的投资仍然占着上风,拉丁美洲国家始终是英国非正式帝国最有价值的成员。

1865年,英国人无比自豪地宣称:"北美和俄国的平原是我们的玉米田,芝加哥和敖德萨是我们的粮仓,加拿大和波罗的海沿岸是我们的木材和森林,大洋洲有我们的牧羊场,阿根廷和北美西部草原上有我们的牛群,秘鲁运白银给我们,南非和澳大利亚的黄金流向伦敦,印度人和中国人为我们种茶,西印度群岛遍布我们的咖啡、蔗糖和香料种植园。西班牙和法国是我们的葡萄园,地中海沿岸是我们的果园。我们的棉田长期以来都在美国南方,现在已扩展到世界上所有的温暖地区。"①

在19世纪的海外经济扩张中,"海上霸主""世界工厂"以及"世界金融中心"的地位,使英国得以遵循这样一个格言:"如果可能就实行非正式控制的贸易,如果必要就实行直接统治下的贸易。"②英国在逐步扩展正式帝国版图的同时,最大限度地扩展非正式帝国的范围,将自己的经济触角尽可能地伸向全世界各个角落,从而成功地绘出了"不列颠治下的和平"这一19世纪最引人注目的历史画面。

著名的政治学大师汉斯·摩根索对近代西方国家的经济扩张作过非常精炼的概括:"我们称之为经济帝国主义的那些政策的共同特征是这种倾向:一方面通过改变帝国主义国家和其他国家之间的强权关系来推翻现状,另一方面用经济控制方式而非征服领土来

---

① 张立平编著:《外国著名外交家列传》,第112—113页。
② C. C. Eldridge, *Victorian Imperialism*, Humanities Press Inc. 1978, p.7.

做到这点。……经济帝国主义是获取和维持对别国统治的一种不显眼的、间接的、然而相当有效的手段。"①

一部 1815 年到 1870 年的英帝国史,实际上就是英国的经济帝国主义大行其道、长足发展的历史。自由主义的经济思想在英国国内逐步取得胜利的过程,同时也是英帝国运用其经济霸权和海军霸权,在全球扩展帝国版图、势力范围和商业优势的过程。贸易自由的原则,伴随着英国的米字旗,伴随着英国的商品与资本,伴随着英国的海军炮舰,也伴随着帝国的势力与声威,传播到世界各地,成为 19 世纪英帝国最鲜明的特征和最响亮的口号。

---

① 汉斯·摩根索:《国际纵横策论》,卢明华、时殷弘、林勇军译,上海译文出版社 1995 年版,第 88、89 页。

第二章　自由主义帝国的特征——移民自治

当世界历史行进到19世纪时,人们会猛然间发现,自己仿佛进入了飞速运行的时间隧道,整个世界的面貌在短短几十年间所发生的变化,超过了以往任何一个历史时期。工业资本主义以其巨大的无可比拟的生产能力,改变着世间的一切,资产阶级则在取得节节胜利的同时,将自由主义的理念四处传播,使19世纪不仅成为资本主义高歌猛进的时代,同时又是自由主义充分发展最终大获全胜的时代。

英国著名自由主义思想家霍布豪斯(L. T. Hobhouse 1864—1929)说过:自由主义是"一种在旧社会里活动的力量,通过松开旧社会的结构加诸于人类活动的桎梏来改变旧社会"①。这一定义高度凝练,可以说涵盖了自由主义的全部内容。

一个国家和社会的经济自由与政治自由实际上是紧密相连的,而宗主国的自由与殖民地的自由也同样密不可分。当英国的资产阶级和其他社会阶级为争取政治自由共同掀起第一次议会改革运动时,当曼彻斯特的工厂主们成立起"反谷物法同盟",向全社会大声疾呼要求经济自由时,当以赫斯基森、皮尔、罗素为代表的现实主

---

① 霍布豪斯:《自由主义》,朱曾汶译,商务印书馆1994年版,第22页。

义政治家,一步一步将保护主义樊篱彻底摧毁,实现了对外贸易的完全自由时,很少有人能够预见到:在英国发生的所有这些变革,将会对英国殖民地的历史,对英国人的帝国观念,以及帝国的殖民政策产生多么大的影响。

一、自由主义与殖民地改革运动

霍布豪斯曾指出:"巨大的变革不是由观念单独引起的,但是没有观念就不会发生变革。"[①]从北美13个殖民地脱离英国统治获得独立,到19世纪中期英国对白人移民殖民地实行重大的政策调整,短短几十年间,英国与移民殖民地之间的传统关系发生了根本性变化。

是什么东西推动了这场帝国史上意义重大的变革?是什么样的观念引起了帝国政策的调整?毫无疑问,19世纪是一个急剧变革的时代,是自由主义的理念在各个领域开花结果的时代,但变革的潮流并非一下子形成,帝国政策的改变也有它不可缺少的前提,在考察英国与其移民殖民地关系时,我们不应忽视那些最终汇成滔天巨浪的涓涓细流。

殖民地问题成为英国政界和社会关注的焦点,应该是从七年战争之后美洲殖民地人民奋起反抗英国的高压政策、独立运动风起云涌开始的。

18世纪末期的英国,正是政治激进主义蓬勃发展、自由主义思

---

① 霍布豪斯:《自由主义》,第24页。

想体系破土发芽的年代,各种要求议会改革的政治鼓动空前活跃。北美殖民地的武装反叛、宣布独立以及最后的胜利,将帝国与殖民地关系的问题凸显了出来,尽管激进主义者对北美殖民地人民表现出强烈的同情,仍有许多英国人抱着失望和幻灭感面对这一帝国史上前所未有的事件:保有殖民地对英国有什么好处?英国应该从美国独立中吸取什么样的教训?今后帝国与殖民地应当建立怎样的关系?这些难以回答的问题从此开始困扰着英国人。

政治家们、思想家们从不同的观点立场出发,各自对殖民地问题给出了自己的结论与答案,归纳起来大致可以分为激进主义者观点、亚当·斯密的观点、爱德蒙·伯克的观点几种类型。激进主义者同情并支持殖民地人民争取自由的斗争,但不愿看到殖民地与帝国的彻底脱离。亚当·斯密从经济学分析的角度入手,力陈英国独占殖民地贸易的弊端,得出在重商主义体制下英国统治殖民地"毫无所得只有所失"的结论,但他对于英国的殖民政策应作怎样的改变,却采取一种极其谨慎务实的态度:

> 建议英国自动放弃它对殖民地的一切统治权,让它们自己选举地方长官,自己制定法律,自己决定对外媾和宣战,就等于提出一个从来不曾为世界上任何国家采纳亦永远不会为世界上任何国家采纳的议案。没有一个国家自动放弃过任何地方的统治权……[1]

亚当·斯密不愧是目光敏锐的思想家,对于英国不可能放弃殖民地的原因,他看得十分清楚:首先是会损害英国的威信,更重要的

---

[1] 亚当·斯密:《国民财富的性质和原因的研究》(下),第186页。

是不符合统治阶级的私人利益,"因为他们对于许多有责任有利润的位置的处分权,将从此被剥夺,他们那许多获取财富与荣誉的机会,亦将从此被剥夺"。亚当·斯密认为,最可行的办法,只能是让殖民地议会拥有征税权。

尽管如此,他还是忍不住向人们描绘了假如英国真的放弃殖民地后可能出现的美好图景:

> 英国不仅能立即摆脱殖民地平时每年全部军事费用,而且可与殖民地订立商约,使英国能够有效地确保自由贸易,那与它今日享受的独占权相比,虽对商人不怎么有利,但对人民大众必更有利。①

爱德蒙·伯克(Edmund Burke 1729—1797)在北美殖民地问题上的立场,集中代表了最激进的英国人当时的帝国观念。他激烈抨击英国政府的殖民地政策,敦促政府在与殖民地的矛盾冲突中表现出"耐心和慷慨"②。但是,伯克所推崇的,并不是亚当·斯密所向往的英国与殖民地好朋友般的分离,而是用看不见的感情纽带在帝国内部形成的紧密联系,他那句"这种联系像空气那样轻,却像钢铁一样强"的名言,后来成为很多英国人的帝国梦想。

由上述分析可以看出,即便是亚当·斯密那样的自由主义伟大旗手,和伯克那样坚决支持殖民地人民反抗母国暴政的政治家,也不主张殖民地与帝国的完全分离。这说明,18世纪末的英国人仍然具有很强的帝国意识。

---

① 亚当·斯密:《国民财富的性质和原因的研究》(下),第187页。
② J. Olson & Robert Shadle, *Historical Dictionary of the British Empire*, Greenwood Press, 1996, p.211.

由此我们也就不难理解，宣称自己是亚当·斯密学生的自由主义政治家小皮特，为什么担任首相后在殖民地问题上采取的是加强而不是放松帝国政治控制的政策——1784年的"东印度法案"实际上剥夺了东印度公司原先对印度的独立管理权；1791年"加拿大法案"明显限制了殖民地议会的权力。

尽管英国人在探究美洲殖民地爆发革命的原因时，曾经有过究竟是自由给得太多还是太少的困惑，但英国政府的实际措施表明，他们最终总结出的教训是：殖民地人之所以反叛，就是因为享有太多的自由，因此将来所有的殖民地政府都必须被置于有效的防护措施之下，以确保殖民地对英国的忠诚。[1]

英国人第一次对殖民地问题的关注与思考，并没有带来帝国政策的改革，但他们关于殖民地人民政治权利的阐述，成为19世纪殖民地改革运动的先声。

严格地说，海外殖民地最初与英国大多数普通民众的关系并不十分密切，它更主要是和英国贵族的传统生存方式紧密相连，"对托利党人来说，帝国意味着统治权，意味着小儿子们的工作机会"[2]。但进入19世纪以后，这种情形发生了根本的变化：急剧增长的人口，源源不断的移民浪潮，工业化产生的贫困，为罪犯寻找流放地的需要，扩大工业品销售市场，解决所有这些问题的方案似乎都指向了殖民地，殖民地的地位因此迅速得到提升。

在19世纪初期的英国人眼中，殖民地不再只是遥远的、与普通

---

[1] Arthur Berriedale Keith, *The Sovereignty of the British Dominions*, Macmillan, 1929, p.31.

[2] Arthur R. M. Lower, *A History of Canada, Colony to Nation*, McClelland and Stewart Ltd., 1977, p.264.

英国人关系不大的处所,而是商品市场、罪犯流放地和大量待开垦的空地,是与英国所有社会阶层的生计生活息息相关的地方。

殖民地问题从此开始在英国引起人们越来越多的关注,只是这一次与18世纪末的情形有所不同,尽管有着同样的渊源和继承关系,但19世纪的英国人对帝国和殖民地的看法不再沿着同一个方向,而是各自走上了不同的道路。一批人高举亚当·斯密自由贸易思想的旗帜,对帝国与殖民地的垄断性贸易发起进攻;另一批人则继承激进主义传统,呼吁对帝国殖民地政策的全面改革。

大体上,可将他们分别称为殖民地自由贸易派和殖民地改革派。

殖民地自由贸易派的主要代表有杰里米·边沁(Jeremy Bentham1748—1832)、詹姆士·密尔(James Mill 1773—1836)以及大卫·李嘉图(David Ricardo 1772—1823)等,他们是19世纪初期英国最著名的思想家,在政治学、哲学、古典政治经济学以及历史学领域都有重要著述,对19世纪英国自由主义的发展影响极大。

相比较而言,殖民地问题并不是他们的主要研究对象,但殖民地与英国的政治、经济、防卫甚至国际法原则的联系都太密切了,是一个无法回避的问题。1793年,边沁在致法国国民公会的演讲稿《解放你们的殖民地》中,敦促法国人解放自己的殖民地。边沁指出:由于母国与殖民地之间距离遥远,使"好政府"在殖民地成为不可能;而在殖民地和母国分离后,不论对哪一方来说,都会比从前快乐得多。美国革命的例子说明,那种英国和美国会因为联系纽带断裂而遭难的预言,被证明是没有根据的。[1]

---

[1] J. Olson & Robert Shadle, *Historical Dictionary of the British Empire*, Greenwood Press, 1996, p.130.

显然,边沁是从自己关于"好政府"的功利主义观点进行论证的。此外,他还从消除国际冲突的角度出发,呼吁解放殖民地,认为争夺殖民地是一切国际冲突产生的根源,如果解放了殖民地,国家间的冲突和战争就会消亡。[1]边沁的这篇文章到1830年正式发表,但在英国的实际影响并不大,这是因为它过于激进和超前,带有明显的空想色彩,并不符合英国当时的思想潮流。

边沁沿着亚当·斯密的方向,对殖民地垄断贸易作了经济学的学理分析。边沁首先从市场贸易和资本间的关系入手,提出:"贸易是资本的产物",资本会自动产生贸易,贸易量只被所投入的资本量限制,"开辟一个新的市场,并不增加贸易的量",因此,殖民地市场的占有与否无关紧要。只有一种情况下新市场的开辟能增加贸易量,那就是"如果投在新贸易上资本的净利润率,大于它投在原有贸易上资本的净利润率"[2]。

密尔也沿着亚当·斯密的方向,对殖民地垄断贸易作了经济学分析。他认为,殖民地贸易的垄断可以有两种形式:一种是由享有特许权的公司实行垄断,这种形式的独占贸易能使母国得到特殊利益,因为"垄断公司能够迫使殖民地贵买贱卖";另一种形式是殖民地贸易对母国所有的商人开放,但不准外国的贸易竞争者进入,在这种情况下,"母国商人之间产生的竞争就会降低进入殖民地商品的价格,从而使母国无利可图"。因此,母国从垄断殖民地贸易中获得的唯一好处,"只能是来自殖民地供应母国货物的低廉价格"[3]。

---

[1] 汉斯·摩根索:《国际纵横策论》,第44页。
[2] Jeremy Bentham, *Emancipate Your Colonies*, (1837), quoted in Klaus E. Knorr, p.253.
[3] James Mill, *Elements of Political Economy*, (1821), quoted in Klaus E. Knorr, p.254.

李嘉图赞同亚当·斯密关于自由贸易的观点,也赞同他对殖民地不能在国际市场上贱买贵卖而遭受不公的分析,但不赞成斯密关于母国从限制殖民地贸易中无利可得的判断。他指出:"如果英国是法国的殖民地,法国将从英国为进口谷物、纺织品或任何其他商品而支付的重税中获得好处",英国遭受的损失就是法国获得的利益,宗主国对殖民地贸易管理的效果就是如此。因此,与自由贸易相比,"贸易垄断可能对殖民地极为有害,而对母国则可能只是部分有利"①。

边沁、密尔和李嘉图在各自的著作中得出了相同的基本结论:垄断殖民地贸易所获得的好处并不是无代价的,"贸易的垄断将改变资本的方向……总的资本和工业的分布将会更糟",因此,殖民地贸易的垄断从根本上说是有害的,它应当让位给一种普遍的自由贸易的制度。②

边沁等自由主义思想家关于殖民地问题的论述,对19世纪英国自由贸易运动的兴起无疑起了重要的推动作用,著名的曼彻斯特学派不仅积极投身废除《谷物法》的斗争,而且呼吁殖民地的自由,并将边沁、密尔关于殖民地是国际冲突和战争根源的思想进一步发展,提出了自由贸易会消除国家间矛盾与争斗的观点。与此同时,作为功利主义学说(Utilitarianism)的创始人,边沁出版于1776年的《政府片论》一书中关于主权问题集中阐述的思想、特别

---

① D. Ricardo, *The Principles of Political Economy and Taxation*, (1817), quoted in Klaus E. Knorr, p. 255.
② Klaus E. Knorr, *British Colonial Theories 1570—1850*, Frank Cass & Co. Ltd., 1963, p. 256.

是其著名的"最大多数人的最大幸福"的功利主义原则，与他的自由贸易主张一起，对英国移民殖民地的政治和经济发展造成了深远的影响。

边沁、密尔和李嘉图为近代英国思想史留下了一份珍贵的遗产，但他们毕竟只是学者、思想家而不是实践家，对于帝国和殖民地这样的现实问题，他们所作的多是学理上的分析，所给出的答案也是抽象的理论推导，这就在很大程度上决定了他们的理论在当时所产生的实际影响，只能是间接的和渐进的。

比较起来，真正在英国政坛和社会拥有影响，并直接推动英国殖民地政策变革的，是一批被称作殖民地改革家的自由主义激进派人物。这些殖民地改革派又被叫作"30年代的理论家"，是一些政治立场激进、信仰坚定、对帝国充满热忱的人。他们抱着强烈的兴趣和帝国情感研究殖民地出现的问题，认为"旧殖民制度是有害的、完全错误的"，试图在新的理论指导下，用审慎明智的实践去取代它，从而解决各种殖民地已经暴露出来的麻烦。一些英国历史学家因此称他们是"激进的帝国主义者"。

殖民地改革家的主要成员有达勒姆伯爵（Earl of Durham 1792—1840）、韦克菲尔德（Edward Gibbon Wakefield 1796—1862）、布勒（Charles Buller 1774—1848）和莫尔斯沃思（William Molesworth 1810—1855）。他们的出身和个人经历很不相同，但具有一个共同的特征，这就是自由主义的政治立场和对帝国统一的自觉捍卫。

殖民地改革家们对当时英国殖民部的集权统治政策非常不满，对殖民部官员及其作风作了极为尖锐辛辣的批评，广为流传的讽刺性称号"母国先生"（Mr. Mother）就是他们的发明。他们对殖民地人民争取民主权利的呼声表现出同情与支持，认为帝国与殖民地之间那种"旧的僵硬严格的纽带,既虚弱易碎又令人恼怒"①,他们真心实意地相信只要殖民地实现地方政府自治,就能避免帝国的瓦解,即便这种自治带来了分离,至少也会和平地发生。②殖民地改革家们人数并不多,但提出的问题和解决方案切中时弊,反映了时代发展的方向,因而产生的社会影响力很大。通过议会演说、发表著作、社会鼓动、提交报告、亲身实践,他们把自己关于殖民地问题的思考与主张,最大限度地传播开来,在19世纪英国殖民政策重大变革的关头,起到了推波助澜的作用。

殖民地改革家对英国殖民政策的激烈抨击,集中在帝国对殖民地的集权式统治,殖民部官员对殖民地事务的专横与无知,殖民地土地政策以及澳大利亚的罪犯遣送制度等问题上。

在美国独立战争之前,英国对殖民地的政治管理基本上是宽松的,亚当·斯密就曾指出:"除了对外贸易,英属殖民地人民,就其他各方面说,都有完全的自由,按他们自己的方式,来处理他们自己的事务。在一切方面,他们的自由,都和他们国内同胞的自由相等,而且同样有个人民代表议会来保证这种自由。"因此,美洲殖民地人民事实上享受着政治自治权,甚至"比在母国更为平等"。③

美洲的丢失使情况发生了变化。从帝国角度来说,为了纠正错误,防止重蹈覆辙,避免再出现"过度的民主",英国的政治家几乎本能地倾向于加强对帝国的政治控制,1791年《加拿大宪法法案》的精心设计,就是这种倾向的典型体现。

---

① Ramsay Muir, *A Short History of the British Commonwealth*, Vol. II, 1763—1919, London, 1927, p.424.
② C. H. Currey, *British Colonial Policy 1783—1915*, Oxford, 1924, p.71.
③ 亚当·斯密:《国民财富的性质和原因的研究》(下),第156页。

从殖民地角度来说,加拿大、澳大利亚、新西兰等都是帝国新建立起来的移民殖民地,经济和社会的发展还很落后,对英国的依赖还很强,其历史进程与北美 13 个殖民地也有很大不同,美洲式的自治传统和实践都未得到充分发展,英国在加拿大的新体制得以顺利推行就是证明。因此,19 世纪初期英国对殖民地的政策明显地表现出强化帝国权力的特征。

殖民部官员以及派往各殖民地的任职者是招致激烈批评的另一个因素。作为政府的重要机构,英国殖民部的历史出人意料的短。它成立于 1801 年,正式的名称是陆军与殖民地部(the Department of War and the Colonies),尽管直到 1854 年才与陆军部相分离,但由于 1815 年之后它的主要职能是处理殖民地事务,因此一直被称作"殖民部"(Colonial Office)。

在理论上,英帝国的最高权力属于英国议会,但在实际上,殖民部和后来成立的印度事务部是殖民地的真正统治者,因为"除了在危机和冲突的时刻,无论是上院还是下院,没有几个人对帝国事务有持久的兴趣。议会总的来说对把殖民地事务留给那些行政管理者们相当满意"[①]。但由少数几个不知名的殖民部常务官员来控制如此广大的帝国属地,遭到了国内舆论特别是殖民地改革家的无情批评,人们对这种"消极的、残缺的制度"以及殖民部的官员表示了强烈的不信任。查尔斯·布勒曾经这样描述殖民部:"在一些光线昏暗的屋子里,是在顶楼还是在哪层楼我们不得而知,你将看到全部'母国'——那个真正行使着最高权力、真正与不列颠幅员辽阔分

[①] Donald C. Gordon, *The Moment of Power—Britain's Imperial Epoch*, New Jersey, 1970, p.56.

布广泛的殖民地维持着联系的'母国'。"①斯宾塞（Herbert Spencer 1820—1903)对此作过甚至更为尖锐辛辣的抨击：

> 这46个社会分散在全球各地，距离我们1000英里到1.4万英里不等，向它们当中的某个地方发出一个问题到得到一个答复往来要费时三个季度。它们由不同的种族组成，处于不同的环境中。而这些数目众多、相距遥远的社会事务——它们的商业的、社会的、政治的和宗教的利益，由谁来照顾呢？由坐在唐宁街办公桌旁的6名官员和他们的23名办事员处理！按照每一殖民地0.13个官员和半个办事员的比率处理！②

19世纪上半期的殖民部官员是代表英国直接行使权力的"母国先生"，他们管理着一个正在形成中的日不落帝国，手中掌握着殖民地人民的命运，却对殖民地事务表现出惊人的无知、冷漠与漫不经心。他们对殖民地日益增长的扩大自治权利要求，采取一种官僚式的僵硬立场，要么不予理睬，要么进行抵制，坚信必须严格限制殖民地的政治自由。

派驻的总督们对殖民地人民抱着一种混合着蔑视与恩赐的态度，"将自己看成是来自另一个星球的半神半人，被遥远的、神秘的权威授予了统治移民垦殖者的权利"③。在殖民部的官职授予权下，殖民地成了形形色色在英国名声不好、时运不济的人东山再起的地方，成了国内那些疲惫不堪的官员们获得舒适职位、享受快乐生活

---

① Anthony Wood, *Nineteenth Century Britain 1815—1914*, McKAY, 1964, p.207.
② 赫伯特·斯宾塞：《社会静力学》，朱曾汶译，商务印书馆1996年版，第187—188页。
③ Wakefield, *The Art of Colonization*, quoted in C. H. Currey, *British Colonial Policy*, Oxford, 1924, p.28.

的庇护所。

"母国先生"的统治,英国与殖民地之间僵硬的商业关系和政治关系,使殖民地的各种矛盾日益发展,到 30 年代,各种不满、骚动甚至反叛频频出现,严重威胁着帝国的稳定。

作为满怀帝国热忱的人,改革家们在猛烈批评政府政策和殖民地现状的同时,提出了改变现行殖民政策以革除弊端的方案,这就是——按照"系统殖民"理论进行移民,按照地方自治原则建立责任制政府。他们确信,通过这种诉诸英国宪法原则的改革,能够治疗帝国的严重政治疾病,使殖民地人民和母国人民共同拥有对相同政治制度和自由传统的骄傲,从而维持帝国的和谐。

"系统殖民"(Systematic Colonization)理论是爱德华·吉本·韦克菲尔德的创造,在 30 年代的殖民地改革家中,韦克菲尔德以此理论及其实践而出名。与同时期其他社会活动家相比,韦克菲尔德的个人经历有些奇特,他出生于一个教友会家庭,20 年代因为一桩骗婚案件被判入狱三年,这一案件使他声名狼藉,不仅从此断绝了他谋职从政之路,也影响了他整个的一生。恰恰是在监狱里,韦克菲尔德通过大量阅读政治经济学和哲学书籍,形成了一套"科学殖民"思想。他的著作共有三本:1829 年的《悉尼来信》,1833 年的《英国与美国》、1849 年的《殖民的艺术》,其中《悉尼来信》在监狱中写成而在报纸上连载,直接批评政府在澳大利亚的土地政策,初步阐述了他按照"科学的"原则制定殖民政策的主张。

经过韦克菲尔德和其他殖民地改革家孜孜不倦的宣传鼓动,系统殖民理论在英国社会产生持久的影响,并引发了政府对澳大利亚和新西兰的殖民政策以及罪犯遣送制度的变革。

澳大利亚是作为大英帝国的"海外监狱"而发展起来的。1770

年,库克船长率领英国科学考察队发现并宣布占领澳洲东海岸地区,将其命名为"新南威尔士"。英国最初希望它成为未来东方贸易的立足点和海军基地,美国独立战争爆发后,英国不能再将重罪犯输往美洲,关押安置罪犯成了政府的棘手问题,于是新南威尔士便成为新的罪犯流放地。

1788年,第一批700多人的流放犯连同海军官兵及其眷属等1 000余人在澳大利亚的悉尼湾登陆。短短几年之内,几千名各类犯人被运往新南威尔士,在极为恶劣的条件下开始了强迫劳动。受命管理新南威尔士的总督们很快就发现,只有向自给自足殖民地的方向发展,才能使罪犯流放地长期维持下去。因此他们不断向政府提出建议,要求政府鼓励自由移民移居新南威尔士,将土地授给流放地官员和自由移民,让流放犯成为他们的劳动力,流放犯中的刑满释放者以及假释、赦免人员也可通过获得授予土地成为自由劳动者,从而使流放地的社会经济发展起来。英国政府采纳了这一建议,并将其作为在澳大利亚的殖民方针。

随着养羊业的兴起和内陆平原的发现,19世纪初期自由移民的数量大增,1821年新南威尔士的总人口是38 778人,自由移民已有大约2 000人。[①] 1823年,根据英国议会颁布的"新南威尔士司法条例"(the New South Wales Judicature Act),新南威尔士流放地成为英国在澳大利亚的第一块殖民地。

1824年,殖民地政府为了鼓励富裕的自由移民,不仅继续大批量授予土地的政策,还开始按每英亩5先令价格向移民出售公有土地,并规定购地款可在三年内付清,这进一步刺激了英国人向澳大

---

① 郑寅达、费佩君:《澳大利亚史》,华东师范大学出版社1991年版,第41页。

利亚的移民热潮。1825年,在总共14 891个英国移民中,有485人选择了澳大利亚。1825—1829年间,共有4 460个自由移民进入新南威尔士殖民地①,他们不仅得到大量殖民地政府授予的土地,许多富裕的移民还另行购买公有土地,很快成为大农场主。

1828年英国政府决定建立西澳大利亚自由殖民地(Western Australia),尽管也向移民大量授予土地,但西澳大利亚殖民地的发展却十分缓慢,因为该地自然条件不好,自由移民不愿去投资和定居,而英国政府又不允许流放犯人进入,造成劳动力极度缺乏,制约了经济的发展。

由于各殖民地政府大量无偿授予土地,1820—1831年间,新南威尔士授予的土地达到300万英亩,仅仅依靠流放犯根本满足不了移民对劳动力的需求,劳动力问题成为当时困扰澳大利亚各殖民地的最大难题,韦克菲尔德的"系统殖民理论"正是试图解决这一现实问题的药方。

韦克菲尔德认为:无偿授予土地是一种挥霍浪费的制度,殖民地缺乏雇佣劳动力的原因,就在于移民获得土地太容易了。殖民地的繁荣取决于拥有足够数量的雇佣劳动者,而要保证雇佣劳动力的数量,就应当防止他们过快成为土地的所有者,方法是以"充分的价格"(sufficient price)出售土地,这价格应使新来的移民无力购买,只能成为已定居移民的雇工,而又不妨碍他们在几年之后有可能拥有土地,这样,新殖民地就不会有劳动力短缺之虞,而且还能使移民人口相对集中。②此外,殖民地移民应当有资本也有劳动力,有男人也

---

① Brian Fitzpatrick, *British Imperialism and Australia 1783—1833*, London, 1939, p.242.
② C. C. Eldridge, *Victorian Imperialism*, Humanities Press Inc. 1978, p.37.

有女人；出售土地所获收入应当用于政府对移民的资助等等。显然，韦克菲尔德的"系统殖民"计划，就是设法按照英国的模式建立一个平衡发展的殖民地社会。

韦克菲尔德系统殖民理论的核心，是他的"充分的价格"，他认为政府在制定殖民地土地的出售价格时要考虑各种因素：

> 制定价格的唯一目的，是不让工人太快地成为土地所有者。这个价格必须充分达到这目的，除此之外，再没有其他目的。问题是，什么价格能有此效果？它必须取决于：第一，"价格太低"意味着什么，工人被雇用的恰当时间应该多长；这又要取决于殖民地的人口增长率，尤其要取决于移民的方法，这要由一个工人变成土地所有者、由另一个工人作替身所需的时间来决定。而工人移入率还要取决于殖民地发展的前景、宗主国和殖民地之间的距离、移入工人所需的旅费。第二，要达到预期的效果，制定价格就要考虑殖民地的生活费用和工资率，因为这两者（的差额）就成为工人变为土地所有者所必须积攒的资本；工资率和生活费用的比例，将决定积攒必要资本的时间是长些还是短些。第三，殖民地的土壤和气候，这将决定一个工人为了让他自己成为一个土地所有者所需要的土地数量。①

19世纪30年代—40年代，正是英国社会因工业革命而发生急剧变化的时期，大批手工工人由于机器的使用而被抛入失业与贫困大军；迅速增长的城镇人口和相对上升的犯罪率，使人口过剩、社会

---

① 转引自陈其人《殖民地的经济分析史和当代殖民主义》，上海社会科学院出版社1994年版，第56—57页。

贫困以及犯罪问题凸显出来。韦克菲尔德认为,英国经济形势的不好与社会的动荡不安,"是人口过多和资本过剩的产物"①,因此,向殖民地移民和投资是避免不幸与灾难发生的济世良方。

尽管韦克菲尔德不光彩的声誉为当时英国主流社会所不容,也影响了政府官员对他个人的态度,一些帝国史学者甚至认为:韦克菲尔德的殖民理论自始至终遭到两党政府以及殖民部的抵制。②但如果我们不以当时人们对韦克菲尔德个人品行的否定、而以澳大利亚殖民地土地政策发生的变化作为评判标准,就应当承认,韦克菲尔德的系统殖民思想基本上是被英国政府接受的,因为英国和殖民地都面临着紧迫的现实问题,而"系统殖民"理论确实提供了一个解决这些问题的有效途径。

1831年,殖民大臣里彭伯爵(Ripon 1782—1859)主持制定了新的土地条例(即"里彭条例"),规定在澳大利亚各殖民地不再实行土地的无偿授予制,改为以公开拍卖方式出售,最低价格为每英亩5先令③,所得收入用作资助新移民的旅费。当时的海上交通十分不便,旅费也很昂贵,新条例承诺实行旅费自助,因此直接推动了移民的进入,到1840年,移居新南威尔士的移民已达4万人。此外,政府也开始注意输入单身妇女,使殖民地男女比例的严重失衡得到某种缓解。

1834年10月,伦敦《泰晤士报》(The Times)这样总结政府在澳

---

① C. C. Eldridge, *Victorian Imperialism*, Humanities Press Inc. 1978, p.47.
② J.Olson & Robert Shadle, *Historical Dictionary of the British Empire*, Greenwood Press, 1996, p.1138.
③ J.Rose & A. Newton, E. Benians (eds.), *The Cambridge History of the British Empire*, Vol.VII, Part I: Australia, 1933, p.164.

大利亚新的移民政策："高价出售土地的目的,是为了集中移民,防止他们过于分散;是为了得到廉价丰富的劳动力;是为了在殖民地人中产生合作精神;是为了使移民立即分为两个阶级——资本者与劳动者;是为了防止土地被垄断或被不适当地处置;是为了立即引进改进的和好的管理方法。总之一句话,是为了创造出一个尽可能和英国相像的新国家。"① 这基本上就是韦克菲尔德"科学"殖民思想的翻版。

从30年代起,韦克菲尔德积极投身系统殖民理论的实践活动。1834年他先后创立"殖民协会"和"南澳大利亚协会",使系统殖民思想的影响进一步扩大。1838年8月,英国议会通过了建立南澳大利亚殖民地条例(South Australia Act),韦克菲尔德的名字虽然没有被提及,但其基本主张实际上被作为新殖民地的创建原则。条例规定了土地以固定价格出售,售价必须在每英亩12先令以上②,所有收入用于资助新移民。

1840年,自由党政府殖民大臣罗素建立"殖民地土地与移民委员会"(Colonial Land and Emigration Commission),试图按照韦克菲尔德的主张,统一处理帝国内部特别是加拿大、澳大利亚、新西兰殖民地的土地,这可以说是"系统殖民"理论得到官方承认的重要标志。随着时间的推移,韦克菲尔德的理论在英国社会的影响越来越大,1849年莫尔思沃斯曾评论道:韦克菲尔德已经"对一些我们时代

---

① Frank Crowley, *Colonial Australia: A Documentary History of Australia*, Vol. I, Nelson, 1980, p.551.
② J. Rose & A. Newton, E. Benians (eds.), *The Cambridge History of the British Empirev, Vol. VII, Part I: Australia*, 1933, p.165.

最能干的人的头脑产生了深刻印象"①。

韦克菲尔德自己最后选择了新西兰作为他实践系统殖民思想的地方。1839年,他参与成立新西兰土地公司,向新西兰派遣了公司的第一批移民。1849年,他与人共同建立英国国教会在新西兰的殖民地,自己也在1852年移居该地。之后,他积极投身新西兰责任制政府的建立,十年后死于新西兰。

韦克菲尔德不仅倡导"科学"殖民,而且反对罪犯流放制度,鼓吹建立责任制政府,这使他成为殖民地改革集团的重要成员。但由于早年的生活品行,韦克菲尔德生前一直被英国社会所排斥,尽管政府实际上采纳了他的建议,殖民地的土地与移民政策也因此发生根本改变,在同时代人的眼中,韦克菲尔德却始终是个有争议的人物。1837年上、下加拿大分别发生起义,达勒姆勋爵受命出任加拿大总督,邀请韦克菲尔德同往加拿大进行调查,遭到政府的反对,最后只得让他以私人顾问身份前去。

"系统殖民"理论为韦克菲尔德赢得荣誉是在他去世以后,著名帝国史学家菲尔德豪斯(D. K. Fieldhouse)指出:韦克菲尔德的"系统殖民"理论与亚当·斯密的思想有着明显的继承关系,它突出强调了斯密在殖民地投资的资本能够充分获利的观点。但韦克菲尔德是宣传者、实践者而不是经济学家,他给自己所处的时代留下了深深的印记,对19世纪中期英国的殖民思想产生了不可抹杀的影响。②

---

① Bernard Semmel, *The Liberal Ideal and the Demons of Empire*, The Johns Hopkins University Press, 1993, p. 31.
② D. K. Fieldhouse, *The Theory of Capitalist Imperialism*, Longman, 1967, p. 26.

二、"达勒姆报告"与加拿大责任制政府的建立

在韦克菲尔德等人不遗余力地推进殖民政策改革的同时,"曼彻斯特学派"开始登上英国的政治舞台,他们在涉及帝国与殖民地问题上的立场与殖民地改革者集团十分相似。例如,他们同样抨击重商主义与"旧殖民制度",鼓吹自由贸易和自由放任,他们也同样倡导责任制政府,给殖民地人以自由,认为"个人自由、殖民地自由、国家自由是一个整体的三个部分"①。然而,殖民地改革者在对待帝国的根本态度上与曼彻斯特学派划清了界限:曼彻斯特学派认为英国占有殖民地不仅是一种极大的浪费而且肯定有害;而殖民地改革者则认为,帝国的生存对于大不列颠未来的福祉至关重要,殖民地自由和自治政府与帝国的存在并不矛盾。1838年,莫尔思沃斯在议会下院呼吁对殖民地政府进行改革:

> 不是希望与我们的殖民地分离,或者是阻止新殖民地的建立,相反,我们要的是:区分出好的与坏的,去掉坏的,但保留好的;不是"解放你们的殖民地",而是扩大它们,改进它们——即改革殖民地的政府制度。②

殖民地改革家们关于改革殖民地政府制度的主张,通过著名的《达勒姆报告》在19世纪英帝国史上留下了自己精彩的一页。

《达勒姆报告》本是针对加拿大殖民地政治体制的弊端而向自

---

① 霍布豪斯:《自由主义》,第39页。
② C. C. Eldridge, *Victorian Imperialism*, Humanities Press Inc. 1978, p.45.

由党政府提出的建议,但它却引领着英帝国内移民殖民地政府从代议制向责任制转变,最终走向自治领的历史进程。许多历史学家因此将"达勒姆报告"称为英联邦的"自由大宪章"①。

英属北美殖民地除了地理上的毗连以外,并不是一个统一体,加拿大历史学家格莱兹布鲁克(Glazebrook)曾这样描述加拿大当时呈现的尖锐民族矛盾,"它所发生的种种问题能使一个最聪明的政治家伤透脑筋",其中英裔加拿大人和法裔加拿大人之间的民族问题从一开始就困扰着殖民地和英国政府:"两种人之间存在着隔阂,他们的希望和幻想各自不同,经常冲突。……他们经常带着不同程度的感情与逻辑去估量与英国的关系的利弊,但始终没有一个大家一致同意的结论。在这个问题上,最大的分歧倒不是在英国政府与殖民地人民之间,而是在加拿大人与加拿大人之间。"②

1791年由小皮特政府颁布的《加拿大宪法法案》,既是一个加强对帝国北美属地控制的法案,也是一个试图协调魁北克省英裔居民和法裔居民之间矛盾的妥协性法案。它规定各省建立代议制政府和自耕农土地占有制度,满足了英裔居民的要求,但同时允许法裔居民占多数的省保留庄园制度。它重申了天主教会的权利,但同时鼓励传播英国的国教。它将魁北克分为英裔居民为主的上加拿大和法裔居民为主的下加拿大,使法裔居民有了当选为议员的可能,但同时对殖民地民选议会的权力作了限制,使殖民地的实权掌握在总督和由国王直接指定的两个委员会手中。它还规定各省可以自行决定采用何种法律制度;这样,就使英裔居民和法裔居民的要求

---

① Ronald Hyam & Ged Martin, *Reapprasials in British Imperial History*, Macmillan, 1975, p.75.
② 格莱兹布鲁克:《加拿大简史》,第122、123页。

都得到了满足。

后来的历史证明，1791年的宪法法案确实起到了它的设计者所预期的作用，英属北美各殖民地（上加拿大、下加拿大、新斯科舍、新不伦瑞克、爱德华王子岛）在新的体制下逐步发展起来，法裔加拿大人和英裔加拿大人由不同宗教信仰、不同语言以及不同政治历史传统产生的差异与争端，也得到了某种程度的缓和与化解。

七年战争之后才归属英帝国的法裔加拿大人，曾经以一种既不反抗也不拥护的冷漠态度接受了英国的统治；在美国独立战争期间，他们同样保持着冷漠与中立。拿破仑时期，在以英国为首的欧洲国家反法战争中，他们并不对法国同胞及法国革命表示同情与支持。而到了1812—1814年的第二次英美战争时，他们的立场已有了根本变化。法裔加拿大人把美国"看作是对他的国家的侵略，对站在美国一边的法国革命的同盟者毫无同胞之情，更不愿成为美国的一部分"[①]。1812年英美战争事实上加强了北美殖民地属的英国属性，法裔加拿大人第一次和英裔加拿大人一样在爱国主义和自身利益方面找到了共同点。

然而，1791年宪法法案所制定的，毕竟是18世纪英国北美殖民地的政治制度，当帝国剩下的北美属地还处于彼此相距遥远、境内地广人稀、经济亟待发展的状况时，它保证了英国政府对各殖民地的控制，同时也保证了殖民地对母国的忠诚与依赖。但当殖民地本身的经济、社会与政治发展到一定程度时，帝国的控制和旧的体制便不再令人容忍。法裔居民的权益虽得到某种保护与照顾，但两个民族之间根深蒂固的分歧与利益冲突，不可能从此消融。从这个意

---

① 格莱兹布鲁克：《加拿大简史》，第148页。

义上说,1791年加拿大宪法法案在保持北美英国属地政治稳定的同时,已经埋下了几十年后产生不满与骚乱的种子。

从19世纪20年代起,英国人大量向北美殖民地移民,虽然有许多人又转道继续移往美国,但在上、下加拿大定居下来的人也相当多。移民的涌入直接促进了自由主义思想的传播,也使殖民地的社会结构发生了变化。

随着殖民地经济与社会的发展,加拿大人的政治意识日益苏醒,旧有政治体制下的各种社会矛盾也逐渐激化,在20年代汇成了一股反对特权集团要求政治改革的潮流。进入30年代后,美国式民主的样板,英国国内议会改革的影响,进一步推动了殖民地改革运动的发展。1837年,上、下加拿大分别发生了起义,从而使英属北美殖民地的政治改革,以及与之相关联的帝国与殖民地关系问题,被迅速提上议事日程。

殖民地特权集团是旧政治体制的产物,它指的是一些垄断殖民地行政权与立法权、控制殖民地公共事务的权势家族,被称作"名门望族"(Family Compact)。[①]由于殖民地总督大部分时间都住在英国,殖民地的行政权便落在由英王任命的两个委员会手中,其成员都是殖民地高级官吏、英国国教上层人士、以及与英国官方有联系的大商人、大地主,这些人通常又出自殖民地一些有势力的家族。

在下加拿大,对殖民地特权集团的不满,表现为占人口多数的法裔居民反对居于少数地位的英裔集团。英裔集团虽处于统治地位,但民选的议会却被法裔居民所控制,这样,下加拿大的政治改革运动便以法裔加拿大人的民族主义形式表现出来。

---

① George W. Brown, *Canada In the Making*, Greenwood Press, 1953, p.96.

殖民地政治改革运动内部由于观点不同又分为激进、温和两派。上加拿大改革运动激进派的代表是来自苏格兰的移民威廉·麦肯齐（Willianm Mackenzi），他主张仿效美国政治制度，将司法委员会变成投票产生的参议院。温和派的代表有罗伯特·鲍德温（Robert Baldwin）等人，主张按照英国模式，建立对议会负责的责任制政府。

下加拿大激进派的领袖人物是路易·帕皮诺（Louis Joseph Papineau），他是下加拿大议会议长，领导着议会对抗政府的斗争，他与上加拿大的麦肯齐不谋而合，主张按照美国模式将议会建成拥有财政权的参议院。下加拿大改革派中也有英裔人士，但他们多属于温和派，要求建立类似英国的议会制度，担心激进派的美国倾向会导致美国对加拿大的吞并。

1837年的上、下加拿大起义，很大程度上是由英国明确表示反对殖民地建立自治政府的僵化立场激发出来的，在起义爆发前的十几年间，英国殖民部对加拿大人的政治改革要求始终拒绝作出让步，即便是对温和派的陈情呼吁也置之不理，表现出极不明智的顽固与僵化。这其中最为典型的例子，是上加拿大温和派领袖罗伯特·鲍德温父子的境遇。鲍德温父子从维护帝国团结的立场出发，一直致力于说服英国当局接受责任制政府的主张，1828年老鲍德温就为此向英国政府写过信，1836年罗伯特·鲍德温还专程去英国殖民部，明确提出建立责任制政府以消除激进主义威胁的建议，但所有这些都没有结果。

事实上，对于殖民地人的政治要求，英国政府决策圈人士抱着一种近乎讳莫如深的排斥态度。当20年代末加拿大问题变得尖锐起来时，在下院辉格党议员的压力下，托利党政府同意成立一个议会特别委员会进行调查,但委员会所提交的报告,却与政府的意见相左,其中对加拿大议会陈情表示了明显的同情。此时威灵顿内阁正被英国国内议会改革问题所困扰,对报告既不赞成又不敢拒绝。

1830年辉格党上台后,采纳了委员会报告的意见,实行和解政策,针对殖民地人民各种不满推行了一些修补性改革措施,例如将关税征收权交给上、下加拿大议会,给殖民地立法委员会更多的独立性等。但面对殖民地人建立责任制政府的要求,辉格党人却断然拒绝,在他们看来,殖民地总督必须绝对接受伦敦的指示,否则殖民地就不再是从属于、依附于帝国的领土,而是独立的国家了。[1]即便是像约翰·罗素这样的知名自由主义政治家,也认为"责任制政府和殖民地与母国的关系不协调"。1837年3月,当下院辩论加拿大问题时,罗素提出一项拒绝殖民地宪政改革要求的议案:

> 如果加拿大人坚持认为,一个服从于议会的民选立法委员会和一个行政委员会是绝对必须的,那么,不用多久,他们还会有一个他们自己任命的总督。如果这就是下加拿大议会的提议,那它无异于要求这些殖民地从母国完全独立。[2]

结果,罗素的议案被下院以压倒性多数通过。

英国之所以采取强硬僵化的立场,首先,是因为北美殖民地脱离英国带来的教训。在英国政界人士中,相当多的人一直认为,正是由于代议制政府削弱了大不列颠对13个美洲殖民地的政治控制,

---

[1] C. C. Eldridge (ed.), *British Imperialism in the Nineteenth Century*, Macmillan, 1984, p.50.
[2] *Hansard*, Third Series, XXXVI, 1303, see *The Cambridge History of the British Empire*, Vol. II, p.300.

才最终导致了它们的独立,因此,人们对殖民地任何涉及政治权力的改革要求都极为敏感和反感。

其次,是对日益强大的美国始终心存恐惧。从加拿大人掀起政治改革运动起,英国社会就出现了对加拿大未来前景的预测,1825年,《爱丁堡评论》(*Edinburgh Review*)载文称:"任何人都知道,加拿大必定在不远的将来被合并于美洲共和国。"[①]在英国统治集团中,对加拿大有一天可能被美国吞并的忧虑,成为一个摆脱不掉的噩梦,而加拿大殖民地人对美国政治制度的向往,更加剧了帝国政治家的这种恐惧心理。

最后,是英国统治阶级所特有的帝国情结。两百多年的帝国海外移民拓殖与扩张历史,培育出一大批具有强烈帝国精神的英国人,对他们来说,拥有海外殖民地不仅仅牵涉到帝国的商业利益,它更代表着英国人的荣誉与自信。例如,1828年赫斯基森在下院发言强烈反对放弃加拿大,宣称"加拿大的意义不是用英镑、先令、便士来衡量的,它是英国人勇气的最骄傲的纪念品,是英国人信念的特征,英国人姓名的荣耀"[②]。赫斯基森的话可以说代表了当时英国政界大多数人的立场。

托利党和辉格党对殖民地自由主义运动的态度是有所不同的,但他们都不接受责任制政府,而赞成母国对殖民地的主权。[③] 在加拿大起义过去好多年以后,19世纪中期最有影响的自由主义思想家约翰·密尔(John Mill 1806—1873)对英国政府在殖民地已不能

[①] C. A. Bodelson, *Studies in Mid-Victorian Imperialism*, Heinemann, 1966, p.15.
[②] Klaus E. Knorr, *British Colonial Theories: 1570—1850*, Frank Cass & Co. Ltd., 1963, p.362.
[③] Ernest Barker, *The Ideas and Ideals of the British Empire*, Cambridge, 1941, p.51.

为母国牟利时仍"插手殖民地内部管理的坏习惯"严加批评:"我们继续折磨着他们,不是为了我们自己的什么利益,而是为了殖民者中一部分人或一派人的利益,而这种坚持对殖民地专权的做法……让我们付出了加拿大叛乱这一代价。英国像一个缺乏教养的兄长,他仅仅为了习惯坚持虐待弟弟们,直到其中的一个用勇敢的反抗警告他停止那样做,尽管力量悬殊。"①

1837年发生的这两次分别由上、下加拿大激进派领导的武装起义,组织极差,规模极小,时间极短,几乎不值一提,说它们是起事而不是起义可能倒更为贴切。

首先行动的是下加拿大,帕皮诺仿效当年反抗英国的美国人,成立了"自由之子社",进行宣传鼓动,遭到政府通缉后逃亡美国,因此起义实际上是在群龙无首的情况下进行的,从1837年11月底到12月初,没有几天就在英国军队的打击下结束了。起义发生在民族对抗情绪最激烈的蒙特利尔周围地区,尽管法裔加拿大人同情起义者,却并没有支持起义。

上加拿大起义甚至不能与下加拿大相比,1837年12月初,麦肯齐和他的几百名支持者聚集在多伦多郊区,准备乘军队派往下加拿大镇压起义之机推翻政府。而迅速召集起来的民兵只用了20分钟就驱散了起义者,麦肯齐也逃往美国。上加拿大起义不仅没有得到人民的支持,而且遇到公众舆论的敌意,因为不管是温和改革派还是普通居民,并没有打算割断与英国的联系,他们希望的是政治改

---

① 约翰·斯图亚特·密尔:《代议制政府》,汪瑄译,商务印书馆1982年版,第243页。

革而不是诉诸武力①,显然,上、下加拿大的起义根本不具备任何成功的条件,它们能够起到的只是对英国统治集团的警醒作用。

1837年上、下加拿大爆发的起义本身虽然微不足道,在英国产生的震动却相当大,英国舆论对在维多利亚女王即位之年发生的殖民地叛乱普遍感到震惊,政治家们仿佛又看到了半个多世纪前在美国出现过的情景。显然,为了防止悲剧再次发生,对殖民地人的改革要求不能再熟视无睹了。墨尔本(William Lamb, 2nd Viscount Melbourne 1779—1848)政府任命自由党内素有"激进杰克"②之称的达勒姆伯爵为上加拿大和下加拿大总督、高级专员和整个英属北美各殖民地的大总督,派他前往加拿大进行调查。

达勒姆伯爵本名约翰·乔治·兰姆顿(John George Lambton 1792—1840),1833年被授予伯爵爵位。他是格雷首相的女婿,著名的激进自由主义者,边沁功利学派的信徒。在第一次议会改革运动中,达勒姆担任改革法案起草委员会主席,对议会改革法案的起草起过重要作用。作为议会改革时代最杰出的政治家之一,达勒姆曾被同时代的人认为会成为未来的首相。③1833年他从格雷内阁退出,之后成为国内改革派的非官方领袖,并始终倡导殖民政策的改革。

接受任命后,达勒姆邀请韦克菲尔德和查尔斯·布勒作为自己的顾问,两人都以呼吁在澳大利亚实行自由主义殖民政策而闻名,

---

① 宋家珩:《枫叶国度——加拿大的过去与现在》,山东大学出版社1989年版,第92页。
② J. Rose & A. Newton, E. Benians (eds.), *The Cambridge History of the British Empire*, Vol. II, London, 1940, p.337.
③ Martin Kitchen, *The British Empire and Commonwealth: A Short History*, Macmillan, 1996, p.25.

韦克菲尔德是系统殖民理论的创立者，布勒则是新南威尔士爱国者协会的代表和下院罪犯遣送制度调查委员会的成员。

达勒姆于1838年5月抵达加拿大，对起义者采取了安抚宽容政策，除少数几个流亡美国的起义领袖被禁止回国外，所有的起义者都被免于起诉。同时，达勒姆广泛听取上、下加拿大的各种不满与建议，研究了温和派领袖罗伯特·鲍德温关于责任制政府的备忘录，力图找到发生骚动与叛乱的源头和解决问题的根本办法。

殖民地改革集团原本有一个极好的机会去实践自己的改革理论与主张，但因达勒姆本人易于激动的个性，使他的任期只持续了五个月。他将八名起义者判决流放英属百慕大的做法，使国内政敌找到了攻击他的口实[①]，墨尔本政府不仅不支持他反而也指责他的行动，这使达勒姆处境尴尬，于是愤而辞职。当时的《泰晤士报》曾评论道："随波逐流的辉格党人从攻击一开始就抛弃了他。"[②]

回到伦敦后，达勒姆立即抱着强烈的使命感，根据对上、下加拿大等殖民地所作的调查，着手撰写"关于英属北美事务的报告"（Report on the Affairs of North America），并于1839年2月提交议会，这就是为许多后世人所称道的《达拉姆报告》。约翰·密尔称这份报告"开始了殖民政策新时代"，是达勒姆的"勇气、爱国心和开明的宽宏大度、以及该报告的共同作者——韦克菲尔德和布勒——的才智和实际工作上的机敏的不可磨灭的纪念碑"[③]。

《达勒姆报告》的目的是找出症结所在，开出治病良方。报告倾

[①] 反对派的理由是百慕大群岛不归德拉姆管辖，因此德拉姆超越了自己的权限。
[②] Anthony Wood, *Nineteenth Century Britain 1815—1914*, McKAY, London, 1964, p.210.
[③] 约翰·斯图亚特·密尔：《代议制政府》，第243—244页。

注了达勒姆全部的心血,也集中体现了殖民地改革家集团关于帝国殖民政策的基本主张,因此内容十分广泛,涉及英属北美殖民地的政治、经济、司法、财政、文化教育、社会生活以及与母国关系等各个领域。

《达勒姆报告》的根本宗旨,是通过减少帝国政府的权力,来维持殖民地人民与母国的感情联系。归纳起来,其中最重要的建议有三项:(1)上、下加拿大实行合并;(2)建立殖民地责任制政府;(3)帝国事务与殖民地地方事务相分离。

达勒姆的建议是建立在对殖民地冲突原因的分析之上的。他在报告中写道:过去曾认为下加拿大的不和是由议会与行政机构之间的争吵产生的,但在到达之后却惊讶地发现,英裔居民和法裔居民之间存在着深刻的民族仇恨,这种仇恨已渗透到社会的每一个方面:

> 我曾以为会看到政府和人民之间的斗争,但我发现的是两个民族在一个国家内部的战争;我看到的不是不同原则之间的斗争,而是不同种族之间的斗争。①

达勒姆认为,法裔加拿大人是利用民主的信条掩盖他们对所有英国事物的敌意,服务于自己保守的目的;英裔加拿大人虽站在行政当局一边,却是真正开明的改革者,试图推翻陈旧过时的法国习俗,促进商业精神。因此唯一明智的长远政策是对法裔加拿大人实行同化,不是用强迫压服手段,而是借助两个加拿大的联合,让法裔人口被充满活力的占绝大多数的英裔人口所超过,从而使其逐步

---

① C. C. Eldridge (ed.), *British Imperialism in the Nineteenth Century*, Macmillan, 1984, p.55.

"英国化"(Anglicized)。

达勒姆是一个"无限忠于英国制度"的人,他的同化法国人的主张,来源于他对法裔加拿大人的明显蔑视,和对英国文明与政治制度的强烈自信。他认为法裔加拿大人"没有文化,没有历史",是保守和守旧的民族。他的预期是:上、下加拿大合并后,英裔人口会很快超过法裔人口,按照人口比例进行议会选举时,英裔加拿大人就会掌握政府权力,而通过让法裔加拿大人"处在英国的德政之下"①,他们就会自然而然地被和平同化,从而结束民族冲突,促进经济的发展。

除了下加拿大不同民族间的敌意和纷争,达勒姆还将整个加拿大在政治上的不满,归咎于行政机构与议会之间的永久冲突。他认为这种冲突是由于把代议制和非责任制政府混合在一起造成的,坚定指出,"殖民地的代议制政府肯定是一种嘲讽,是混乱产生的根源";"任何一个英国政治家都难以想象,代议制和非责任制政府之间能够有成功的结合"。②因为在这种情形下,极少数特权集团作为总督的顾问而掌握行政权,完全不顾人民及其代表的意愿。当议会反对政府的政策时,既不能实施它所赞同的纲领,也不能撤换那些遭到反对的总督顾问,便出现了政府与公众的严重对立。因此,为了"帝国的利益",这种旧的制度"必须完全废除"。

达勒姆认为,打破这一政治困境的方法,就是把英国宪政中的责任内阁制扩大到殖民地去,在北美各省建立起"责任制政府":

---

① 格莱兹布鲁克:《加拿大简史》,第193页。
② B. L. Blakeley & J. Collins, *Documents in British History*, Vol. II, McGRAW-HILL, Inc. 1993, p. 123.

不削弱而是加强殖民地人民对政府的影响……不扩大帝国当局对殖民地具体事务的干预,我相信,和谐必将得到恢复……这无需改变政府的原则,无需创立新的宪法理论,去完全消除现存的政治混乱,需要的只是始终遵循英国的宪法原则,将它们引入这些大的殖民地。……除了按照那些在大不列颠已被证明完全有效的原则来管理殖民地,我不知道还有其他任何方法,能够带来殖民地的和谐。①

为此,达勒姆建议,根据英国的宪政原则,殖民地地方事务的管理应当授权给那些能够获得议会大多数信任的人,只要他们拥有议会的支持,总督就必须按照他们的意见去指导政府的全部事务,而不管自己个人感情好恶或伦敦上司的意见如何:

殖民地人也许并不总是知道什么样的法律是最好的,或者哪些同胞最适合管理他们的事务,但比起那些自身利益遥远、帝国殖民地的法律是好是坏对他们无关紧要的(殖民官员)来说,他们至少要对殖民地人的权利更有兴趣,也更加努力。②

建立殖民地责任制政府,意味着给予殖民地以一定的自治权,这样就引出了帝国与殖民地关系的问题。达勒姆认为,为了避免帝国政府和殖民地责任制政府之间权力的冲突,应当划分各自的行政管理责任。英国对殖民地事务的控制应限制在少数几个领域,即政府体制、对外关系、贸易政策以及公共土地管理等四个方面,除此之外的其他内部事务都应由各省的责任制政府自己负责。这样,通过

---

① B. L. Blakeley & J. Collins, *Documents in British History*, Vol. II, McGRAW-Hill, Inc. 1993, p.124.
② Ibid., p.125.

司法管辖权的划分,帝国的部分权力实现了向殖民地的移交,帝国与殖民地之间的矛盾得到缓和,殖民地人民建立责任制政府的愿望与要求和帝国的统一与团结取得了一致,母国与殖民地的联系也就会得到进一步加强和维持:

> 我的观察使我确信,在北美殖民地所有英国血统的人口中占支配地位的情感,是对与母国相联系的热衷,这种联系不断由北美各省人民对英国王室和帝国抱有强烈民族感情的全部特征表现出来。他们珍视母国的各种制度,并不仅仅基于他们从中得到的实际好处,而且基于民族的自豪感;他们支持这些制度,是因为他们习惯于将其看作是民族性的标志,这使他们与隔壁的共和派邻居相区别。[1]

《达勒姆报告》得到了英帝国历史学家的高度评价,认为它引导了加拿大自治政府的建立和加拿大民族的形成。[2]它所提出的各项建议和原则,为后来的英联邦奠定了基础,因而是帝国历史上最重要的文件之一。

然而,报告所表现出来的激进帝国主义立场,和当时英国占统治地位的帝国观念是背道而驰的,因此,它在殖民地"最初赢得的是敌人,而不是朋友"[3]。尤其是关于责任制政府的建议,无论在北美殖民地还是在英国,都立即引起了激烈的争论。反对的人认为让殖民地成立责任制政府将产生悲惨的后果,是"把自己和自己的国家

---

[1] B. L. Blakeley & J. Collins, *Documents in British History*, Vol. II, McGRAW-Hill, Inc. 1993, p.125.

[2] J. Olson & R. Shadle, *Historical Dictionary of the British Empire*, Greenwood Press, 1996, p.388.

[3] 宋家珩:《枫叶国度——加拿大的过去与现在》,第105页。

推进泥潭"①；赞成的人则认为这是一项明智而实际的方针。

在加拿大殖民地，欢迎《达勒姆报告》的是法裔加拿大人和鲍德温领导的温和改革派，而一向自认是"效忠派"的加拿大英裔特权集团，则对达勒姆针对特权集团的抨击和建立责任制政府的主张强烈不满。

有意思的是，尽管达勒姆伯爵自己宣称，他只是将英格兰自己在1688年革命中建立起来的原则运用于海外殖民地②，但在英国国内他的这一立场却很难找到知音。托利党人明确表示反对，例如威灵顿公爵就公开表示："地方责任制政府与大不列颠的主权完全不一致、不协调。"③

而执政的辉格党中，不少人也和托利党人一样固守着传统的帝国观，不能接受责任制政府的建议。在他们看来，在帝国内部建立责任制政府的主张是荒谬的，对殖民地人作出让步，就意味着殖民地将来与母国脱离，从而使帝国名存实亡。墨尔本首相在委派达勒姆时曾向他明确表示："那些殖民地最终分离，也可能对母国的利益不会有物质上的损害，但对大不列颠的荣誉显然将是一个严重打击。"④

反对在加拿大建立责任制政府的意见主要集中在两点上：一是会使总督面对为两个上司服务的尴尬局面；二是总督将被殖民地人

---

① 格莱兹布鲁克：《加拿大简史》，第197页。
② Harold Temperley, *The Victorian Age in Politics, War and Diplomacy*, Cambridge Unversity Press, 1928, p.15.
③ Ramsay Muir, *A Short History of the British Commonwealth*, Vol.II, George Philip & Son, Ltd., London, 1927, p.437.
④ Klaus E. Knorr, *British Colonial Theories: 1570—1850*, Frank Cass & Co. Ltd., 1963, p.363.

所控制,而英国议会却无权掌控。1839年,约翰·罗素在议会下院说:

> 这样,就可能发生总督同时接到女王的指示和殖民地行政委员会建议的事,而两者彼此完全不同。如果他遵从来自英国的指示,他的宪法责任就将完全失败;如果他服从来自行政委员会的建议,那么他就不再是一个从属的官员,而是一个独立的君主。①

尽管在议会辩论中也不乏支持殖民地建立责任制政府的意见,但殖民大臣罗素的观点代表了当时相当多英国人的态度。在此期间,英国王室也持和罗素等人同样的反对立场,1843年,阿尔伯特亲王代表维多利亚女王,在给斯坦利勋爵的信中写道:"我不认为英国王室会允许加拿大责任制政府的建立,因为那等于是脱离母国的宣言。"②

因此,墨尔本政府只接受了《达勒姆报告》中关于合并上、下加拿大成立联合省的建议,而对改革殖民地政治体制以及殖民地与帝国关系的建议不予采纳。据此,一部分研究英帝国史的学者在二战后对《达勒姆报告》的意义提出了质疑,认为长期以来英国和加拿大史学界对报告的评价名不副实:"责任制政府并不是由达勒姆发明的,说达勒姆报告指引了通往自治领和现代英联邦关系的道路是个错误。"其主要论据是:(1)"殖民地政治体制在40年代和50年代的

---

① Anthony Wood, *Nineteenth Century Britain 1815—1914*, McKAY, London, 1964, p.207.
② George Woodcock, *Who Killed the British Empire?—An Inquest*, Jonathan Cape Ltd., 1974, p.172.

转变,完全是无计划的,其结果也与达勒姆所设想的很不同,它涉及到英国政治家们立场的根本转变"①;(2)"报告事实上在当时的英国舆论中并未引起多少注意……英国大臣们的观点并未受到达勒姆建议的很大影响,他们已经独立地认识到在加拿大某种形式的联合是必要的,辉格党内阁最后作出选择,更多的是基于罗素的倡导而不是达勒姆的建议"②。

客观地说,这些描述与分析并不违反历史的真实,但它的结论显然缺乏说服力,因为,它撇开了大的历史发展脉络,过分纠缠于历史事件的细枝末节。

事实上,重新讨论《达勒姆报告》在北美殖民地实现自治政府进程中的作用并没有什么实际意义,《达勒姆报告》提出后不到十年,责任制政府的原则在英属北美殖民地已经得到确立,这充分说明,当时各殖民地建立责任制政府的条件已经成熟。作为殖民地改革家和自由主义殖民政策的倡导者,达勒姆的功绩在于:旧的帝国观认为,只有进行严密的控制才能保证殖民地与母国的联系,而达勒姆则清楚地看到了历史的发展趋势,意识到"自由要比屈从更加能培育出忠诚"③,只有给殖民地以某种形式的自治,英国才能继续统治其北美属地,帝国才不会重现殖民地与母国脱离的一幕。至于后来加拿大及其他殖民地是否完全按照达勒姆的各项建议,实现了责任制政府和自治,并不应当作为我们评判的主要标准。当英国还没

---

① C. C. Eldridge, *Victorian imperialism*, Humanities Press Inc. 1978, p.32.
② C. C. Eldridge (ed.), *British Imperialism in the Nineteenth Century*, Macmillan, 1984, p.56.
③ Arthur Berriedale Keith, *The Sovereignty of the British Dominions*, Macmillan, 1929, p.37.

有迈过告别重商主义、告别旧殖民制度的最后门坎时,当许多政界重要人物都还固守着美国独立带来的教训,认为殖民地自治与帝国的团结统一犹如水火不能相容时,达勒姆从相反的方向指出,自由才是保存帝国联系的手段,改革才是维持帝国统一的出路,建立责任制政府恰恰能维护帝国的团结。

在19世纪英国的知名政治家中,达勒姆是最先倡导自由主义殖民政策的人,因此,他是倡导自由主义英帝国政策的先行者。

对于殖民地的自治要求和《达勒姆报告》的建议,英国统治阶级集团之所以持反对态度,更多的是出于感情上的抵触,而非冷静而理性的思考。19世纪末剑桥大学近代史钦定教授约翰·西利(John Robert Seeley 1834—1895),在他那本可称为英帝国史开山之作的《英格兰的扩张》中,曾经着力分析过英国不愿对旧的殖民政策进行改革的原因:"只要有可能母国就天然地维持着旧制度,因为去触碰它是危险的,即使最小的改变也将损害把殖民地连接在一起的纽带。"[1]

西利所指的是英国人面对北美13个殖民地人民对母国日益不满时的态度,但我们看到,它与进入19世纪后英国政治家拒绝改革殖民地政策的立场并无不同。早在美国独立战争爆发之际,亚当·斯密就说过:"英国人民对母国与殖民地决裂的恐惧,超过了他们对西班牙无敌舰队或法国侵袭的恐惧。"[2]半个多世纪过去了,美国独立的阴影还像噩梦一样在折磨着他们,传统的帝国观念还在束缚着他们,维护帝国的统一,防止殖民地与母国分离,成为英国人心中一

---

[1] J. R. Seeley, *The Expansion of England*, Roberts Brothers, Boston, 1883, p.70.
[2] 亚当·斯密:《国民财富的性质及原因的研究》(下),第175页。

个不解的情结,因此,只要殖民地一有风吹草动,他们就会本能地作出激烈反应。

然而,历史毕竟已经前进到了19世纪,自由主义的政治理念毕竟已经得到广泛传播,当英国出于自身利益决心冲破重商主义传统的最后束缚,旧殖民制度已是日暮途穷时,允许殖民地按照自治原则建立责任制政府,就不再像洪水猛兽那样让人害怕和无法接受,而是英国实现自由贸易之后一个顺理成章的结果。英国的政治家们一旦发现改革实际上不可避免,而且并不必然导致殖民地的分离,便迅速摆脱旧帝国观的思维定式,转变了对责任制政府的立场,殖民政策的改革因此表现出势如破竹不可阻挡之势。

事实上,英国统治集团虽然拒绝了达勒姆关于允许殖民地建立责任制政府的建议,却吸取了当年英国政府实行高压政策最终导致北美殖民地独立的教训,采取一种让步政策,力图在不给予责任制政府的条件下最大限度地缓解各种矛盾,以求得到加拿大各派的支持。例如削弱殖民地旧特权集团的政治权力,将殖民地改革派吸收进行政委员会,等等。这种让步政策说到底就是进行逐步的政治改革,它实际上起到了向责任制政府过渡的作用,同时也使掌管殖民地事务的政治家和总督们,认清了责任制政府只会加强殖民地与帝国间的纽带这一事实。

在实施上述渐进改革过程中,1839年时任殖民地大臣的约翰·罗素和加拿大成立联合省后的头几任总督都起到了积极的作用。

1840年英国议会通过联合法案,次年加拿大联合省成立,原上、下加拿大分别被改称为西、东加拿大,第一任总督为接替达勒姆职位的西登汉勋爵(Lord Sydenham),他充分利用罗素授予的可改组殖民地行政委员会的权力,逐步削弱引发殖民地社会矛盾的特权集团,让温和改革派领袖鲍德温进入行政委员会。此时加拿大的政党尚未正式形成,主要政治势力有英裔保守派、英裔改革派以及法裔改革派,西登汉勋爵凭借渐进改革策略和他的个人政治能力缓和了与改革派的矛盾,建立了总督与议会之间的良好关系。

接替西登汉勋爵的是巴戈特爵士(Sir Charles Bagot),他面对现实进一步实行改革,将势力已十分强大的法裔领导人拉方丹(Lafontaine)接纳进入政府(行政委员会),这招致加拿大英裔托利党人(英裔保守派)的不满,也使国内皮尔内阁的殖民大臣斯坦利勋爵(Stanley,即后来的德比伯爵)十分不满。但巴戈特对殖民地的现状已一目了然,他认为:"不管对责任制政府的信条是公开承认还是策略地默认,它事实上已经存在了。"[1]

达勒姆本人在提交报告后不久就病逝了,但他给予殖民地责任制政府的建议却逐渐获得人们的认可与支持。1840 年,和达勒姆同往加拿大的查尔斯·布勒发表了《责任制政府》一文,这篇论文和达勒姆的报告一样,成为宣传和促进殖民地改革的重要文献。

在北美殖民地,通过几年政治斗争的经验,加拿大省各政治派别日渐成熟,改革派已不满足于仅仅参与政权,他们开始强烈要求实现真正的责任内阁,即建立一个得到议会支持、对议会负责的政党组成的政府,将总督对政府成员的任免权减小到最低程度。

在英国本土,宪政制度也刚刚经历了重大的变革,现代意义上的政府与政党制度最终确立,国王彻底丧失了挑选内阁首相的特权,由获得议会支持的政党轮流组阁执政已成为政治生活中新的惯例。与此同时,随着 1846 年皮尔政府废除《谷物法》,自由贸易的时

---

[1] C. C. Eldridge, *Victorian Imperialism*, Humanities Press Inc., 1978, p.33.

代终于到来,多年来维系着帝国与殖民地联系的旧殖民制度也寿终正寝。

所有这些,都促使着英国统治阶级集团立场的转变。1846年保守党下台,自由党领袖罗素接替皮尔担任首相,亨利·格雷被任命为殖民地大臣,此时各种物质的和观念的阻碍已经基本消失或扫平,英属北美殖民地实现责任制政府的历史进程便迅速加快:1848年,新斯科舍和加拿大先后建立责任制政府,几个沿海殖民地也分别实现了向责任制政府的转变(爱德华王子岛1851年,新不伦瑞克1854年,纽芬兰1855年),各省的行政委员会变成内阁,司法委员会变成上院,总督成为殖民地名义上的首脑,不再拥有行政权和对行政委员会的任命权,政府也不再由不同党派联合组成,而是由获得议会多数的政党组成,并和英国政府一样对议会负责而不是对总督负责。

加拿大学者认为,"事实上殖民地人民几乎与英国人同时有了责任制政府"[①],从时间上看的确如此。内阁制与责任制的逐渐形成和王权的衰退,在英国前后经历了一百多年的时间,而北美殖民地在短短的十几年里就完成了这一历程,这既说明了移民殖民地人民在19世纪中期政治意识与民主意识的觉醒,也显示了英国式宪政制度的巨大影响和自由主义的胜利。

对于英国君主立宪制与欧洲各国自由主义运动发展之间的关系,英国历史学家多萝茜·汤普逊(Dorothy Thompson)曾作过如下评论:"广义地说,自由主义是给予欧洲各种运动的名称,这些运动的目标在于使中产阶级获得政治权力。自由主义者通常很想要一

---

① 格莱兹布鲁克:《加拿大简史》,第193页。

种英国那样的制度,在这种制度下,国王与一个民选的议会共同来统治。"①

当政治自由主义的理念在全欧洲日益传播的同时,英国自身的自由主义运动也在强有力地发展。19世纪中期英国的自由主义存在着不同流派和不同的代表人物,但在给予殖民地人民自由的问题上却表现出惊人的一致。例如,以鼓吹废除《谷物法》实现自由贸易而闻名的工业资产阶级代表"曼彻斯特学派"(Manchester School),在殖民地问题上的态度历来十分鲜明,认为"要使个人自由臻于完善,必须有国家自由,另外还得有殖民地自由"。在殖民地与帝国的关系问题上他们走得更远,甚至主张英国应解除防卫殖民地的责任,让殖民地与英国完全脱离:"殖民地不能再按照母国的利益来统治,也不应当有一支由母国维持的常驻军队。殖民地都在遥远的地方,只要我们给它们自由,每个殖民地都有它自己远大的未来,能够自卫,并逐渐自由发展成为真正的国家。"②

自由主义哲学家和社会学家赫伯特·斯宾塞,也从理论和实践上阐述了宗主国统治殖民地的不正当性与有害性。在发表于1850年的《社会静力学》中,斯宾塞专辟"政府殖民"一章,对英国与其殖民地的关系作了严谨的分析:

> 一个殖民地就是一个社区,若问国家建立并治理殖民地是否正当,实际上就是问一个社区建立并治理其他的社区是否正当。……几乎无须指出,一个政府承担管理一个殖民地的事务,辅之以司法人员、警察、警备部队等等,若不侵害本国社会

---

① Dorothy Thompson, *The British People 1760—1902*, London, 1981, p.160.
② 霍布豪斯:《自由主义》,第39页。

是做不到的。任何为这些目的的开支……都意味着对国家职责的违反。①

并没有直接的证据表明,曼彻斯特学派的主张和斯宾塞的结论已成为英国政府制定殖民地政策时的指导性思想,但它们无疑是19世纪40年代—50年代英国社会舆论的一种反映,同时也不可避免地会对当时英国的政治家产生程度不同的影响。

霍布豪斯指出:"毫无疑问,自由主义总的倾向是赞成自治,但是……它必须依靠历史的具体教导以及政治家的务实眼光去确定如何为自治划定界限。"②因此我们看到,那些对英属北美实现责任制政府至关重要的人物,无论是自由党首相罗素还是殖民大臣格雷,都经历了一个观点与立场的大转变。事实上,北美移民殖民地建立责任制政府的过程,在很大程度上正是英国统治阶级集团接受自由主义帝国观的影响,以务实眼光去看待殖民地自治的过程。

在这一过程中,自由党殖民大臣格雷伯爵(Henry Grey, 3rd Earl Grey 1802—1894)和新任加拿大总督额尔金伯爵(James Bruce, 8th earl of Elgin 1811—1863)起了非常重要的作用。亨利·格雷出身著名辉格党人家庭,父亲是1830—1834年任首相的查尔斯·格雷伯爵(Charles Grey 1764—1845)。在父亲内阁中担任殖民部政务次官的经历,使他成为殖民地事务的专家,他赞成韦克菲尔德关于殖民地土地与移民政策的主张,倡导在整个帝国范围内废除奴隶制,支持英国放弃重商主义实行自由贸易,是个立场一贯的自由主义政治家。然而,对于1839年达勒姆关于让殖民地人民建立责任制

---

① 赫伯特·斯宾塞:《社会静力学》,第180页。
② 霍布豪斯:《自由主义》,第19页。

政府的建议，他却曾持坚决的抨击态度，和罗素等人一样从感情上不愿接受。40年代英国政党政治和责任制内阁的最终确立，促使他思想观念发生显著变化。因此，当1846年进入罗素内阁任殖民大臣时，他便开始以一种务实的态度思考北美移民殖民地的改革要求：既然英国新近形成的政党政府与王权或整个王国的稳定并不冲突，那么，女王在自治殖民地的代表为什么要由一个英国政党来担任，而不能也由一个当地的政党来担任呢？大不列颠将管理权授予政治上已成熟的殖民地中那些得到民选议会大多数支持的人，而不是那些由英国王室挑选和任命的行政官员，到底会遭受什么损失呢？①

从格雷写给额尔金的私人信件来看，他也曾经对殖民地建立责任制政府的前景抱有一些怀疑和忧虑。②但有一点他显然十分确定，即给予殖民地自由最终能够加强帝国的团结，因此，只要殖民地在政治上足够成熟，就应当允许其建立责任制政府。上任之初，他首先同意在矛盾较少的新斯科舍省建立责任制政府，同时任命一向政治立场激进的额尔金伯爵为加拿大总督，负责加拿大省的政治改革。

除了认为政治上成熟的殖民地有资格实现责任制政府以外，格雷还将化解法裔加拿大人的不满，以及抵挡美国向加拿大的扩张野心，作为推进加拿大政治改革的重要因素。格雷并不把法裔加拿大人看作是对英国在北美殖民地利益的威胁，或者是对大多数英裔加拿大人福祉的威胁，他认为法裔加拿大人从前表现出的民族主义和分离主义，现在已经得到控制和缓解，今后最好的对策就是让加拿

---

① C. C. Eldridge, *Victorian Imperialism*, Humanities Press Inc., 1978, p.34.
② C. C. Eldridge (ed.) *British Imperialism in the Nineteenth Century*, Macmillan, 1984, p.58.

大人自己去处理这一问题,而给予加拿大人建立自治责任制政府的机会,就是实现这一目的的途径。

与美国的关系始终是英国政治家关注的问题,1812—1814年美英战争之后,美加边境上就不断发生小规模冲突,这使格雷对美国的领土扩张欲望保持着高度警惕。他认为一旦两国发生战争,加拿大将经受不住美国的入侵,而如果给予殖民地人责任制政府,培育殖民地人民的民族意识,殖民地人就会奋起战斗,这样就能减少英国用在帝国防务上的开支,减轻英国纳税人的负担。

由于这三方面的因素,格雷对北美各殖民地采取了既积极又稳妥的方针,因而我们看到,正是在格雷的六年任期内,英国经历了帝国历史上最剧烈的殖民政策变革,格雷自己也成为"第一个认识到按照殖民地人的立场,殖民地的利益要压倒母国利益的英国殖民大臣"[①]。

额尔金伯爵是直接给加拿大带来责任制政府的人。他从1842年起担任牙买加殖民地总督,其间曾进行一些改革,试图改善牙买加在英帝国废除奴隶制之后衰退的经济,以及已获解放的黑人奴隶的受教育状况。额尔金在政治上是个具有自由主义思想的保守党人,同时具有很强的帝国意识,主张建立"更大的不列颠"[②]。格雷正是在这一点上与他意气相投,因此,于1847年委任他为加拿大总督。

额尔金此时面对的加拿大,仍然是北美各殖民地矛盾最为复杂尖锐的地方:不同种族与宗教之间存在着深刻的敌意与纷争,英国的自由贸易政策给加拿大经济造成了损失,1837年加拿大起义带

[①] J. S. Olson & R. Shadle (eds.), *Historical Dictionary of the British Empire*, Greenwood Press, 1996, p.486.

[②] Ibid., p.203.

来各种后遗症，等等。额尔金忠实执行格雷的新政策，循序渐进地推进改革。1848年初加拿大举行议会大选，改革派取得了胜利，额尔金请改革派领袖鲍德温和拉方丹组织政府。

对额尔金尊重选举结果的行动，格雷给予了肯定和支持。在给额尔金的回信中，格雷明确表示："在尊重与否决加拿大人意愿之间，没有中间的道路可走，否决是不切实际的，因为如果我们超越当地的立法机构，就必须准备用武力来维持我们的权威。"① 由此，加拿大历史上第一任由议会多数派组成并对议会负责的政府建立了。

为了解决1837年起义的遗留问题，额尔金于1849年签署了议会制定的"叛乱损失补偿议案"（Rebellion Losses Act），该法案遭到托利党人的反对，并引发了短暂的"蒙特利尔骚乱"，但骚乱并没有得到英裔和法裔民众的支持，因而也没有动摇责任制政府的地位。此后，加拿大英裔和法裔之间的冲突终于渐次平息。

额尔金的另一个贡献，是使加拿大的经济发展重点由英帝国转向欣欣向荣的美国。1854年加拿大与美国达成"贸易互惠条约"，该条约允许美加之间的自由贸易，使加拿大能够从美国获得大量原材料和食品，也使加拿大的主要出口产品小麦和木材找到了新的市场，从而大大缓解了因英国废止殖民地关税优惠政策给加拿大经济带来的不利影响，促进了加拿大的商业、对外贸易以及社会经济的迅速发展。著名帝国史学家劳埃德（T. Lloyd）指出："加拿大责任制政府的建立虽然与当初达勒姆设想的有些不同，但在医治殖民地对母国的不满方面，却和达勒姆希望的那样有效。"②

---

① K.N. Bell & W. P. Morrell (eds.), *Selected Documents on British Colonial Policy*, Oxford, 1928, p.107.
② T. O. Lloyd, *The British Empire 1558—1983*, Oxford, 1984, p.187.

责任制政府的建立，对加拿大政治与社会发展的促进是显而易见的。殖民地的法裔人和英裔人在这一全新的政府形式中，在英国式宪政制度下，找到了既维护自身利益又消融彼此冲突的合法手段，民族矛盾再没有演变成为分离主义式的起义或叛乱。责任制政府的实现还直接促进了加拿大民族的形成，从而为20年后英帝国第一个自治领的产生铺平了道路。正如霍布豪斯所说："历史表明，享有责任制政府的法国人和英国人，尽管历史上存在着一切宗教信仰、语言和社会结构方面的争端和差异，却融合成了加拿大这一民族。"①

额尔金在加拿大政治改革过程中的表现，证明他是个负责、务实、有远见的政治家。他对责任制政府在加拿大的实现充满自豪，尽管有岳父达勒姆的著名报告，但他称责任内阁式政府为"我的制度"，毫不怀疑自己是加拿大的"责任制政府之父"，额尔金的传记作者莫里森(John Morison)曾评价他是"不列颠政府在海外的一个理想代表"②，应当说这一评价是恰如其分的。

北美各殖民地当时建立的责任制政府，只是初步实现了殖民地的自治，对帝国事务与殖民地内部事务也只是作了大致的划分，并没有涉及今后母国与殖民地的关系，但额尔金和许多政治家一样，希望以良好的意愿和相互间的理解，来巩固殖民地与英国的团结，建立责任制政府基础上的新型帝国关系。1850年，他在给格雷的信中写道：

---

① 霍布豪斯：《自由主义》，第19页。
② John L. Morison, *The Eighth Earl of Elgin*, 1970, see *Historical Dictionary of the British Empire*, p.204.

我从来不能理解，我们的宪政制度是如此的灵活、有弹性，特别是在已经停止控制殖民地的贸易时，为什么我们不能够提供将殖民地与王国政府结合起来的纽带呢？这种联系纽带应至少和那些将联合王国各部分联结起来的东西一样持久。……然而，要取得这一制度或殖民政府任何其他制度的成功，有一件事是不可缺少的：你不能再对殖民地说殖民地仅是一种临时的存在，你必须让各殖民地相信，不割断它们同大不列颠的联系，它们也可以达到成熟的程度，达到社会和政治发达的程度，这是自由人所组成的社会有权期望的。①

额尔金关于殖民地可在帝国内部获得政治发展的思想，反映了自美洲13个殖民地举起反叛旗帜以来，由爱德蒙·伯克所倡导的给殖民地自由但以血缘和情感来维系的主张，同时也与格雷的殖民地政治上成熟之后才能给予责任制政府的基本立场不谋而合。

格雷所谓政治上的成熟，是指殖民地不仅能够担负起行政管理和地方防卫的责任，而且有能力承担殖民地防卫的费用。格雷把自治政府看作是一种特权，而不是一种必须拥有的民主权利。

在格雷看来，殖民地就像是婴儿，有一个不断成长发育的过程，只有在殖民地取得自治的能力之后，才应给予其自治的权力。这就解释了为什么在英属北美最先建立起责任制政府的殖民地是新斯科舍②，而不是曾为民主权利与自治政府艰苦奋斗多年的加拿大；

---

① C. C. Eldridge, *Victorian Imperialism*, Humanities Press Inc., Atlantic Highlands, 1978, p.35.
② 新斯科舍同样为争取责任政府进行了长期努力，由于改革派领导人约瑟夫·豪的政治眼光与能力，改革运动始终和平进行，1847年改革派在议会选举中获胜，1848年初新斯科舍先于加拿大建立责任政府。

也解释了澳大利亚等殖民地的政治改革没能与北美殖民地平行,所争取到的自治权利也相对逊色的原因。

三、澳大利亚与新西兰

几十年罪犯流放殖民地的历史,给澳大利亚各殖民地经济、社会的发展打上深深的烙印,因此澳大利亚争取政治自由的斗争起点就比较低,当北美殖民地人民已在为建立责任制政府而奋斗时,澳大利亚人民还要为从流放地向自由移民殖民地的转变,为争取刑释者的公民政治权利,为建立英国式的完全陪审制度,为建立代议制立法机构而努力。

从19世纪30年代起,由于英国政府实行的资助移民政策,进入澳大利亚的自由移民迅速增多,为了殖民地的健康发展,新南威尔士人民开始致力于废除罪犯遣送制度(Transportation),他们的呼吁在英国国内得到了殖民地改革派、人道主义者以及教会领袖的支持,英国出现一大批坚定的废除主义者,掀起了反对罪犯遣送制的运动。

1837年议会下院为此成立调查委员会,由著名的殖民地改革家莫尔思沃斯担任主席,委员会在1838年提交的报告中认为:遣送流放制度与其说改造了罪犯,不如说促使了罪犯进一步的堕落,建议立即予以废止。[①]

[①] K.N. Bell & W. P. Morrell (eds.), *Selected Documents on British Colonial policy*, Oxford, 1928, pp.281—285.

英国政府接受了报告的立场,于 1840 年正式宣布废除流放制,禁止再向新南威尔士输送流放犯人,澳大利亚最早的殖民地终于结束了罪犯流放地的历史。此时英国已先后建成新南威尔士、范迪门地、西澳大利亚以及南澳大利亚四块殖民地,新南威尔士废止流放制后,范迪门地(Van Diemen's Land)①仍保留着流放制直至 1853 年。

但废除流放制的斗争并不平衡,例如,西澳大利亚由于人口稀少劳动力极度匮乏,经济形势陷入困顿,1849 年的出口额只有 2 万镑②,因此反而要求实行流放制,并于 1849 年被英国定为罪犯流放地,直到 1868 年以后英国完全停止向澳洲遣送流放犯。已成为自由移民殖民地的新南威尔士出于同样的理由,曾在 1847—1850 年恢复流放制,但最终反对罪犯流放制度的斗争还是取得了完全胜利。

澳大利亚争取政治自由的斗争也是首先从新南威尔士开始。作为英国在澳大利亚最早的殖民地,新南威尔士带有一种母体的特征,其他殖民地大多从它脱胎而来,因此它的社会经济与政治发展走在各殖民地前面。在反对罪犯遣送流放制度的同时,新南威尔士人民也在孜孜不倦地争取摆脱英国殖民部的控制,扩大自身的权利,以达到最终的自治。

根据 1823 年英国议会通过的《司法条例》,新南威尔士的殖民地管理体制由总督、行政会议、立法会议以及最高法院组成,均由英国

---

① 范迪门地被称为"监狱内的监狱",1825 年脱离新南威尔士成为独立殖民地。新南威尔士废除流放制后该地成为英国在澳主要罪犯流放地,至 1853 年废止,1856 年起改称"塔斯马尼亚"。

② Gordon Greenwood, *Australia: A Social and Political History*, Angus & Robertson Publishers, 1977, p.72.

殖民大臣任命,行政会议和立法会议成员皆为各类殖民地官员、驻军司令,以及圣公会领袖等殖民地上层人物,但也只能起咨询和辅助作用,殖民地的行政与立法权由总督一人执掌。

随着殖民地人民政治意识的觉醒,他们开始向英国国王和议会请愿,要求建立选举产生的代议制立法机构。1827 年,新南威尔士总督达令爵士(Ralph Darling),在写给英国殖民部政务次官 R. 海(R. Hay)的信中抱怨道:"这里的人们被那些报纸所教唆,在讨论英国人的权利和母国的自由制度。……这个地方的弊病就在于一种激情,即认为新南威尔士应当成为英格兰的副本。"①

在此背景下,1828 年英国议会再次通过《司法条例》,扩大了立法会议的权限,增加了立法会议成员中非政府官员的名额,对总督的权力作了限制。但条例在最根本的问题上没有让步,立法会议的成员仍然是提名产生,只是改成了由总督提名再由殖民大臣任命,这实际上是为殖民地上层人士提供了进入立法会议的机会。

因此殖民地人民继续坚持斗争,于 1830 年、1835 年两次向英国议会递交请愿书,要求建立民选立法议会和完全陪审制度。②他们成立了"澳大利亚爱国者协会"(the Australia Patriotic Association),向伦敦派驻代表进行自治宣传,积极对英国议会和社会舆论施加影响。1833 年 12 月,总督波尔克(Richard Bourke)向殖民大臣斯坦利勋爵报告:"对立法会议的不信任被绝大部分人所接受,包括许多诚实、富裕、勤奋的人。这种不信任出现在无数殖民地发行的出版物上。这个殖民地的新闻是自由的,因此报纸总体上能够代表公众的

---

① Gordon Greenwood, *Australia: A Social and Political History*, Angus & Robertson Publishers, 1977, p.54.
② 此前殖民地的刑事案件一直由军官陪审,民事案件在特殊情况下才实行陪审制。

感情,在一个星期之内居然出版了8份报纸,而且每份的价格是如此之低,以至于几乎每个人都去购买。这些报纸对殖民地所有能阅读的人以及未受过教育的人都产生了巨大影响。"①

新南威尔士争取扩大政治权利的斗争终于在 1840 年废止流放制前后取得重大进展,1839 年首先赢得了完全陪审制,接着又赢得建立部分代议制立法机构的胜利,这就是英国议会的《1842 年新南威尔士与范迪门地政府条例》(New South Wales and Van Diemen's Land Government Act)。

1842 年条例将立法会议成员扩大到 36 人,规定其中 1/3 仍由总督提名殖民大臣批准,另 2/3 由选民选举产生;条例规定了很高的选举资格,选举人必须拥有价值 200 英镑的地产或每年 20 英镑的房产收入;被选举人必须拥有价值 1000 英镑的地产或每年 100 英镑的房产收入;总督仍是殖民地行政首脑,但权力受到立法会议进一步限制;立法会议得到制定殖民地法律和批准财政预算的权利;英国议会则保留了对殖民地公有土地的支配权,以及对殖民地法令通过后三年之内的驳回权。②

1842 年条例是皮尔的保守党政府执政时制定的,它反映了英国第一次议会改革以来人们对地方自治权的认识。到自由党再次上台,格雷担任殖民大臣时,尽管此时英国国内政治的风向标已经在逐渐转向,责任制政府的观念已经被人们所接受,但由于格雷恪守殖民地政治上必须成熟的立场,澳大利亚人民的自治要求始终没能

---

① V. Harlow & F. Madden (eds.), *British Colonial Developments: Select Documents*, Oxford, 1953, p. 166.
② Gordon Greenwood, *Australia: A Social and Political History*, London, 1977, p. 67; *Selected Documents on British Colonial Policy 1830—1860*, Oxford, 1928, pp. 53—61.

取得北美殖民地人民那样的成就，1842年条例确定的原则成了以后澳大利亚各个殖民地宪政改革的基础。

在格雷的促使下，1850年，英国议会通过了《澳大利亚殖民地政府条例》(Australian Colonies Government Act)，对澳大利亚人民的要求再次作了一些让步，以缓和殖民地与母国的矛盾。

条例同意菲利普港地区(Port Philip)脱离新南威尔士组成维多利亚殖民地(Victoria)；规定将1842年条例为新南威尔士制定的立法会议制度(即总督提名和民选产生的议员分别占1/3和2/3)，推广到范迪门地、南澳大利亚和维多利亚；西澳大利亚由于人口稀少以及实行流放制暂不建立代表制立法机构；对选举资格作了调整，在成年男子中拥有价值100英镑地产者、年房租收入10英镑者以及年缴纳牌照税10英镑的牧场主(squatter)享有选举权，拥有价值1 000英镑地产者以及年房租收入达50英镑者享有被选举权；此外，条例授权各殖民地征收进口关税，并允诺将来各殖民地立法会议可自行起草宪法，实行英国式议会制度等；对殖民地公有土地的处理权以及殖民地高级官吏的委任权则仍然归英国政府。[1]

1850年条例的意义在于，英国对澳大利亚殖民地事务的控制被进一步削弱，各殖民地获得制定宪法和征收进口关税的权利，选举权也得到了扩大，尽管离新南威尔士人民的要求还相差很远，但毕竟在争取自由和走向自治的道路上又迈开了一大步。

更为重要的是，1850年条例将代表制立法机构推广开来，这就为殖民地人民进一步争取政治民主权利提供了活动的舞台，从而为

---

[1] K. N. Bell & W. P. Morrell (eds.), *Selected Documents on British Colonial Policy*, Oxford, 1928, pp. 123—129.

殖民地建立民选产生的责任内阁政府,实现完全的自治铺平了道路。因此,1850年条例对于澳大利亚摆脱殖民地地位,走向政治自治还是起到了至关重要的作用。

19世纪中期是英国人的传统帝国观念发生根本改变的年代。从40年代起,"英国人全部感情的重点就是——每只壶应当依靠它自己来站立"①。正如著名帝国史学家菲尔德豪斯指出:"重商主义控制的结束必然改变英国人对帝国的态度,殖民地现在是世界经济体系的一部分,它们没有给英国特别的有利条件,这并不意味着它们应当被扔掉,而是意味着保持帝国的联系对殖民地有利,使控制和补贴殖民地的必要性减少。"②

在《谷物法》和《航海条例》相继废除之后,殖民地对于英国的意义已经改变,保守党人和自由党人在殖民地政治改革问题上的态度也已趋于一致,殖民地的自治要求和责任制政府不再被视为不可接受;相反,一些政治家甚至开始抱怨殖民地对于母国只是一种沉重的负担。因此,向殖民地授予完全自治权的最后进程一旦启动,便如同高速运行的列车般不可阻挡,各殖民地在几年之内几乎同时实现了地方自治。

新南威尔士人民不满足已得到的代议制立法机构,决心争取像加拿大人那样的责任制政府,以实现完全的自治。1851年新南威尔士立法会议向英国殖民部提交"宣言与抗辩书"(Declaration and Remonstrance of Legislative Council of New South Wales),抗议英国

---

① Arthur R. M Lower, *A History of Canada : Colony to Nation*, McClelland and Stewart Limited, 1977, p. 263.

② D. Fieldhouse, *The Colonial Empire: A Comparative Survey from the 18 th Century*, Macmillan, 1982, p. 248.

政府所犯的种种"错误",义正词严地提出税收、公共土地管理、关税、官职委任以及完全立法权,是殖民地议会"无可怀疑的权利",庄严地要求将它们全部授予殖民地议会。①

对此,殖民大臣格雷认为:在涉及地方利益的法案和帝国整体利益的法案之间作出区分,显然是不可能的,而抗辩书并不真正反映大众的意见②,因此拒绝了新南威尔士人民扩大立法会议权利的要求。1852年新南威尔士再次向英国议会提交请愿书,用更坦率更严厉的措辞重申了1851年抗辩书中的立场。

此时新南威尔士总督菲茨罗伊(Fitzroy)极力主张对殖民地人民的要求作出让步,而已接替格雷担任殖民大臣的帕金顿爵士(Sir John Pakington)政治上更为开明,他赞成格雷的观点与立场,但是认为应立即调整政策:"现在,将自治政府的全部权利交给已如此富有和繁荣的人民,其必要性变得比以往任何时候都更加紧迫。"③为此,帕金顿宣布:英国政府将认真考虑任何关于关税机构的建议,土地收入将交由殖民地立法会议分配等。④ 帕金顿的继任者纽卡斯尔公爵(Duke of Newcastle)的态度甚至更加激进,认为没有人比殖民地立法委员会更有资格决定殖民地立法机构的形式⑤,殖民地责任制政府的建立不能再长期耽搁了。

---

① K.N. Bell & W. P. Morrell (eds.), *Selected Documents on British Colonial Policy*, Oxford, 1928, pp.137—140.
② J.Rose & A. Newton, E. Benians (eds.), *The Cambridge History of the British Empire*, Vol.Ⅶ, *Part Ⅰ: Australia*, 1933, p.281.
③ C. C. Eldridge, *Victorian Imperialism*, Humanities Press Inc., Atlantic Highlands, 1978, p.39.
④ J.Rose & A. Newton, E. Benians (eds.), *The Cambridge History of the British Empire*, Vol.Ⅶ, *Part Ⅰ: Australia*, 1933, p.284.
⑤ Ibid., p.285.

在他们的推动和澳大利亚人民斗争的压力下,英国议会于1852年12月接受新南威尔士人民的请愿要求,作出最根本的让步,将一直掌握在英国政府手中的殖民地公共土地支配权和高级官吏委任权,授予澳大利亚各殖民地政府。紧接着,又指示各殖民地制定宪法。

从1853年起,澳大利亚实现自治的步伐迅速加快,新南威尔士、维多利亚、南澳大利亚和塔斯马尼亚(Tasmania)陆续各自起草了宪法,并先后获得英国批准。根据宪法建立的英国式两院制议会,下院(Legislative Assembly)议员由选举产生,上院(Legislative Council)议员由总督提名或选举产生,但各殖民地的政府都对议会负责,总督不再是殖民地行政首脑,而只是英国政府的代表,除了防卫与外交,新建立起的责任制政府从此掌管了殖民地事务的全部权力。

在澳大利亚各殖民地实现自治的过程中,特别值得指出的是南澳大利亚,由于它从一开始就是韦克菲尔德系统殖民理论的试验地,并始终没有实行罪犯流放制,居民中有大量思想激进民主意识强烈的自由移民,对殖民地的政治发展起了强大推动作用,从而使南澳大利亚在议会民主进程中走在最前面。1856年南澳大利亚制定了一部在民主程度上超过英国本土的宪法,不仅上下两院议员都由选举产生,而且规定了成年男子的普选权(下院)和无记名投票制,以及下院的三年改选期,成为其他殖民地仿效的榜样。

1859年脱离新南威尔士的昆士兰(Queensland),于当年完成了制定宪法、成立两院式议会和责任制政府的任务;西澳大利亚在1868年废除流放制后,也逐渐实现了政治自治。澳大利亚各殖民地人民最终摆脱了英国的控制,赢得了内政管理的自由。

新西兰是韦克菲尔德等殖民地改革家实践"系统殖民"理论的地方,按照格雷只有政治上成熟的殖民地才有资格建立责任制政府的观念,作为30年代末才通过移民公司的努力逐渐发展起来的新殖民地,新西兰的社会与经济发展要比澳大利亚缓慢得多,但也和澳大利亚一样在50年代建立了责任制政府,这是因为,"殖民地人已经拒绝了托利党的帝国观念,宗主国也已经拒绝了传统的重商主义观念,因此,母国政府愿意在财政上和政治自治上作出让步"①。

除了卷入与土著毛利人的长期战争,新西兰实现自治的道路要比澳大利亚平缓、顺利。1840年新西兰被划归新南威尔士,1841年与其脱离成为独立的王家殖民地。1852年英国议会通过《新西兰宪法法案》(New Zealand Constitution Act),授权较大的移民点奥克兰(Auckland)、新普利茅斯(New Plymouth)、威灵顿(Wellington)、纳尔逊(Nelson)、坎特伯雷(Canterbury)、奥他古(Otago)建立省级立法机构,同时将征税权授予联邦立法机构。1856年新西兰人有了选举产生的议会和第一届责任内阁。1862年新西兰得到处理毛利人事务和出售公有土地的权利,殖民地的地方自治终于打上了一个完满的句号。

从《达勒姆报告》的提出,到责任制政府在加拿大建立,再到澳大利亚、新西兰以及开普殖民地(Cape Colony)实现地方自治,只经过了短短十几年。和最初的强烈反应相比,英国政治家们的立场发生了根本性变化,开始确信只有给殖民地自治的权利,才能将殖民地保留在帝国之内。

---

① Arthur R. M Lower, *A History of Canada: Colony to Nation*, McClelland and Stewart Limited, 1977, p. 264.

1846年,在皮尔内阁担任过殖民大臣的格拉斯顿说:"现在我承认,任命的殖民地议会和独立的行政机构并不是帝国权威的防护物,而是混乱、衰弱、分裂和不忠诚的源泉。"①"如果你想要看到英国的法律在殖民地被认真遵守,英国的制度被殖民地采纳与热爱,就决不要给自己背上令人憎恶的武力与强迫的恶名。(我们只能)在自由原则的基础上统治它们,保卫它们以反对外部的侵略,制定它们的对外关系。"②

　　1853年,殖民大臣纽卡斯尔公爵在授予开普殖民地自治宪法时表示:"要促进(殖民地)的安全与繁荣,不仅是对那些具有英国血统的殖民地人,还包括所有女王陛下的臣民。"③

　　显然,到19世纪50年代,自治原则已经迅速取代旧的帝国观,成为被普遍接受的新的帝国政策。

四、从责任制政府到自治领

　　自由主义的政治理念在19世纪中期取得胜利的同时,也得到了极广泛的传播。当1839年达勒姆伯爵提出给予殖民地管理内部事务的权利,将责任制政府作为解决殖民地各种矛盾的途径时,英国统治阶级集团决策圈中几乎没有人能够认同并接受它,即使最具有自由主义思想的人,也认为其无异于让殖民地与帝国相脱离而拒绝

---

① Gordon Greenwood, *Australia : A Social and Political History*, London, 1977, p.54.
② C. H. Currey, *British Colonial Policy 1783—1915*, Oxford, 1924, p.161.
③ J. Rose, A. Newton & E. Benians (eds.), *The Cambridge History of the British Empire*, Vol.Ⅱ, 1940, p.684.

予以考虑。

然而,曾几何时,仅仅在一代人的时间里,殖民地自治权已经得到普遍认可,责任制政府也在各主要殖民地建立。自由主义不再只是一种标新立异的理论,它已成为英国的主流意识形态,成为在英国日益扩展壮大的社会实践,政治自由和经济自由的原则,即所谓"自由放任"(Laissez-faire),也不再只是少数自由主义政治家的主张,而是成为整个英国统治阶级认同的信条。

为了赢得选民的支持和政治上的有利位置,也为了适应无法控制的形势,19世纪中期的托利党和辉格党甚至竞相高举自由主义的旗帜,1867年,保守党第二号人物迪斯雷利在解释保守党政府为什么决定采用"议会改革法案"时,说过一句颇具政治智慧的话:"要在辉格党人洗澡的时候赶上去,穿上他们的衣服走开。"[1]

自由主义在殖民地问题上的进展甚至比在国内政治中更为突出。

这是因为,在帝国与殖民地的关系中,英国人从来是把自身利益放在首位的。在几百年重商主义传统的熏陶下,英国人习惯于以一种居高临下的眼光,"把殖民地看作市场、消费者、空旷的土地,或者至多是有英国的海权控制着的战略区域"[2],在英国实际上没有人对殖民地抱有普通的殖民者对母国所抱的那种感情。如果说维持帝国的统一曾经是必须坚守的传统,那么一旦坚冰被打破,不列颠民族特有的务实精神便充分地表现出来,承认"殖民地人是他们自身利益最好的评判者",承认殖民地人民拥有自治的权利很快成

---

[1] 转引自霍布斯鲍姆《资本的年代》,第 90 页。
[2] Arthur K. M. Lower, *A History of Canada : Colony to Nation*, McClelland and Stewart Limited, 1977, p. 264.

为新的传统。

1861年,约翰·密尔在他的《代议制政府》中,对重大调整之后的英帝国与殖民地关系现状作了堪称权威的阐述:

> 大不列颠目前在理论上公然宣布并在实践上忠实遵守的政策的一项确定的原则是,它的属于欧洲种族的殖民地和母国同等地享有最充分的内部自治。这些殖民地被允许对我们所给予它们的已经是很得人心的宪法作任何它们认为适当的修改,借以制定它们自己的自由的代议制宪法。每个殖民地有按照高度民主原则组成的它们自己的立法机关和行政机关进行统治。英国国王和议会的否决权,尽管名义上保留,实际上仅仅对关系到帝国而不唯独关系到该殖民地的问题才行使(而且很少行使)。①

约翰·密尔(John Mill 1806—1873)是詹姆斯·密尔之子,19世纪中期英国影响最大的自由主义思想家,边沁功利主义学派的继承者和领袖。菲尔德豪斯认为他"天生是个功利主义者和激进派,其大部分著作都是试图综合、宣传哲学激进派和自由主义者的基本宗旨"②。

约翰·密尔极力倡导公民自由和社会自由,认为个人自由越多越好,而政府干预越少越好,个人自由和个性发展不仅是个人幸福所系,而且是社会进步、人类福祉的主要因素之一。③

《代议制政府》被公认为是关于议会民主制度的经典性著作,约

---

① 约翰·密尔:《代议制政府》,第244页。
② D. K. Fieldhouse, *The Theory of Capitalist Imperialism*, Longman, 1967, p.30.
③ 约翰·密尔:《论自由》,许宝骙译,商务印书馆1986年版,第60页。

翰·密尔对帝国与殖民地问题的阐述,集中在该书"自由国家对附属国的统治"一章中,通观全篇,人们不难感受到作者对自由与自治原则下新帝国关系的肯定与赞赏。

按照约翰·密尔的观点,国内的政治和社会自由与殖民地的自由是统一而不可分割的整体,因此,给予"属于它自己血统和语言的远离的人民"以英国式代议制度,才是"完全实现了政府的真正原则"。①

亚当·斯密在为资本主义社会的经济自由大声疾呼时,虽然意识到英国不会自动放弃对殖民地的一切统治权,认为"即使最爱作非非之想的人,也不会认真希望这种建议能被人采纳",但对未来英国与殖民地的关系还是小心翼翼地表示了一种美好的愿望,希望能出现古希腊母邦与其殖民地那样的一方有"父母之爱",另一方有"孝敬之心"的理想境界,认为如果"殖民地和母国,就像好朋友(般)的分离,那么几乎为近来的不和所消灭的殖民地对母国的自然感情,就会很快地恢复。他们不仅会长此尊重和我们分离时所订定的商约,而且将在战争上,贸易上赞助我们,不再作骚扰捣乱的人民,却将成为我们最忠实、最亲切、最宽宏的同盟"②。

应当说,亚当·斯密所表达的愿望在各殖民地建立了责任制政府,地方自治的原则得到确认之后基本上得以实现,但却大大打了折扣,这不仅表现在贸易上分离后的殖民地并没有如他所设想的那样"赞助"母国,也表现在他所追求的英国与殖民地之间的"自然感情"上。

---

① 约翰·密尔:《代议制政府》,第 243 页。
② 亚当·斯密:《国民财富的性质和原因的研究》(下),第 187 页。

英国的确是和平地与殖民地实现了分离,让殖民地自己管理内部的全部事务,但分离后彼此的关系却发生了意想不到的变化,一种既有向心也有离心的变化。务实的英国人似乎有些矫枉过正,在解除对殖民地事务控制权之后,无论是英国统治阶层,还是报刊舆论,出现了将殖民地看作对母国毫无用处的包袱这样一种情绪与心态。

而殖民地人似乎很满足已获得的自由,并没有如一些人所预言的那样,进一步走向完全独立,相反却比从前任何时候都表现出对母国的依赖,他们不仅希望能继续享受母国提供的关税优惠,更希望始终由母国承担殖民地的防卫及开支,乐得将外交和防务交给英国来处理。

这种与殖民政策改革之前正好相反的变化,伴随着北美各自治殖民地走向加拿大自治领的全部历史过程,英国人和殖民地人的帝国观念同时处在一种难以避免的磨合之中。

对于19世纪40年代—50年代英国将自治权利授予各殖民地的历史过程,《剑桥英帝国史》的作者认为,这是英国所作的一种慷慨行为:"从来没有看到过如此迅速、慷慨的权力转移。"[1]

事实上,尽管当时的英国政治家们都认识到,让移民殖民地获得自由既是大势所趋,又可以使英国从对殖民地的责任中解放出来,是一种最符合英国利益的"双重解放"[2]。但毕竟这是对多少年来固有的帝国关系的彻底颠覆,因此,完全放弃对移民殖民地的控

---

[1] J. Rose, A. Newton, E. Benians (eds.), *The Cambridge History of the British Empire*, Vol. II, 1940, p.683.
[2] Donald C. C. Gordon, *The Moment of Power—British Imperial Epoch*, New Jersey, 1970, p.54.

制,在许多英国人心中所产生的反应是复杂而微妙的。

另一方面,随着旧殖民制度的消失,人们不可避免地会问,在自由贸易的时代,既然能与其他国家以更好的条件进行贸易,维持殖民地的目的是什么?帝国的价值又在哪里?整个19世纪中期,英国人常感到近乎不知所措的困惑。

1851年4月的《爱丁堡评论》,对自由贸易时代殖民地的价值发出了诘问:

> 在过去,殖民地是我们主要的和最可靠的商业渠道,而商业是我们的生命线,我们强迫他们只与我们贸易,只购买我们供应给他们的东西,只卖给我们殖民地土地上的所有出产。我们的殖民地是不能摆脱我们的顾客,是只能向我们出售商品的零售商。……而现在这个我们为之建立、统治、保卫、珍视殖民地的目标已经放弃,那么为什么我们还继续承担维持殖民地的代价呢?①

当建立责任制政府不久的加拿大人开始行使关税自主权,向母国的机器工业产品征收高额关税时,英国人对殖民地人的不满达到了顶点。

英国统治阶级集团之所以授予加拿大等殖民地责任制政府,最根本的考虑就是避免殖民地出现更大的冲突,其次是减轻英国政府的责任及纳税人的负担,而现在殖民地竟对母国竖起了关税壁垒,丝毫不顾及长期在英国市场享受优惠关税的事实,这使许多支持自由贸易的英国政治家们难以接受。

---

① C. C. Eldridge, *Victorian Imperialism*, Humanities Press Inc., 1978, p.31.

实际上,英国人在给予殖民地责任制政府时,并没有想到会出现这种令人恼怒和尴尬的局面。格雷曾在 1846 年说:英国政府并不打算放弃"始终拥有的制定殖民地与母国贸易规则的权力和权威,(因为)它最导向帝国的福祉与繁荣"①。在《达勒姆报告》中,决定殖民地政府形式、对外关系、殖民地与母国、其他殖民地及外国的贸易政策、公共土地处理等权力,都是属于帝国政府的。

英国的大臣们一向认为,由母国立法机构来规定殖民地贸易是帝国的一个伟大原则,帝国对殖民地贸易政策的控制权无可怀疑,殖民地建立了责任制政府并不意味着同时也获得了决定贸易政策的自由,因此不放弃这一权利可以说是当时英国政府的底线。然而,在逻辑与理论上,责任制政府的建立必然会影响并最终结束英国对殖民地贸易政策的控制,这是不以英国人的意志为转移的。

加拿大人曾经十分安然地享受帝国的优惠关税。按照加拿大历史学家格莱兹布鲁克的观点:"甚至到了比较发达的时期,英属北美各省仍然集中生产主要出口物品,仍然对旧帝国的好处缅怀不已。在 19 世纪上半叶,各省都认为,重商主义就意味着最惠国待遇。木材和小麦可以按照最有利的税率输入英伦诸岛,这抵销了《航海条例》的种种限制和帝国对殖民地关税的控制而有余。"②

英国通过一系列自由贸易法案之后,殖民地不再享受优惠关税,这使对母国市场严重依赖的北美殖民地经济遭受沉重打击,殖民地人愤怒而恐慌,感到英国明显宁愿偏向那些已背弃并恶待它的孩子,而不是依然保持忠诚的儿女,许多效忠英国的托利党人甚至

---

① C. C. Eldridge, *Victorian Imperialism*, Humanities Press Inc., 1978, p.42.
② 格莱兹布鲁克:《加拿大简史》,第 171 页。

公开宣布要同美国合并。额尔金总督对加拿大人的强烈不满深有体验:"我相信,当前在商业阶级中间,与美国合并将会过得更好这个信念,几乎是普遍的。"①

但是危机总要过去,困境带来了挑战也带来了生机。加拿大人对英国废除《谷物法》和终止殖民地优惠关税的反击,首先是解除自己对母国产品的优惠义务,1846年加拿大议会决定不再给予英国机器制造品5％到7％的关税优惠。接着是转向美国寻找新市场,通过承认美国在英属北美渔场的捕鱼权和圣劳伦斯河航行权的让步,加拿大从"1854年互惠条约"中得到了最大的实惠。

此时正值美国向西部迅速扩张时期,对谷物特别是加拿大木材的需求日益增大。美国广阔的市场刺激了北美各殖民地经济的迅猛发展,条约签订后,加拿大省一半的贸易,沿海各省2/3的贸易都转向了美国,1850年各殖民地与美国的贸易总额为1 460万美元,1854年当年就增加到3 280万美元,十年后更增加到5 610万美元。②

为了保护殖民地的机器制造业,1859年加拿大宣布对自己能够生产的机器制成品征收高额进口关税,这实际上就是要阻止"世界工厂"英国机器制成品的进入,这使英国制造业阶级极为不满。

除了利益上的损失外,英国人还不愿接受自由贸易原则被殖民地拒绝这样一个事实。他们一直相信取得自治权的殖民地理所当然地会和英国一样实行自由贸易,1846年英国议会之所以同意加拿大停止给英国优惠关税,即是出于这一考虑,而现在殖民地却出人意料地走向了保护关税。

---

① C. H. Currey, *British Colonial Policy 1783—1915*, Oxford, 1924, p.103.
② 宋家珩:《枫叶国度——加拿大的过去与现在》,第116页。

因此，时任殖民大臣的纽卡斯尔公爵以否定了自由贸易原则为由提出强烈抗议，但加拿大财政部长高尔特爵士（Sir Galt）的态度十分强硬，认为帝国无权对自治政府的关税进行干预："如果帝国政府的意见要优先于加拿大人民的意见，那么自治政府就将被完全消灭而不再存在。"[1]最后，纽卡斯尔公爵不得不遗憾地作出让步，承认殖民地的自治原则必须超越自由贸易的信条。

这次冲突后，虽然英国未正式承认殖民地对贸易政策的控制，但实际上英国政府已不可能在违背殖民地人民意愿情况下强迫实施它的贸易政策。纽卡斯尔公爵1864年在议会发言说："不能劝告女王陛下对这样的法案不予批准，除非她的顾问们准备去承担管理殖民地事务而不顾殖民地居民意见的责任。"[2]

在1861年出版的《代议制政府》中，约翰·密尔已将贸易政策决定权和自由处置公共土地权，作为殖民地自治的特征："每个殖民地因此对它本身的事务具有甚至作为最松散的联邦成员所能具有的充分的权利；并且比在美国宪法下享有的权利充分得多，它们甚至可以自由地对从母国进口的商品随意抽税。"[3]

责任制政府的建立，广阔新市场的获得，使北美各殖民地经济在50年代进入了蓬勃发展的"商业革命"时期；关税自主权的掌握，使殖民地实际上获得了与英国平起平坐的机会；各省经济特别是铁路建设的飞速发展，促进了省际贸易，为统一市场的形成创造了条

---

[1] Harold Temperley, *The Victorian Age in Politcs, War and Diplomacy*, Cambridge, 1928, p.17.

[2] J. Rose, A. Newton, E. Benians (eds.), *The Cambridge History of the British Empire*, Vol. II, 1940, p.686.

[3] 约翰·密尔：《代议制政府》，第244页。

件与需求；60年代美国与英国关系的紧张，加强了殖民地人民对美国领土扩张野心的担忧与焦虑，唤醒了他们团结与联合的愿望。所有这些内部条件和外部压力结合在一起，不断推动着北美殖民地向民族国家的方向迈进，推动着加拿大民族的融合。

然而，北美殖民地人民实现大联合的道路并不平坦。

达勒姆曾经将上加拿大人纷争不已的原因，主要归咎于地域广阔人口高度分散造成的缺乏交流，认为应当有一个将殖民地各个分离部分联系起来、让人们在情感和行动上习惯于遵从的大中心，殖民地不同部分的居民应当有惯常的相互交往，"这种交往能使人民实现统一、团结，否则的话，殖民地就会有许多小的地方中心，各个中心就会有自己独特的、也许相互抵触的情感和利益"[1]。

达勒姆的这一观点显然极有眼光，但在经济与社会发展都还远未成熟的情况下，要形成这样一个能使不同部分凝聚起来的中心并不容易，而整个北美殖民地要走向联合就更加艰难。因此我们在加拿大从殖民地到自治领的历史进程中，既看到了经济的大力发展和利益的逐步趋同，又看到了各殖民地内部和殖民地之间长期的矛盾与冲突。

其中，法裔加拿大人和英裔加拿大人之间种族、文化、宗教以及法律、教育、习俗上的分歧与冲突，不仅没有得到弥合反而愈演愈烈。由于1840年合并法案规定上下加拿大在联合省议会中拥有同等席位，形成了两个地区的各自为政，众多的政治派别与集团，复杂的地区间、民族间矛盾，使联合后的加拿大长期陷于政治危机之中。

也许是对冲突和危机带来的痛苦体会更加深刻的缘故，在走向

---

[1] George W. Brown, *Canada In the Making*, Greenwood Press, 1953, pp.91—92.

联合的过程中,恰恰是加拿大人起到了积极的领跑作用,他们先在1864年7月实现"大联盟",接着致力于建立北美联邦。在各殖民地政治家们的共同努力下,联合的力量最终占了上风,经过1864年9月夏洛特城会议(Charlottetown Conference)、10月魁北克会议(Quebec Conference),终于达成了决定英属北美殖民地未来命运的《魁北克决议》。

《魁北克决议》全文长达72项条款,决议在第一条中庄严宣布:"英属北美的最佳利益,以及现在和将来的繁荣,将由在大不列颠王室下一个联合的联盟(Federal Union)所促进,如果这一联盟按照公正的原则能够在各省实现。"[1]

最后,又经过1866年12月伦敦会议,至1867年初,《英属北美法案》(British North America Act,1867)在英国议会两院顺利通过,魁北克(原东加拿大)、安大略(Ontario原西加拿大)、新斯科舍、新不伦瑞克四省从1867年7月起,正式组成"加拿大自治领"(the Dominion of Canada)。

为了确立帝国与自治殖民地之间的关系以及未来自治领的宪法地位,英国议会已与1865年制定了"殖民地法律有效法令"(Colonial Laws Validity Act 1865),该法令承认殖民地自治政府有权制定殖民地的宪法和法律(但不能与帝国法律相冲突)。

英属北美各省在经历了长期的斗争与磨合之后,终于基本结束殖民地的历史,取得了半独立国家的地位。

与19世纪30年代—40年代殖民地争取责任制政府时英国的

---

[1] A. B. Keith, *Selected Speeches and Documents on British Colonial Policy*, Vol. I, Oxford, 1933, p.245.

被动、不情愿态度相反,60年代殖民地人建立自治联邦的努力立即得到了英国的大力支持。当魁北克会议通过的联合法案在各省的审议批准遇到阻力时,英国政府甚至要求新斯科舍、新不伦瑞克的总督施加影响促进联合。针对新不伦瑞克省对魁北克法案的批评立场,1865年5月,《泰晤士报》评论道:"在目前情况下,即使一个不完全的联邦,也比什么都没有好得多。"[1]

英国之所以采取如此积极主动的政策,减轻自身财政负担与遏制美国领土扩张是最基本的考虑。

英国人对殖民地防务开支的不满由来已久,随着各殖民地责任制政府的建立,这种不满在各社会阶层得到普遍支持与加强。从60年代初开始,格拉斯顿就在各种场合多次表示:殖民地应当支付自己的防卫费用,因为"你不能把自由的好处与自由的义务相分离"[2]。"如果一个社会不负责它自身防卫的常规事务,它就不是、也不可能是一个真正自由的社会。自由的权利和自由的责任绝对是联在一起的,承担责任和享受特权同样必要。"[3]"我不认为,不担负大部分自我防卫责任的政府是完全的、真正的自治政府。"[4]

1861年,议会成立特别委员会研究殖民地军事开支问题,委员会提出的一些原则性建议,成为整个60年代英国关于殖民地防务问题的指导方针,它们包括:(1)英国军队将逐步从殖民地撤出,集中保卫帝国的心脏;(2)遥远的属地将由帝国海军保卫,另外尽可能依

---

[1] Gordon Martel, *Studies in British Imperial History*, Macmillan, 1986, p.85.
[2] J. Rose, A. Newton, E. Benians (eds.), *The Cambridge History of the British Empire*, Vol. II, p.692.
[3] C. H. Currey, *British Colonial Policy 1783—1915*, Oxford, 1924, p.152.
[4] Harold Temperley, *The Victorian Age in Politics, War and Diplomacy*, Cambridge, 1928, p.42.

靠当地的努力；(3) 为帝国目标而维持的属地,防卫开支由英国承担,其他殖民地则由它们自己支付。

委员会指出,根据历史传统,英国在17和18世纪从未担当过殖民地的地方防卫,英国独自承担了保卫帝国交通线、保护殖民地和英国自身不受外部侵略的责任,并不要求殖民地担负任何保卫帝国的开支,也不期望他们在一场欧洲战争中援助英国,因此殖民地理应负责地方防卫的支出。①

1862年,英国下院一致决议:"行使自治政府权利的殖民地,应当承担起主要的责任,既提供它们自己内部的秩序和安全,也应当援助殖民地的外部防卫。"②

1846年,英国花在殖民地防卫上的开支高达400万英镑,因此各阶层人士对殖民地防卫的巨大花费抱怨不断。英国人普遍认为,从商业观点来看,这项支出对大不列颠是一笔坏交易。按照传统说法,殖民地为母国的机器制成品提供了市场,为母国的工厂提供了原材料,因此值得去保卫。但是美国独立后英美间商业贸易日益繁荣的事实,证实了亚当·斯密当年的预言:独立了的殖民地要比附属的殖民地更有价值。1844年英国对美国的出口达到800万英镑,等于同期英国向所有殖民地出口的总额,英国在殖民地付出了每年400万英镑的代价,而英国驻美国的领事馆每年开支只需1.5万英镑,巨大反差所显示的含义不言而喻。

一些最激进的自由贸易论者认为,由于这笔巨大的开支,殖民地事实上正在剥削母国。1848年曼彻斯特学派领袖科布登说:"这

---

① J. Rose, A. Newton, E. Benians (eds.), *The Cambridge History of the British Empire*, Vol. II, pp. 692—693.
② C. H. Currey, *British Colonial Policy 1783—1915*, Oxford, 1924, p.156.

些殖民地居民生活得要比英格兰人民中的大部分好,他们生活中的舒适要比英国的纳税人多得多。"① 1850年,斯宾塞从学理上论证了花在殖民地上的开支是不正当的,是保护移居国外者而牺牲了母国人民的利益。②

在当时的各种牢骚不满中,迪斯雷利的"磨石"说最为人们所熟知。1852年,针对新斯科舍省与美国发生的大西洋沿岸捕鱼权争端,迪斯雷利抱怨道:"这些讨厌的、将在几年之后全部独立的殖民地,就像是围在我们脖子上的一块磨石。"③

怎样才能缓解帝国的财政负担? 曼彻斯特学派曾经主张放弃帝国,让殖民地像"成熟的桃子"一样与母国"自愿分离"。但包括许多政治家在内的大多数人认为,削减用于殖民地的防务开支,让殖民地自我防卫是个有效的途径。1863年,曼彻斯特学派的重要成员戈尔德温·史密斯(Goldwin Smith 1823—1910)在《帝国》一书中写道:"为什么这些自由的社区不能支付他们全部的军事费用? 他们已经得到了自治政府的全部权力,为什么不承担全部自我防卫的责任?"④ 1850年,"殖民地改革协会"在英国建立,其主要宗旨就是"将母国从殖民地地方政府的全部花费中解放出来,除了在外国对帝国的战争中保卫殖民地免受侵略的开支"⑤。

整个19世纪中期,尽管存在着批评与反驳,殖民地应当自我防卫的观点不断成长壮大,到60年代加拿大人争取建立自治联邦时,

---

① Klaus E. Knorr, *British Colonial Theories 1570—1850*, University of Toronto Press, 1963, p.352.
② 赫伯特·斯宾塞:《社会静力学》,第180—181页。
③ T. O. Lloyd, *The British Empire 1558—1983*, Oxford, 1984, p.169.
④ Klaus E. Knor, *British Colonial Theories 1570—1850*, Toronto, 1963, p.354.
⑤ Ibid.

这一思想已经成为社会舆论的主流，为两党的政治家所接受，可以说，在19世纪70年代以前，无论自由党还是保守党，都不愿将大量金钱花费在保卫海外殖民地的军队上。由于英美之间关系的紧张，美国内战期间，英国在北美的防务负担明显加重，引起国内普遍不满，摆脱防卫殖民地的责任遂成为一个政治因素。因此，自由党的帕默斯顿内阁（1859—1866）与保守党的德比内阁（1866—1868），对北美殖民地的联合运动一致采取了积极支持、鼓励推进的政策，希望联合后的联邦政府能够承担起保卫自己的责任，从而减轻英国的财政负担。

抵御遏制美国的领土兼并是英国积极促成殖民地联合的另一个重要目的。与美国的关系始终是英国统治阶级集团外交政策的重点，1812—1814年战争之后，两国曾经有一段相对和谐的时期，但随着美国社会经济的迅猛发展，和令人瞩目的西进运动，美国领土扩张对英国的压力也越来越大。从30年代起英国政界和社会舆论中，对英属北美各省可能被美国兼并的忧虑越来越强烈，包括达勒姆、罗素在内的许多政治家，不断呼吁英属北美殖民地的联合以抑制美国的扩张。事实上达勒姆在他的报告中已经提出了这一思想：

> 如果我们希望防止（美国）影响的扩大，只有通过培育北美殖民地人民自己的某种民族性，通过将那些小的不重要的社区提升为一个具有某些民族重要目标的社会，通过给它们的居民一个国家。这样他们就会不愿被一个更强大的（国家）所吸收同化。[①]

[①] George Woodcock, *Who Killed the British Empire? An Inquest*, Jonathan Cape, 1974, p.186.

十年以后,1849年10月的《泰晤士报》表达了英国社会普遍存在的那种对美国兼并威胁的恐惧:

> 通过巩固这三个英属北美省份去发明这样一个政府——不管它是王家的、帝国的还是共和的——难道是不可能的吗?它将在我们和离我们最近但也是最可怕的对手之间,竖起一座巨大的防浪堤。①

在总体上,英国人抱着一种复杂的矛盾心理看待与美国的关系:既担心美国的扩张损害自己的利益,又害怕卷入直接冲突以致发生战争。迪斯雷利在1852年的德比短期内阁中任财政大臣,他之所以将殖民地比作"磨石",除了把英国不得不防卫北美殖民地当作沉重负担外,还把这种纠纷看作对英美和平关系的一个威胁,实际上正是这种矛盾心理的反映。

1846年英美《俄勒冈条约》(Oregon Treaty,1846),也同样是英国人矛盾心理的产物。根据1818年协定,英属北美与美国之间的边界沿着北纬49度线向西部延伸,俄勒冈地区归两国共有。到40年代美国移民进入该地区,与英国的哈德逊湾公司发生冲突,美国人宣布"或者是54度50分,或者是战争"!但双方并未打起来:英国担心战争会使加拿大遭受危险,美国人也正忙于美墨战争,于是便有了妥协的《俄勒冈条约》,该条约将北纬49度线一直延伸到太平洋作为两国在北美大陆边界线,俄勒冈被一分为二,温哥华岛保留给了英国。

进入19世纪50年代后,双方在北美远西部的争夺又起。英国

---

① Gordon Martel (ed.) *Studies in British Imperial History*, Macmillan, 1986, p.75.

的加拿大、新斯科舍以及沿海几个殖民地，都集中在东部地区，广袤的西部未开发区域属于英国主要经营毛皮贸易的哈得逊湾公司，随着 50 年代在西部发现了金矿，美国移民大批涌入，直接威胁到英国的控制权，英国人对美国的警觉与敌意再次升起。

格拉斯顿的朋友约翰·戈德利（J. Godley 1814—1861），是个对帝国和殖民地充满热情的人，1854 年，正值英国陷于克里米亚战争之时，他在一封信中写道："那个政治家一定是个瞎子，看不到给文明世界的未来蒙上阴影的最大危险，在于美国的巨大力量与发展，在于它与其极丰富的物质资源相结合的无限能量和过度野心。对于英格兰来说，在这个过分自负的家伙自己的大陆上，竖起不列颠北美这样一个敌手，要比抑制俄国的势力有价值和重要得多。……另一方面，如果英属北美各省依然各自为政，那么他们必定会被那个庞然大物似的共和国一个接一个地吃掉。"①

为了遏制美国的扩张势力和吞并野心，英国先是于 1858 年在西部以温哥华为基础建立了不列颠哥伦比亚殖民地（British Columbia），又鼓励加拿大向西部拓展，让哈德逊湾公司将西部土地转让给加拿大。但美国扩张的威胁始终没有解除，因为西部土地面积太大，新建立的皇家殖民地距离东部殖民地太遥远。

美国内战爆发后，边境的局势骤然紧张，由于英国的亲南方立场，双方关系明显恶化，一系列突发性事件又使关系更趋于紧张：1861 年的"特伦特号事件"（The Trent Crisis）②、1864 年在加拿大避

---

① Gordon Martel (ed.), *Studies in British Imperial History*, Macmillan, 1986, p.76.
② 美国南方使者乘英国邮船"特伦特号"赴英，在欧洲水域遭美国联邦军舰拦截并被抓走，帕默斯顿认为这破坏了国际法，要求美国道歉并准备派遣援军到加拿大。

难的美国南方人越过边界向美国领土发动袭击、1865 年美国声明终止 1854 年"互惠条约"、1866 年美国芬尼亚党人越过边界进攻加拿大、1866 年美国国会有人提出批准英属北美加入美国的议案。

所有这些事件汇成一股巨大的压力,使保卫英属北美领土、阻止美国在东部的入侵和在西部的蚕食成为当务之急。

英国政治家们和殖民地人民同样意识到,只有各殖民地组成强大的联邦,才有可能对西部实行有效统治,遏制住美国的领土扩张。因此,英国对北美各殖民地的联合运动表现出特别的热心,甚至原先不赞成立即联合的殖民地官员,例如新斯科舍总督诺曼底侯爵(2nd Marquess Normandy 1819—1890),进入 60 年代后也开始转变立场,1865 年他在信中写道:"现在美国已经从一个纯粹的商业国,变成一个军事的、好战的、具有侵略性的国家。……我确信,英属北美获得安全的唯一办法就是各省的联盟、跨大陆铁路、强大的地方防御、英格兰的援助,以及对扬基佬的蔑视。"[1]

殖民大臣卡德韦尔子爵(Viscount Cardwell 1813—1885)在给沿海省总督的信中指出:英属北美各省彼此分离对于防卫是无能为力的,只有诸省将其人力、资源联合起来,才能为帝国防卫作好充分准备。[2]

在英国政府鼓励政策的引导下,自治领于 1867 年成立后,对西部的开发得到迅速加强:1869 年加拿大以 30 万英镑从哈得逊湾公司手中得到鲁珀特地区(Rupert Land)和西北地区(North West Territory)的所有权;1870 年原属鲁珀特地区的红河居民区建立马

---

[1] Gordon Martel, *Studies in British Imperial History*, Macmillan, 1986, p.85.
[2] 宋家珩:《枫叶国度——加拿大的过去与现在》,第 137 页。

尼托巴省并加入联邦;1871年不列颠哥伦比亚省加入联邦;1873年爱德华王子岛加入联邦。

加拿大从地处东部的小联邦迅速跨越北美大陆,完成了"从海洋到海洋"的扩张。英国也按照预期计划从北美撤出驻军,只保留了分别设在大西洋岸和太平洋岸的两个海军基地,实现了削减帝国防务开支、让殖民地人自我防卫的目的。

与此同时,建立联邦之后的加拿大,领土与统治权达到除阿拉斯加之外的半个北美大陆,实力迅速得到提升,这反而为美加之间良好关系的建立奠定了基础,来自美利坚合众国的威胁曾让英国人和北美殖民地人长期神经紧张,现在终于消失。

英帝国第一个自治领在1867年的出现,具有鲜明的象征意义。它标志着殖民地自治已无可辩驳地成为帝国的一个原则,成为19世纪自由英帝国的重要特征。责任制政府的建立和自治原则的推广,缓解了殖民地与英国之间的矛盾,减轻了英国的财政与防卫负担,加强了帝国的凝聚力,出人意料地取得了母国和殖民地"双赢"的结果。

在德比第三次保守党内阁(1866—1868)中任印度事务大臣的索尔兹伯里侯爵(3rd Marquess of Salisbury 1830—1903)不无感慨地说:过去,从开普到新西兰,从主教到酒店侍者,到处能听到反对唐宁街政策的愤怒声音,而现在都已了无踪影。[1]

索尔兹伯里的议论多少有些绝对,责任制政府与自治原则在当时适用的对象,只是少数由英国人或欧洲人组成的白人移民殖民

---

[1] J. Rose, A. Newton, E. Benians (eds.), *The Cambridge History of the British Empire*, Vol. II, 1940, p.684.

地,并不包括西印度群岛、印度等有色人种殖民地。按照英国政府的标准,这些殖民地"或是太小,或是太穷,或主要被非欧洲人居住,像直布罗陀要塞和罪犯殖民地一样,都不大可能具备建立责任制政府管理自己事务的资格"①。但他的话的确部分反映了责任制政府在移民殖民地普遍实现后,英国与殖民地关系明显改善的事实。

1883年,第一代英帝国史学家约翰·西利这样评价新的帝国关系:"当殖民地的利益与母国不同时,就像长大成人的儿女,英国采取的是古希腊式的制度——给予殖民地完全的独立,但用永久的联盟拴住它。"②

自由主义改造了英帝国,实现了从斯密、伯克到达勒姆、额尔金,从殖民地改革家到自由主义思想家、政治家几代英国人的理想与梦想。

五、殖民地的双重标准

英国对移民殖民地的政治改革,从根本上缓和了自帝国丢失美洲起就没有解决的矛盾,带来了母国与殖民地之间的新型关系。新的殖民政策在各殖民地渐进推行的过程,也是英国人的传统帝国观念与自由主义思想相互冲突的过程,新帝国观就在这种冲突中逐渐产生、发展、成熟起来,成为占主导地位的社会舆论,成为同时代英国政治家、思想家的基本共识。

---

① D.K. Fieldhouse, *The Colonial Empire: A Comparative Survey from the 18th Century*, Macmillan, 1982, p.258.
② J. R. Seeley, *The Expansion of England*, Roberts Brothers, Boston, 1883, p.69.

新帝国观的核心,就是允许殖民地建立代议制政府,鼓励殖民地人民自己照看自己,从而卸掉或减轻英国在旧殖民体系下对殖民地承担的传统责任:给殖民地的优惠关税、管理殖民地的行政费用、保卫殖民地的军事开支等等。但帝国仍然是一个统一整体,英国对殖民地负有不可推卸的防卫和外交上的责任。正如英国历史学家多萝茜·汤普逊所分析的:"不列颠继续去保卫贸易据点,继续派遣军队和总督去海外,但大部分政治家将帝国看作一种责任,而不是利润的来源。"①

新帝国观内涵的范围非常明确,它仅指主要由英国人移民垦殖开发起来的白人殖民地,而将帝国最大也最有价值的东方殖民地印度完全排除在外。考虑到新帝国观得以产生的思想基础是自由主义,而自由主义恰恰是在维多利亚时代取得全面胜利,成为19世纪英国政治、经济以及社会发展的鲜明特征,这其中隐含着的矛盾显而易见。

许多历史学家和研究者都指出了英国这一时期在国内政策与印度政策之间的相悖之处:英国人早已实现了自由贸易,但在印度却加强推行重商主义,英国人在国内正不断走向自由主义,但在印度却坚持专制统治。②

当代著名经济史学家尼尔·弗格森在其《帝国》一书中提到,一位知名的历史学家在英国广播公司的电视节目里曾发出这样的诘问:"一个自认为自由的民族何以奴役世界上如此广大的疆域……一个自由之国何以变成了一个奴役之国?"③

---

① Dorothy Thompson, *The British People 1763—1902*, London, 1981, p.169.
② A. J. Christopher, *The British Empire at its Zenith*, London, 1988, p.224.
③ 尼尔·弗格森:《帝国》,雨珂译,中信出版社2012年版,p. ix.

是什么东西阻碍着热爱自由的英国人在给予白人殖民地自治权利的同时，不愿将自由给予印度人民？显然，原因绝不仅仅只是印度尚未成熟到能够管理自身事务这一条。

从根本上说，这是因为英帝国拥有两种不同的海外殖民地，一种由移民垦殖形成，另一种由武力征服得来，人们对殖民地的看法也因此而大相径庭。

由英国人移民垦殖发展起来的殖民地，与英国有着强大的血缘、文化和宗教上的联系。因此，英国人从来都认为：在新大陆建立起来的殖民地是英帝国的海外儿女，而英国理所当然地是这些殖民地的"母国"。这种意识在英国政治家和普通民众的心中根深蒂固，不仅构成了整个旧帝国观念的基础，在相当长的历史时期内，也得到了殖民地人的心理认同。

关于这种观念的来源，英帝国史鼻祖约翰·西利曾归结于近代以来欧洲人对民族国家的认识，他指出："近代关于国家的概念，使人们认为移民海外并非是离开国家，而是和国家在一起，英国人所到之处就是英格兰，法国人所到之处就是法兰西。"①因此，殖民地人当然也就是海外的英国臣民。

的确，我们在西欧国家早期的海外殖民地中，可以随意地找到大量类似"新英格兰""新约克""新法兰西""新阿姆斯特丹""新奥尔良""新南威尔士"这样的地名，它们的存在有力地证实了西利的这一分析。

除了国家观念外，另一个因素往往为人们所忽视，这就是：英国人在海外移民的地方几乎全是"无主的空地"。说土地无主，当然不

---

① J. R. Seeley, *The Expansion of England*, Roberts Brothers, Boston, 1883, p.41.

是说北美印第安人、澳大利亚土著人以及新西兰的毛利人不在当地居住,而是说,在英国人眼里,他们不拥有土地。土地私有的观念在这些人那里是不存在的,因此土地没有主人。这一逻辑当然很是奇怪。

按照西利的观点,这是英格兰的"运气",因为英国"在地球上占有的部分是如此空旷,以至于为新移民提供了无限的生存空间"①。殖民地的好处在于为无土地的人们提供土地,为处于困境的人们提供财富,这种观点在英国人看来是最简单而普通的常识。为了可以廉价获得大量土地,为了摆脱饥饿和贫困,为了寻找比在英国本土更多的发展机会,英国人一代一代地漂洋过海,迁居殖民地。

与此同时,面对国内越来越大的人口特别是贫困人口的压力,英国的学者们和政治家们也都把目光指向殖民地,把向海外移民作为缓解这种压力的重要途径。可以说,在美洲和澳洲新大陆未开垦的空地上进行移民垦殖活动,是英帝国海外殖民的主要形式,也是英国与法国、西班牙、葡萄牙等国建立和经营海外殖民地的一个重要区别。

正因为如此,在美洲建立起来的是英国式的地方自治,移民们也从不怀疑自己是英国国王的臣民。当北美殖民地人民举起反抗旗帜时,喊出的口号是"无代表不纳税",提交的是给国王的请愿书。加拿大人和澳大利亚人为责任制政府而斗争时,要求的是地方自治的权利。而无论是不纳税的口号还是自治的要求,都包含着一个共同的逻辑前提,那就是:殖民地居民也是英国人,有权享有国内英国人已享有的民主和自由。

---

① J. R. Seeley, *The Expansion of England*, Roberts Brothers, Boston, 1883, p. 47.

英国人对于移民殖民地及其居民地位的看法，也基于同样的前提。例如，对于18世纪北美殖民地人民的反抗，所有同情他们的英国人几乎无一例外地认为自由是殖民地人的权利。直到100年后，约翰·西利爵士在回顾这一英帝国史上的重大事件时，仍然认为：英国的旧殖民制度实际上完全不是暴政式的，并不是英国不该对殖民地进行干涉或者干涉得太多，而是干涉的不正义，才招致殖民地人的不满与愤怒。①

在19世纪中期殖民地公共土地支配权问题上，英国政府曾经与殖民地人民长期对峙，殖民大臣格雷坚持认为："帝国政府和立法机构不应当将处理殖民地皇家土地的决定权交给（殖民地）地方当局，这份王室作为托管人拥有的地产是为了全体英国人民的利益，不管是居住在国内还是居住在殖民地，而不仅仅只是为了少数殖民地居民。照管这笔巨大的财产，是国王的仆人们和英国议会的职责。"②

约翰·密尔曾批评英国人对待加拿大人"像一个缺乏教养的兄长"，但对绝大多数英国人来说，英国与移民殖民地的关系更像父母与子女的关系：父母的权威曾经是绝对的、无可怀疑的，但随着儿女们走向成年，他们被给予越来越大的自由，直到他们离开父母的家，走自己的路。③

因此，英国人在面对殖民地人民的自治要求时，虽然并不情愿，如同父母面对独立要求日盛的孩子，但当发现反对已无济于事时，也就十分安然地作出让步，如同开明的父母意识到子女已长大成人。英国移民殖民地的政治改革，之所以没有遇到太强烈太持久的

---

① J. R. Seeley, *The Expansion of England*, Roberts Brothers, Boston, 1883, p.68.
② C. H. Currey, *British Colonial Policy 1783—1915*, Oxford, 1924, p.114.
③ Ibid., p.7.

阻挠，移民自治的原则之所以很快确立并成为新的帝国政策，这是其中一个重要原因。

对于帝国另一类由征服得来的殖民地，英国人的看法是完全不同的。在历史留存下来关于英国人对印度统治问题的论述中，最开明最激进的立场也不过是给印度人民一个好政府。这里我们不妨以约翰·密尔的立场作为例子。

约翰·密尔是19世纪英国自由主义的旗手，一生中始终为公民的个人自由、社会自由、政治自由以及移民殖民地的自由而大声疾呼。他积极促进议会改革，同情工人阶级的宪章运动，支持妇女的选举权，支持爱尔兰的土地改革，是国内政治和殖民地改革中的激进派。但是这样一个自由主义的著名思想家，却从不认为印度人民有权得到英国的移民殖民地已获得的政治自由。在《代议制政府》一书中，约翰·密尔将印度直接划为不具备实行代议制政府资格的英国属地：

> 自由国家，和所有其他国家一样，可以保有因征服或殖民而取得的属地属国；我们自己的属国就是近代史上这类事例中最主要的事例。……远离本国、地域较大、人口较多的领土被作为属国，它们或多或少须服从有主权的国家的主权行为而在其议会中却并无同等的代表权（如果有代表权的话），这种领土可以分为两类。有些是由具有和统治国家同样的文明的人民组成的，能够并具备条件实行代议制政府，如在美洲和澳洲的领地。另一类，像印度那样，则和那种状态仍相距甚远。……落后的人民直接隶属于较先进的人民或者处于后者的完全的政治支配之下已经是通常的情况，并将迅速成为普

遍的情况。①

约翰·密尔认为，专制统治有好的和野蛮的之分，好的专制统治是"自由的人民对野蛮的或半野蛮的（人民）的理想的统治"。而印度是一个半野蛮的国家，作为文明国家的英国应当对印度实行好的专制统治，以使其走向文明和进步：

> 在有些社会状态下强有力的专制政治本身就是在为使人民适于较高文明所特别欠缺的方面对他们加以训练的最好的统治方式。也有一些社会，单纯专制政治的确不具有任何有益的效果……这时进步的几乎唯一希望依赖于有一个好的专制君主。……在现时很少有什么问题比如何组织这种统治更为重要，俾使这种统治成为对从属人民的好的统治而不是坏的统治，提供给他们以可能达到的最好的政府和最有利于未来持久发展的条件。②

约翰·密尔特别强调并精心论证的，是怎样才能给印度这样的落后国家一个好的专制政府，而不是英国对这个通过征服得到的殖民地的统治权本身是否正义？在密尔那里，显然这个问题是不言而喻、无需证明的。

约翰·密尔对英国在印度统治权的看法，在一定程度上可能与其个人的经历有关。他曾经作为东印度公司的文职官员长期在伦敦总部供职，这种特殊的经历和身份，是同时代其他自由主义思想家所没有的。

在密尔的论述里，人们可以看到他的这一经历留下的痕迹。例

---

①② 约翰·密尔：《代议制政府》，第 242 页。

如他指出：虽然对被统治者负责是好政府的最大保证，但英国在印度的统治者对英国负责却是有益的，因为当政府的行为遭到非难时，英国的议会制度能保证公众了解争论中的问题，也能对直接统治者的行为作出有效限制。总之，英国人民履行他们对印度的责任，靠的不是直接统治那个国家，而是靠给它以好的统治者。他还显然不赞成英国政府取消东印度公司对印度统治权的做法①，认为废除这一中间统治手段是眼光短浅的行为，因为"一个自由国家试图通过它自己行政部门的一个分支统治一个遥远的、居住着不同人民的属国，几乎不可避免地要失败。唯一可能取得相当成功的方式就是通过一个经授权的比较有永久性的机关进行统治，只给可能变更的国家行政部门以视察权和否决权"②。

需要指出的是，约翰·密尔所谓"好的专制政府"的观点并没有什么新意，早在18世纪末那场著名的"黑斯廷斯审判案"（Warren Hastings trial）中③，英国人就已经表达了相似的立场，爱德蒙·伯克多次在演讲中激烈抨击"腐败的东印度公司"，其主要的伦理依据就是英国应当给印度一个好的政府。

历史已经前进了半个多世纪，自由主义不仅形成更加完备成熟的思想体系，而且早已走出学者和思想家的书斋，成为活生生的社会实践，但约翰·密尔关于帝国对附属国人民实施统治权的思想并没有超过伯克。这一事实本身，从另一个角度说明了英国人对附属

---

① 1857年印度爆发民族起义，次年东印度公司的统治权被正式终止，英国政府新设印度事务部管理印度。
② 约翰·密尔：《代议制政府》，第256页。
③ 沃伦·黑斯廷斯（1732—1818）为第一任英印总督（1773—1785），因在印度的统治政策于1786—1796被英国议会下院弹劾、审判，后被宣判无罪。

殖民地的基本看法。如果说不少英国人曾经对印度的历史与文化表现出真诚的尊重,那么19世纪中期以后它们已基本不复存在,取而代之的是对印度是个落后的半野蛮国家的认定,1857年印度民族起义又进一步加强了这一观念,而约翰·密尔的思想在大的方向上与这种观念是一致的。

维多利亚早期是英国人对帝国与殖民地问题空前关注的时代,但印度事务并不是人们关注的焦点,或者说在对印度的统治原则上,英国人并没有太大的分歧,至多是针对一些具体的统治手法或策略,例如1857年印度民族起义后英军对起义者的残酷镇压等等。

英国社会的注意力,大多集中在移民殖民地政治改革以及相关的殖民政策上,集中在对整个帝国的态度问题上。无论是议会讲坛还是报刊舆论,帝国事务引起人们越来越多的注意,从来没有看到过英国人对帝国和殖民地问题表现出这么高的关注,也从来没有出现过如此多的对帝国政策的激烈批评。

根据资料统计,1830—1840年间英国议会平均每年有40场关于殖民地问题的辩论,内容涉及奴隶制、西印度群岛、上下加拿大起义等。1840—1850年间,加拿大、澳大利亚、蔗糖关税以及殖民地移民问题成为新的社会舆论焦点,议会平均每年有30场针对相关问题的辩论,在汇辑出版的《议会议事录》(*Hansard*)中,殖民地问题的内容平均每辑占了8%。[①]

除了议会中的辩论发言外,同时期各种关于殖民地问题的论文、小册子以及著作的出版也十分活跃,许多同时代英国有影响的思想家、政治家、活动家通过出版物阐述了自己关于帝国和殖民地

[①] C.C. Eldridge, *Victorian Imperialism*, Humanities Press Inc., 1978, p.50.

的立场,不同政治力量和政治派别则利用各种方式孜孜不倦地追求着自己理想中的帝国。

很显然,这一时期是英国告别旧殖民制度、走向自由贸易的时期,也是自由主义信条在英国全面确立、自治原则在各移民殖民地胜利实现的时期,人们对帝国问题与殖民地事务的高度关注,既反映了帝国内部日渐突出的矛盾,也反映了英国殖民政策的重大变革,新的自由主义帝国观正是在这种关注与变革中间产生和发展起来的。

由于19世纪中期英国社会关于帝国和殖民地问题的讨论中,有太多对帝国及其政策的批评性评论,特别是出现了一种鼓吹殖民地与母国相分离,反对英国进行新的领土扩张的社会思潮,加上同时期移民殖民地陆续取得自治和英国从殖民地撤出驻军的现实,使许多帝国史的研究者们认为,和19世纪末好战的新帝国主义社会风气相比,19世纪中期是一个对帝国漠不关心的分离主义时代[1],是"不努力扩张的时代"[2],甚至是"反帝国主义"的时代[3],直到19世纪末期,面对新的世界局势,英国人才重新燃起对扩张帝国领土的热情,积极参与对非洲的瓜分。

这一结论在长时间内成为英帝国史学的传统观点,一大批有影响的著作使它广为传播,其中多卷本的帝国史权威著作《剑桥英帝国史》(从1920年代起陆续出版)就是传统观点的集中代表。

---

[1] C.C. Eldridge (ed), *British Imperialism in the Nineteenth Century*, Macmillan, 1984, p.6.
[2] T. D. Lloyd, *The British Empire 1558—1983*, Oxford University Press, 1984, p.138.
[3] Glyn Williams & John Ramsden, *Ruling Britannia: A Political History of Britain*, Longman, 1990, p.243.

然而，第二次世界大战以后，随着研究的深入，一些历史学家不再囿于权威结论，他们试图用"自由贸易的帝国主义"(The Imperialism of Free Trade)①这个新概念，来解读19世纪的英帝国。针对传统的"分离主义说"和"反帝国主义说"，他们提出了"非正式帝国"的概念，认为整个19世纪英国的对外扩张存在着明显的统一性与连贯性，19世纪中期的英国人并不比19世纪末的英国人更反对帝国。②

不同时代的研究者们对维多利亚早期的英帝国给出了不同甚至相反的定义，但争论并没有结束，"非正式帝国"的概念在战后几十年里得到了越来越多学者的认同，但对19世纪英帝国特别是维多利亚早期到中期的历史评价，至今也没有取得一致。这给后世研读帝国史的人们留下了疑问，也留下了想象的空间，1840—1870因而成为英帝国历史上最扑朔迷离的一个时期。

对19世纪中期英帝国的总体评价，直接牵涉到对自由主义帝国观的准确描述，牵涉到与之相关联的帝国政策的准确描述，因此是一个无法回避的问题。而要对19世纪中期英帝国作出评价，最根本的问题就是如何看待"小英格兰人"的帝国立场，弄清他们的立场对帝国政策到底在多大程度上产生了影响？

所谓"小英格兰人"(Little Englanders)，并不是一个具体的政治派别，它是人们对19世纪中期在帝国问题上持自由主义极端立场的一批人的总称。

---

① J. Gallagher & R. Robinson, *The Imperialism of Free Trade*, *Economic History Review*, August, 1953.
② Anil Seal (ed.), *The Decline, Revival and Fall of the British Empire*, Cambridge, 1982, pp.1—72.

"小英格兰人"以呼吁殖民地与英国彻底脱离,反对帝国领土扩张的观点而引人注目。他们在理论上秉承亚当·斯密以来英国古典政治经济学家的思想,认为殖民地就像是树上的果实,一旦成熟就会自然脱落。他们以获得独立的北美13个殖民地作为例子,指出"美洲经验的结果,显示了两个平等强国之间的自由贸易是一种更好的处理关系的方式,要比强迫一个殖民地与强大的母国贸易要好"[1]。认为独立后的美国与英国的贸易不断增长,而加拿大、澳大利亚、新西兰和南非殖民地不仅与英国的贸易额根本无法同美国相比,而且还要英国来承担它们的防卫,19世纪中期英国的军事预算中,每年用于保卫这些殖民地的开支就占了大约1/3[2],殖民地已成为英国不堪忍受的重负。因此应当尽可能快地授予其自治政府,让殖民地进行自我防卫。

"小英格兰人"都是坚定而狂热的自由贸易论者,他们真诚地相信自由贸易不仅会给英国带来世界市场,而且会导致国家间的和谐与世界和平,因为"各国间的自由贸易往来会产生相互了解,并以无数工商利益的纽带使本来隔离的各国人民团结起来。自由贸易意味着和平,其他国家一旦受到英国繁荣富强范例的教导,就会群起仿效,自由贸易就将成为全球性的"[3]。而取消了关税,解放了殖民地,也就根除了国家间发生战争的根源,从而消灭了战争本身。

"小英格兰人"的主体构成是"曼彻斯特学派"和一些自由党政治家。"曼彻斯特学派"又称自由贸易学派,是19世纪中期英国一个很

---

[1] Dorothy Thompson, *The British People 1760—1902*, London, 1981, p.170.
[2] J. S. Olson & R. Shadle (eds.), *Historical Dictionary of the British Empire*, Greenwood Press, 1996, p.676.
[3] 霍布豪斯:《自由主义》,第39页。

特别的政治派别,主要由曼彻斯特的工厂主、商人、金融家组成,其领袖人物有理查德·科布登(Richard Cobden 1804—1865)和约翰·布莱特(John Bright 1811—1889)等。他们两人被公认为维多利亚时代"自由贸易的勇士"[①]和"改革的斗士"[②],早年都曾经是成功的工厂主,属于典型的中等阶级。在政治上他们自始至终是自由主义激进派,积极支持议会改革,呼吁选举权的扩大和秘密投票等。1839年在曼彻斯特成立"全国反谷物法同盟",是他们从事全国性政治活动并赢得声誉的开始,两人也先后于1841年和1843年进入议会下院。

"曼彻斯特学派"这一称号来自迪斯雷利,1846年2月,他在议会下院发言中首次称那些自由贸易的积极倡导者为"曼彻斯特学派",从此这一称号就传播开来,成为科布登和布莱特及其追随者的代名词。

除了极力宣传鼓动废除《谷物法》实现自由贸易外,"曼彻斯特学派"还在国际问题和对外政策上采取一种与众不同的和平主义立场,主张国际仲裁、削减军备、欧洲和平。科布登发表的演讲和文章内容非常广泛,不仅涉及自由贸易、军备裁减、战争与干涉、和平与仲裁,还涵盖了国际海洋法、殖民主义与帝国政策、东方问题以及英国对外目标等,可以说集中阐述了那个时代最激进的自由主义思想。其基本的理论依据是:"自由贸易思想在全世界的扩展,将产生一种有益的道德影响,即鼓励经济的专门化和国家在经济上的相互依存,这样,国家之间的战争将不可想象,而贵族的欧洲军国主义政

[①] Sally Mitchell (ed.), *Victorian Britain—An Encyclopedia*, New York & London, 1988, p.179.
[②] Ibid., p.92.

权也就变得多余。"①

对于用武力保护与扩展贸易的政策,科布登认为:"不是用加农炮和刀剑,而是通过廉价的商品,才有希望捍卫我们的商业。"②布莱特则更尖锐地指出:军事征服和殖民扩张是一种贵族统治的遗产,土地贵族寡头集团自光荣革命以来,借口保持国际势力的均衡,已经发动了一系列战争,使国家承载了高额的税收,结果是以牺牲其他社会阶级利益为代价,增加了自己的财富和权势。③

因此,他们反对英国参加克里米亚战争,反对英国对中国的第二次鸦片战争,敦促英国支持美国内战中的北方等等。这种立场影响了英国公众对他们的支持,使他们几度在议会选举中失败。

在英帝国历史辞典中,科布登被称为"政治家"和"经济学家"④,但我们很难说科布登和布莱特是严格意义上的学者或经济学的理论家,因为他们并没有留下有重大影响的经济学理论著作。虽然也有人将科布登的自由贸易思想定义为"科布登主义",但科布登为后世留下的真正思想遗产,却是他在大量演讲和政论小册子中所表达的国际间自由贸易必将促进世界和平等主张。⑤ 科布登本人,也被当代国际政治学者们顺理成章地划归国际关系理论中自由主义流派阵营,并成为其代表人物之一。

---

① T. A. Jenkins, The Liberal Ascendancy: 1830—1886, Macmillan, London, 1994, p. 64.
② L. C. B. Seaman, *Victorian England: Aspects of English and Imperial History*, Methuen, London, 1982, p. 102.
③ Robert Eccleshall, *British Liberalism: Liberal Thought from the 1640s to 1980s*, Longman, 1986, p. 25.
④ J. S. Olson & R. Shadle, (eds.), *Historical Dictionary of the British Empire*, Greenwood Press, 1996, p. 168.
⑤ 科布登的政论小册子中最具影响力的有:《英格兰、爱尔兰和美国》(1835);《俄国》(1836);《1793—1852 三封信》。

事实上,把科布登和布莱特称为19世纪卓有成效的自由贸易运动演说家和自由主义政治活动家,也许更为准确。2011年,约翰·布莱特的后人比尔·凯什在为其所作的传记中,称其为"与格拉斯顿和迪斯雷利比肩的19世纪英国政坛三大风云人物",并恰如其分地以《约翰·布莱特:政治家、演说家、鼓动家》(*John Bright: Statesman, Orator, Agitator*)的书名,作为对布莱特的总结性评价。[1]

的确,科布登与布莱特都是非常善于在公众集会和议会下院中发表演讲的人,从30年代末起他们就以集会演讲、出版小册子、议会发言等各种方式进行自由贸易的宣传鼓动,成为19世纪中期英国最引人注目的政治派别,他们的思想和主张在当时的英国社会也产生了相当大的影响。

此外,他们还直接参与了一些重要的政治活动,例如,1859年,科布登曾谢绝帕默斯顿的入阁担任贸易大臣的邀请,但却接受了与法国谈判贸易条约的重任。1860年,科布登代表英国与法国进行的互相削减关税谈判获得成功,两国签订了著名的《英法商约》,该条约因此被称为《科布登条约》(Cobden's Treaty),这也许是"曼彻斯特学派"信条在当时最大的一个成果。

布莱特的政治活动和影响力要比科布登长久得多,他先后两次参加格拉斯顿的自由党内阁(1868—1874、1880—1884),担任政府的贸易大臣,在第二届中因抗议1882年英国对埃及亚力山大的炮轰而辞职。1857年大选时,他也和科布登以及其他"曼彻斯特学派"议员一样,由于在克里米亚战争中的反战立场,由于对帕默斯顿政府对

---

[1] 见《经济学人》电子版 http://www.economist.com/node/21542175.

华政策的激烈抨击而失去席位。尽管此后他再次进入下院并保持议员职位直至1889年去世,但他却不是以曼彻斯特学派,而是以自由党党员的身份当选的。

"曼彻斯特学派"之所以又被人们叫作"小英格兰人",是因为随着英国相继废除《谷物法》和《航海条例》,自由贸易的原则已经实现,科布登和布莱特等人便自然地将斗争目标转向了与自由主义相关联的殖民地问题和外交问题,而他们从自由主义立场出发得出的民族自治和国际平等原则,被认为与建立"更大不列颠"的帝国理想相冲突,因此"小英格兰人"有时又被叫作"反帝国主义者"(anti-imperialist)。

需要指出的是,"帝国主义"这个词当时的含义与后来是完全不同的。在19世纪60年代它仅指"实行独裁统治的恺撒主义"①,只是到了19世纪末,当谢西尔·罗得斯宣称"帝国就是吃饱肚子的问题,如果你不希望发生内战,你就应当成为帝国主义者"时,"帝国主义"才开始以爱国主义的形式,跟英国的大规模领土扩张联系起来。因此,这是一个字面意思与实际内涵相去甚远、极易引起理解混乱的词。19世纪中期所谓的"反帝国主义者",既不是反对今天已经约定俗成意义上的帝国主义,也不是反对英帝国本身,而只是反对一种帝国政策。

"曼彻斯特学派"或"小英格兰人"的帝国立场到底是什么?他们的立场与实际的帝国政策是什么样的关系?所谓分离主义就是指要求英帝国的完全解体吗?这些似乎已成定论的问题实际上并非不证自明,需要作认真的分析。在仔细的鉴别考察之后,我们至

---

① 王觉非主编:《近代英国史》,南京大学出版社1997年版,第680页。

少可以肯定以下几点：

第一，"曼彻斯特学派"废除《谷物法》的鼓动，和对"自由放任"经济思想的呼吁，由于顺应了历史发展潮流，代表了新时代的方向，获得了极大的成功，在皮尔政府推行自由贸易的改革中，起了重要的推波助澜的作用。但科布登、布莱特反对战争倡导和平的激进帝国观，无论是在普通民众中还是在议会内从来就没有得到多数人的拥护，他们关于自由贸易将会自然引向国家间和平的观点，从国际关系理论的角度来看，带有浓厚的空想主义色彩，在当时的英国社会很难得到肯定的回应。

例如，为了反对罗素内阁财政大臣伍德（Wood）提出的政府预算，1848年科布登发表了"国民预算"（national budget），提出削减陆军和海军军费开支1 000万英镑，这几乎相当于政府全部支出的1/10。① 在英国这样一个有着悠久海军传统的国家，这种立场是不可能得到政界和社会舆论支持的，因此他们的政治生涯并不顺利，几次议会选举的失利就是最好的证明。

布莱特的传记作者肯思·罗宾斯认为：1857年大选的失败说明，"曼彻斯特学派"作为有影响的政治力量事实上已经瓦解了，而且，"曼彻斯特学派社会的、政治的以及商业上的凝聚力，恰恰是在曼彻斯特被打破的"②。汉斯·摩根索则称他们为"空想的国际主义者"③，科布登的传记作者甚至用了"一个维多利亚时代的局外人"

---

① T. A. Jenkins, *The Liberal Ascendancy 1830—1886*, Macmillan, 1994, p.64.
② Keith Robbins, *John Bright*, London, 1979, p.126.
③ 汉斯·摩根索：《国际纵横策论》，第58页。

(A Victorian Outsider)这样意味深长的词①,来说明科布登的思想与当时主流社会思潮的格格不入。

第二,鼓励殖民地与英国分离走自己的路是19世纪中期许多英国人共有的情绪和心态,它是对移民殖民地争取责任制政府实现自治的一种支持与承认,也是对殖民地与母国之间现实关系的反映。1854年,保守党领袖德比伯爵在上院发言道:"如果北美殖民地的财富、人口以及与英国分离的愿望都在增长,那么,就让我们在上帝的名义下和平友好地分手吧。"②

从历史发展的脉络与走向看,移民自治是英国实现自由贸易的逻辑结果,是一种历史的必然。给白人移民殖民地自治的权利,使英国摆脱殖民地事务的负担,将注意力和贸易超越帝国的范围,指向欧洲和整个世界,这既是自由主义理念的胜利,也是务实政治家的明智选择,并非由于曼彻斯特学派的宣传。

第三,所谓的分离既不是一种"主义",也不表明殖民地与母国完全脱离而成为独立国家,更谈不上英帝国的解体。它只是表明:除了宪法上的联系和外交与防卫上的责任之外,英国与殖民地的行政管理相脱离,以英王代表身份派驻的总督只是名义上的行政首脑,由殖民地责任制政府行使管理自己内部事务的全部权利。

殖民地人民争取责任制政府和自治权利过程中所表现出来的,并不是现代意义上的民族主义,而是民主的意识与自由的要求。正是责任制政府的建立,才促使了殖民地民族主义真正的产生与发

---

① J. S. Olson &. R. Shadle (eds.), *Historical Dictionary of the British Empire*, Greenwood Press, 1996, p.311.
② *Hansard*, 29 June 1854, from *The Cambridge History of the British Empire*, Vol. II, London, 1940, p.680.

展。换句话说,殖民地人民要求的是他们应当拥有、而英国在理论上无法拒绝的权利。

对于这一点,无论是殖民地人还是英国人都十分清楚,正因为如此,英国的政治家和殖民官员对于这种分离才表现得十分从容。布莱奇福德勋爵(Lord Blachford)曾于1860—1871年担任殖民部政务次官,他的观点反映了许多英国政界人士当时的心态:"我始终相信,殖民地的命运就是独立,殖民部的任务是当联系还存在时,尽可能地确保它对双方都有利,而当分离到来时,则尽可能地确保殖民地与母国之间的友善。"①

然而,承认殖民地的权利并不等于赞同它们像美国那样从帝国独立出去。英国社会各个阶层在总体上的心态,从来都是以拥有广阔的海外属地为荣,并将帝国的存在与民族的自尊紧密相联的,因此科布登在公众场合总是否认自己是分离主义者②,而《泰晤士报》在1867年写道:"我们都为帝国而骄傲,我们都将帝国的殖民地和属地看作是地球上从未见到过的各种成员组成的一个家庭。"③

第四,英国人对殖民地防卫开支的抱怨以及帝国从殖民地撤出驻军的事实,同样不能说明殖民地与母国的彻底分离或帝国的解体。殖民地对于英国的重要性是随着历史的前进不断递减的,英国人对殖民地的看法也跟着相应改变。

当英国还固守着重商主义和旧殖民体系时,亚当·斯密已发出

---

① Ramsay Muir, *A Short History of the British Commonwealth*, Vol. II, London, 1927, p.513.
② Ronald Hyam & Ged Martin, *Reappraisals in British Imperial History*, Macmillan, 1975, p.90.
③ Ibid., p.92.

英国从殖民地"毫无所得只有所失"的惊人之语,从那以后特别是19世纪以来英国人对殖民地的各种抱怨就没有中断过。在英国告别旧殖民制度之前,不满主要集中在殖民地产品在母国享受的关税优惠上,在那之后则集中在保卫殖民地的巨大开支上。所有主张自由贸易的人都站在了这一阵营,其中殖民地改革家对帝国的批评可以说最为尖锐,他们充分利用议会讲坛,以具体的统计数字来说明现行帝国政策的不合理。

例如,从1818年到1849年,威廉·莫尔思沃斯多次在下院发表演讲,批评英国在保卫和扩大贸易的理由下巨大而荒谬的军事开支。然而莫尔思沃斯恰恰是最坚定的帝国派!他和其他殖民地改革家所反对的是旧帝国政策而不是帝国本身,所要求的是殖民政策的改革而不是帝国的解体。

正如英国著名学者托马斯·卡莱尔(Thomas Carlyle 1795—1881)所坚持的:"帝国居民的糟糕状况说明你们对待殖民地的方式是不合理的,迫切需要改革,但这是否意味着帝国本身必须解体?噢,决不是。"①

赫伯特·斯宾塞的观点也很能说明问题。斯宾塞对英帝国的基本态度也许是19世纪中期所有自由主义者中最为激进的,他在1850年出版的代表作《社会静力学》中,对英国的殖民政策作了全面深刻的解剖,认为垄断性贸易"不但所费甚多而所得甚少,而且还为了完全一无所获而花钱,在有些场合甚至是为了得到损失"②。他甚至激烈抨击了英国殖民政策给母国和殖民地双方以及被征服的土

---

① Thomas Carlyle, *Latter Day Pamphlets* (1850), see C. C. Eldridge, *Victorian Imperialism*, 1978, p.45.
② 赫伯特·斯宾塞:《社会静力学》,第184页。

著人带来的巨大灾害,但他最终得出的结论是:由国家和政府进行的不公正殖民必然伴随痛苦和灾难,而由平民自然进行的公正的殖民则可以避免这些不幸。①因此,斯宾塞所反对的同样是殖民政策中的种种弊端而不是帝国本身。

总之,英国人对殖民地和帝国政策的抱怨是历史事实,移民殖民地在帝国中地位的下降也是事实,但在实际政策上英国统治阶级集团从来没有放弃对殖民地的责任,"每一个英国人都确信,授予殖民地以责任制政府,丝毫也不改变英国防卫其殖民地反对外国进攻的责任"②。

1862—1873年英国从殖民地陆续撤出几十万驻军,一方面是帝国光荣而体面地从广大地区脱了身,让殖民地承担和平时期的自我防卫,并参与和分担帝国战时防卫的责任与开支;另一方面也是英国新军事思想的反映,这种新思想认为,将军队分散驻守在从魁北克到悉尼的广大帝国领地上,不仅代价高而且效率低,常有兵力不足之虞,如果将大量随时能够派遣到任何地方的军队集中在国内,再加上皇家海军的力量,就能构成最有效的帝国防卫。

为此,1865年议会专门通过法令,授权殖民地建立自己的海军力量。英国并于1868、1875年分别派出军官,到加拿大和澳大利亚提供相关的帮助。所有这些都表明,英国政治家们选择的是一条务

---

① 赫伯特·斯宾塞:《社会静力学》,第190—191页。斯宾塞以威廉·佩恩建立的宾夕法尼亚殖民地为公正殖民方式的例证。认为"它没有做破坏道德法则的事",所以不需要母国保护。"假如殖民者像这样把注意力全部转移到商业上,并且和平地处身行事,像他们在无人保护的状况下被迫做的那样,英国就会更好地得到原料的供应,英国货物的市场也就会扩大了。"斯宾塞理想的公正殖民显然只是一个特例,并不具有普遍意义。

② T. O. Lloyd, *The British Empire 1558—1983*, Oxford, 1984, p.169.

实的道路,建立的是一种新型的去掉负担、放松纽带、保持和谐的帝国关系,而并非就此割断帝国与殖民地的联系。

最后,"曼彻斯特学派"或"小英格兰人"所鼓吹的分离很难说就是英帝国真正的解体,在很大程度上它是被同时代人和部分历史学家误读的结果。

在半个多世纪里,不同年代的自由主义者关于帝国的批评大致可归纳为三种:(1)垄断殖民地商业是无利可图的;(2)控制殖民地是不正确的;(3)拥有殖民地不仅是极大的浪费而且是有害的。

亚当·斯密和殖民地改革家分别持前两种观点,"曼彻斯特学派"的基本立场属于第三种,即认为重商主义死亡之后殖民地在经济上对英国一无好处,而用于殖民征服和帝国防卫上的巨大花费则造成国库的严重流失。"曼彻斯特学派"的观点显然与亚当·斯密的思想一脉相承,但同时又是对当时英国人一种心理潮流的反映。

也许是民主和权利意识觉醒的表现,19世纪中期的英国人对于帝国的开支花费表现出特别的敏感,将帝国和殖民地问题与英国自身的利益得失联系起来,是当时一种流行的思维方式,对英国仍负担殖民地防卫的不满在社会各界因而十分普遍,正因为如此,才有迪斯雷利1852年的"磨石"牢骚。无论是理查德·科布登、约翰·布莱特还是戈尔德温·史密斯,实际上都还是围绕着英国的经济利益作文章,但"曼彻斯特学派"有自己理想中的帝国与殖民地关系,它并不是说殖民地与英国的彻底脱离,而是亚当·斯密早就阐述过的"最忠实、最亲切、最宽宏的同盟",是母国与殖民地的"自然感情"。

面对别人的指责,科布登这样阐述自己的帝国观:

> 人们说我要求放弃我们的殖民地,但是我要说,你难道打

算用刀剑、军队和战舰来维持殖民地吗？那并不是永久保有殖民地的办法。我所要的是用殖民地人的友情来保留它们。①

戈尔德温·史密斯（Goldwin Smith 1823—1910）是1858—1866年的牛津大学近代史钦定教授，他对60年代已建立责任制政府的加拿大人拒绝承担帝国的防卫责任感到愤怒，为此发表过许多激烈的主张分离的评论，因而经常被认为反对殖民地，是典型的分离主义者。然而，戈尔德温·史密斯说自己"并不比反对太阳系更反对殖民地"，而是反对在殖民地已成熟时英国仍去阻止它们的独立。②

但戈尔德温·史密斯心目中的独立与通常意义上的独立并不相同，因为他认为即使殖民地取得了独立，也没有必要脱离英国。显然，在他看来，殖民地政治上的独立和依然留在英帝国之内可以并行不悖。这说明戈尔德温·史密斯所渴望和追求的，是一种以血缘和友好感情为基础的联邦式帝国：

> 与殖民地的联系是使我们伟大的源泉，这种血缘、同情心以及观念上的联系将不会被政治上的分离所影响。假如我们的殖民地成为像伟大的盎格鲁—撒克逊联邦那样的国家，即便不是形式上也是在实质上，可能会自动产生密切的关系和相互间的友情。③

由此可以清楚地看出，维多利亚早期到中期英国人对于帝国和殖民地问题的关注和种种争论，归根结底不是要不要帝国，而是要

---

① C.C. Eldridge, *Victorian Imperialism*, Humanities Press Inc., 1978, p.89.
② Ronald Hyam, *Britain's Imperial Century: A Study of Empire and Expansion*, Macmillan, 1993, p.48.
③ C. C. Eldridge, *Victorian Imperialism*, Humanities Press Inc., 1978, p.86.

什么样帝国的分歧。人们争论的核心,并不在于帝国是否应当保留,而是在于应当以什么样的形式重组帝国的政府和防卫。

历史学家多萝茜·汤普逊曾经将历史上英国人赞成帝国的观点归纳为三个方面:经济上,帝国是财富的来源;政治上,帝国是民族威望的来源;信念上,帝国是冒险事业和信仰的来源。[1]

19世纪中期旧殖民制度虽然已经废止,但殖民地对母国市场的依赖使它们与英国长期保持着紧密的贸易关系,加拿大的小麦、木材,澳大利亚的羊毛,印度的棉花、黄麻和茶叶以及西印度群岛的蔗糖,绝大部分都提供给了英国市场,约占英国总进口的23%。

从英国角度来看,放弃殖民地贸易垄断权后,英国廉价工业品得到的是整个世界市场。1841年英国的出口额只有4 725万英镑,但到1869年已飙升至1.9亿英镑[2],其中与帝国的贸易占了英国出口总额的1/3。[3]帝国内部的优惠关税虽然已取消,但由于英国无比强大的工业优势,殖民地在经济上对英国的意义并没有实质性的变化。因此,殖民地依然可以说是帝国财富的源泉。

在帝国给英国人带来威望与荣耀方面,英国从来就不乏有着强烈帝国精神的政治家。曾厉行关税政策改革使英国迈出走向自由贸易第一步的威廉·赫斯基森,在1828年表达了对英帝国的强烈自豪:

英格兰决不能变得渺小,她必须是她现在的样子,否则她

---

[1] Dorothy Thompson, *The British People 1760—1902*, London, 1981, p.171.
[2] Ramsay Muir, *A Short History of the British Commonwealth*, Vol.II, London, 1927, p.404.
[3] P. J. Marshall, *The Cambridge Illustrated History of the British Empire*, Cambridge, 1996, p.25.

就什么也不是。……在地球的每一个角落,我们已经播下了自由、文明和基督教的种子。我们把在英国流行的语言、自由的制度和法律体系带到世界每一个地方——它们正在那里开花结果取得进步;如果有自私的计算者说,我们所做的这些是以不应当作的牺牲为代价,我的回答是:尽管有这些牺牲,我们仍然是旧世界中最快乐的人民;当这就是我们的命运时,让我们为这无比的光荣而欢欣吧!这光荣属于为那些在血缘、习俗以及情感上同我们自己相似的民族奠定了幸福和繁荣基础的英格兰。①

显然,在赫斯基森那里,帝国的光荣与帝国的责任是紧密相连的。

在这方面,1846—1852 年担任自由党政府殖民大臣的格雷伯爵对帝国责任的认识更加自觉,他在卸任后次年撰写的《罗素政府的殖民政策》(Colonial Policy of Lord John Russell's Administration)一书中指出:英国在几个世纪里已经获得了不能拒绝的责任,这与在千百万人中传播基督教福音和文明的伟大荣幸是相一致的,在世界的不同地方拥有殖民地,不仅为英国增加了尊严和作为最高权力的形象,而且增加了英国潜在的力量。"人们不应忘记,一个国家的强大不仅仅依赖于它所能控制的物质力量,而且在不小程度上依赖于舆论和道德的影响。"②

人们通常认为,自由党内的自由贸易论者大体上是反对建立帝

---

① C. C. Eldridge, *Victorian Imperialism*, Humanities Press Inc., 1978, pp.50—51.
② C. H. Currey, *British Colonial Policy*, Oxford, 1924, p.166.

国的。①但约翰·罗素作为著名自由党政治家,在支持殖民地建立责任制政府的同时,始终强调战争时期殖民地在商业和军事上的价值。1849年他指出:"殖民帝国的任何大面积丧失,都将会缩减我们在世界上的重要性,那些劫掠成性者很快就会聚集起来抢劫帝国的其他部分,或者对我们施以无法忍受的侮辱。"②

20年后,罗素以一种欣慰自豪的心情回顾帝国的成长:"曾经有一个时期,我们仅仅作为英格兰、苏格兰、爱尔兰联合王国而行动,现在,那个时代已经过去了。我们征服并拓殖了加拿大,我们占有了整个澳大利亚、范迪门地和新西兰,我们兼并了全印度,将其变为皇家殖民地,从前那个时代已经一去不复返了。"③

霍布豪斯曾指出:"并不是说自由主义对帝国作为一个整体利益,对白人中普遍有的统一感情,对1/4人类承认一面旗子、一个最高领导这一事实所包含的潜在价值不关心。"④

自由主义者对于帝国和殖民地的总体看法,可以在约翰·斯图亚特·密尔的思想中得到说明,密尔认为:"殖民地增加了英国人在世界事务中道德上的影响和力量,殖民地的脱离对世界和英国都不利——它将会大大削弱英国的声威,而这种声威现在有利于整个人类。"⑤密尔的这一观点可以说代表了相当多英国人的立场。因此,

---

① Dorothy Thompson, *The British People 1760—1902*, London, 1981, p.170.
② Ronald Hyam, *Britain's Imperial Century: A Study of Empire and Expansion*, Macmillan, 1993, p.49.
③ P. J. Marshall, *The Cambridge Illustrated History of the British Empire*, Cambridge, 1996, p.32.
④ 霍布豪斯:《自由主义》,第121页。
⑤ Ronald Hyam, *Britain's Imperial Century: A Study of Empire and Expansion*, Macmillan, 1993, p.48.

尽管19世纪中期殖民地自我防卫、削减殖民地防卫开支是英国人共同的愿望与要求,但英国的政治家们在作出选择时从来没有忘记帝国的责任,正是这种责任驱使着英国人去建设一个自由主义的帝国,一个格拉斯顿心目中"用利益、荣誉、感情和责任相连接"的新型帝国。①

意大利著名学者德·拉吉罗在《欧洲自由主义史》一书中,高度评价了19世纪中期英国对殖民政策的自由主义改革,认为"这产生了英联邦精神上的联合,使高压统治、支配与剥削都成了不可能的事情。只有自由,可以给予意识上有着单一种族、语言与传统的大英帝国每一位公民;也只有自由,可以给予其所有分散的共同体——为曾由同一部法律统治并建立了一个民族大家庭、在权利与义务上完全平等而自豪的共同体"②。

拉吉罗的著作初版于1924年,此时英联邦尚未建立,他所评述的,实际上是英国与其移民殖民地关系的变化。应当说,拉吉罗的评价不免显得过于理想化,但他将英帝国的成长壮大与自由主义紧密相连的观点却是一语中的:

> 英国佬用巨大的字母在我们的星球表面书写的史诗,是由公路、铁路、运河、河堤、工厂组成的,一句话,中产阶级集中起来并象征其努力的所有工业劳动,一言蔽之就是"自由";这使遥远的殖民地变成新的国家,并以共同的自由纽带将它们连接在一起。自由主义是帝国必不可少的组成部分。③

---

① C.C. Eldridge, *Victorian Imperialism*, Humanities Press Inc., 1978, p.88.
② 圭多·德·拉吉罗:《欧洲自由主义史》,杨军译,吉林人民出版社2001年版,第123页。
③ 同上书,第130—131页。

19世纪中期英帝国史的发展就是这么出人意料,充满悬念。与英国主动告别旧殖民制度,彻底实现自由贸易的举措相比,英国给予移民殖民地的政治自由,曾经显得那么被动和犹疑,许多政治家都经历了一个从排斥、拒绝到接受、支持的历史过程。然而,当移民自治和贸易自由一样成为帝国最显著的特征与原则时,同时代的英国人和殖民地人都没有立即意识到,一个崭新的自由主义帝国实际上已经确立。

第三章 自由主义帝国的理念——"文明使命"

贸易自由和移民自治标志着自由主义理念在帝国政策上的胜利,亚当·斯密于18世纪70年代构建起来的自由主义思想体系,在经历了几代英国人的思想启蒙和实践努力之后,终于在英国成为第一个工业化国家的历史进程中得以实现。如同自由主义理论逐渐成为19世纪英国的"显学",自由主义政治主张成为两党政治家争相标榜的立场一样,在与旧传统的碰撞中形成的自由主义帝国观,也与英国人珍视的各种信条一起,融合成新的帝国理念。

摆脱重商主义和旧帝国藩篱的英国人,用绝对优势的工业垄断地位赢得了整个世界,1851年在伦敦"水晶宫"(Crystal Palace)举办的"万国博览会"(the International Exhibition),是资本主义"宏伟的全新的自我庆祝仪式"[①],它不仅向全世界昭示了大不列颠的惊人富裕与繁荣,也使英国人强烈感受到日不落帝国臣民的骄傲与荣耀。不列颠民族那种与生俱来的跨越海洋向外部世界扩张的追求,在自由帝国的光荣与梦想中得到了满足与实现。一个叫金斯利(Charles

---

① 霍布斯鲍姆:《资本的年代 1848—1875》,第36页。

Kingsley 1819—1875)①的诗人,用自己热情洋溢的诗句,将英国人企求到海外建功立业的雄心表现得淋漓尽致:"勇敢的年轻的英格兰,渴望飞跃它离开岛屿束缚的道路,去发现,去开拓,去殖民,去传播文明。"②遍布全球的帝国领土为英国人提供了移民垦殖、传教布道、贸易经商的无限机会,充满自信的英国人奔走于世界各地,要将英国的思想与制度、技术与文明以及基督教的福音传播到全世界。这些东西和自由贸易原则一起,在自由帝国的时代,被强化和描述成英国人引以为豪的责任与使命——"文明的使命",从而为殖民扩张提供了道德的合法性。

一、人道主义运动与奴隶制的废除

19世纪最初30年里,奴隶制问题成为英国社会舆论的焦点,它在英国社会各阶层引起的广泛关注,甚至压倒了同时期加拿大等移民殖民地的问题。

奴隶贸易是英国和西方国家资本原始积累的重要方式,持续几百年的奴隶贸易使大约1 100万的非洲黑人被贩卖到美洲成为奴隶。③奴隶贸易带来了美洲特别是加勒比地区奴隶种植园经济的繁荣,而种植园经济的繁荣又反过来刺激了奴隶贸易的兴盛,使它在

---

① 查尔斯·金斯利是英国著名作家和诗人,也是学识渊博的学者,曾任维多利亚女王的牧师,1860—1869年任剑桥大学近代史教授,著作颇丰,在维多利亚时代社会影响十分广泛,其儿童文学作品更是具有世界声誉。
② Dorothy Thompson, *The British People 1760—1902*, London, 1981, p.171.
③ P. J. Marshall, *The Cambridge Illustrated History of the British Empire*, Cambridge, 1996, p.7.

18世纪达到了顶峰。此时大部分奴隶贸易已落入英国人之手,即便经历了美国独立战争的打击,也没有动摇英国作为世界最大奴隶贩卖国的地位。伦敦、布里斯托尔、利物浦、格拉斯哥的商人们,在著名的"英国—西非—加勒比/北美"三角贸易中攫取了极大的利润。

大致从18世纪中期起,奴隶贸易开始在英国国内以及北美殖民地受到越来越强烈的谴责。最先向罪恶的奴隶贸易发起攻击的是基督教福音教派和教友会教派,他们从人道主义的立场出发,同情非洲黑人奴隶的苦难与不幸,认为奴隶贸易是一种邪恶。亚当·斯密则从经济学的角度,明确指出奴隶劳动是不值得的:"从所有的时代和国家的经验来看,由自由人来做的工作,最终要比由奴隶来做的工作更便宜。"[1]

在奴隶贸易和西印度群岛奴隶制经济带来的巨大利润面前,对奴隶贸易发出的呐喊声最初显得十分无力。但到了18世纪末,随着美国独立战争和法国资产阶级革命的爆发,自由平等和个人权利的意识得到很大普及,无论是人道主义的"邪恶说"还是自由主义的"昂贵说",都获得越来越多的支持与认同,形成了一个强大的反奴隶贸易运动并取得了胜利。1807年,英国议会终于通过了废止各种形式奴隶贸易的法案,成为世界上最先宣布奴隶贸易为非法的国家。

在那之后整个奴隶贸易并没有真正停止,而是以走私等形式又继续了半个多世纪。例如葡萄牙、西班牙等国仍大肆贩卖黑奴,而19世纪初期安哥拉财政收入的4/5都是来自奴隶出口的税收[2],40

---

[1] 亚当·斯密:《国民财富的性质与原因的研究》(上),第74页。
[2] Victor G. Kiernan, *Imperialism and its Contradictions*, Routledge, New York and London, 1995, p.104.

年代在西非花 4 英镑购买一个黑奴,在巴西却能卖到 150 英镑。①

虽然直到 19 世纪 60 年代西欧国家的贩奴活动才完全终止,但英国官方的立场却并非虚妄,也很难说只是表面文章。一个有力的论据是:整个 19 世纪上半期,英国皇家海军的炮舰在非洲海岸巡弋,任务之一就是拦截和打击奴隶走私船只,19 世纪初英国用于缉捕贩奴船的海军巡逻开支每年达 75 万英镑,相当于和平时期政府支出的 2%。②

英国还努力促成其他欧洲国家禁止奴隶贸易,除了在维也纳会议上将反对奴隶贸易内容写进会议的决议,它还分别于 1820 年、1830 年给了西班牙和葡萄牙 40 万和 30 万英镑的补偿,作为两国宣布结束奴隶贸易的回报。③

尽管美国、葡萄牙、西班牙等国并不信守诺言,使皇家海军的缉捕拦截不仅费时费力而且收效甚微,以至于墨尔本首相曾无奈地表示,"面对着 100% 乃至更高的利润,宗教、道德、法律、劝告和巡逻都一无用处",④但英国并没有因此而放弃。

此外,由于废奴主义者的宣传,英国民众对奴隶贸易的反感和憎恶愈益强烈,帕默斯顿在下院的一次发言,堪称是谴责奴隶贸易的经典:"我敢说,如果人类自被创造以来直至今天所犯下的所有其他罪行全部加在一起,也不能等于或超过这一由人类与恶魔般的贸

---

① Ronald Hyam, *Britain's Imperial Century: A Study of Empire and Expansion*, Macmillan, 1993, p.78.
② T. O. Lloyd, *The British Empire 1558—1995*, Oxford, 1996, p.129.
③ J. Olsen & R. Shadle (eds.), *Historical Dictionary of the British Empire*, Greenwood Press, 1996, p.1022.
④ 布莱恩·拉平:《帝国斜阳》,钱乘旦等译,上海人民出版社 1996 年版,第 436 页。

易相联系而产生的罪行。"①

对于英国率先废除奴隶贸易的动机,不同国家和时代的学者们有着不同的解释,一般来说,较早的学者归结为人道主义的胜利,较近的学者则强调经济动因,即奴隶制已经不再有利可图。②其实,不论片面强调哪一个,得出的结论显然都失之偏颇。

人道主义思想和废奴主义运动的出现无疑是历史的进步,它是当时英国社会一种与基督教教义相吻合的朴素平等思想的反映,即认为"所有人的灵魂在上帝眼中都是相同的"③,不同人种在本质上是平等的,相互之间只有历史与社会发展程度的不同,而没有种族的优劣之分。人道主义诉诸人类的良知与同情心,他们对奴隶贸易的谴责唤起了英国社会各阶层对黑人奴隶不幸的普遍同情。

然而,当奴隶贸易和以奴隶劳动为基础的种植园经济尚处在繁荣兴盛之时,道德的批判和舆论的力量是软弱的。历史学家们发现:英国的土地所有者希望能娶一个西印度商人的女儿,用得到的钱来改进自己的地产和农场经营;工厂主和商人们则从蔗糖种植园主的银行借钱,以投资贸易和生产。④各种依赖于西印度奴隶制经济的人在国内形成了一个强大的利益集团,使反对奴隶贸易的运动步履艰难。

亚当·斯密在1776年出版的《国富论》中作出奴隶劳动并不经济的分析和预言,对人们的思想观念产生了强大冲击,但就像他对

---

① W. Baring Pemberton, *Lord Palmerston*, The Batchworth Press, London, 1954, pp. 122-123.
② J. Olsen & R. Shadle (eds.), *Historical Dictionary of the British Empire*, Greenwood Press, 1996, p.1021.
③ T. O. Lloyd, *The British Empire 1558—1995*, Oxford, 1996, p.136.
④ Dorothy Thompson, *The British People 1760—1902*, London, 1981, p.61.

自由贸易的呼吁必然要经历工业革命的洗礼才能最终实现一样,他的分析和结论也只能在英国的资本主义经济运行发展到一定阶段时,才和人道主义思想一起,对社会产生巨大的影响。

因此,我们可以说,关于奴隶贸易的终止,比较接近历史真实的是:人道主义的宣传鼓动和经济学的冷静分析,自始至终起到了不可低估的思想启蒙作用,工业革命的顺利开展和英国向世界级强国的迈进,则是终止奴隶贸易的物质力量。两者相辅相成,共同促进了反奴隶贸易运动的胜利,并为1833年整个英帝国境内奴隶制度的彻底废除开辟了道路。

在18世纪末19世纪初的人道主义运动中起着领袖和统帅作用的,是威廉·威尔伯福斯(William Wilberforce 1759—1833)。

威尔伯福斯是一个虔诚的基督教福音教派教徒,早年曾经渴望教士的生涯,但最终放弃了宗教职业梦想,献身于废除奴隶贸易的事业。他利用自己从1780年直到1825年长期担任下院议员的机会,充分利用议会讲坛,先后于1789年、1791年、1795年、1804年向议会提出废除奴隶贸易议案。在遭到多次拒绝之后,他的1804年议案终于被下院通过,但却在上院被否决。尽管如此,进入19世纪后,强大的西印度利益集团的影响力开始下降,废奴主义逐渐在议会赢得了支持,1806年由时任政府外交大臣的查尔斯·福克斯(Charles James Fox 1749—1806)提出的废除议案,于次年终于获得议会上下两院通过。

威尔伯福斯仿佛是个注定与废奴运动相伴终生的人,取得禁止奴隶贸易这一重大胜利之后,他继续致力于整个奴隶制度的废除,1833年格雷的辉格党政府宣布在全帝国范围内废除奴隶制,不久威尔伯福斯便离开人世。

和废除奴隶贸易比起来,废除奴隶制度的斗争在世界范围遇到的阻力要大得多,但坚冰既然已经打破,航道也就通畅多了。这是因为,一方面,19世纪以来血腥残酷的奴隶制度已经是声名狼藉;另一方面,1815年以后英国工业革命很快进入飞跃发展阶段,殖民地已经不能吸收它大量的机器制成品,从20年代起英国工业品开始大规模向西欧市场进军,哈斯基森的关税政策改革,已清楚表现出英国人获取帝国范围以外更大市场的眼光与渴望,亚当·斯密当年关于奴隶劳动在经济上效率低并且无助于扩大市场的学理分析,开始真正为人们所认同。和英国即将确立的世界工厂地位相比,和英国即将获得的世界市场相比,西印度群岛的奴隶种植园经济自然是微不足道的。

英帝国境内的黑人奴隶据估计当时约有70多万人,主要集中在西印度群岛、南美大陆的圭亚那以及南非的开普殖民地。1823年伦敦成立了"反奴隶制协会"(British and Foreign Anti-Slavery Society),同年,协会领导人巴克斯顿男爵(Sir Thomas Buxton, 1st Baronet 1786—1845)在下院提出一项谴责奴隶制的议案,称奴隶制度"与英国宪法和基督教的原则是相矛盾的"[1],要求渐进废除奴隶制,方法是宣布在某一确定日期之后出生的黑人儿童为自由人。

议会没有接受巴克斯顿的议案,但通过了乔治·坎宁提出的动议,即黑人奴隶必须得到保护和接受教育,从而为最终获得自由作准备。议会据此向各奴隶殖民地发出通知,要求停止鞭打妇女和在种植园使用鞭刑。

---

[1] Ramsay Muir, *A Short History of the British Commonwealth*, Vol. II, 1763—1919, London, 1927, p.340.

议会的辩论与结果在国内引起西印度利益集团的强烈不满,在殖民地则引发了抵制与骚乱,种植园主们拒绝按照议会指令对奴隶实行保护措施。牙买加殖民地议会对帝国议会的干涉反映最为激烈,甚至威胁说要脱离帝国。而巴巴多斯则发生白人种植园主的骚乱,传教士施鲁斯伯里(Shrewsbury)被认为向国内提供了对白人不利的诽谤性报告而险遭不测,只是由于逃跑及时才保住了性命。① 在英属圭亚那,决议给黑人奴隶带来的是解放的希望,1823年8月德梅拉拉(Demerara)的黑人乘机发动美洲历史上规模最大的奴隶起义,大约1.3万名黑人为争取自由参加了起义,但几天之后起义就被殖民地军队无情镇压。殖民地副总督兼将军本身就是一个奴隶主和种植园主,他对起义者施行了血腥的报复,几十名黑人被当众绞死,无数人被监禁和处以鞭刑,一个叫约翰·史密斯的非国教牧师也被以煽动反叛罪受审,并在监狱里折磨至死。

这次奴隶起义和史密斯牧师的死在英国国内引起极大反响,种植园主的顽固立场使"反奴隶制协会"认识到,渐进改良的方式并不能改善奴隶的境遇,必须尽快彻底根除整个奴隶制度;英国的社会舆论也因此而迅速改变,结束奴隶制已不再只是人道主义者的呼吁,它赢得更加广泛的支持,成为英国社会各阶层普遍赞同的立场。

1831年牙买加再次爆发大规模奴隶起义,500多名黑人奴隶丧生,直接加速了废奴的进程。英国到处是立即废除奴隶制的呼声,大量废奴请愿书源源不断地递交到议会。1832年上院为此专门成立委员会,以调查与废奴有关的问题。当年6月,殖民地大臣戈德里

---

① Marcus R. P. Dorman, *A History of the British Empire in the Nineteenth Century*, London, 1904, p.305.

克子爵(The Viscount Goderich 1782—1859,即后来的里彭伯爵)向西印度各殖民地总督发出紧急通知,向他们解释了成立上院委员会的背景及原因,要求他们安抚种植园主阶级,英国政府不会采取改变现状的剧烈措施;要求他们对黑人奴隶表示国王陛下政府最诚挚的关心,但同时要警告黑人奴隶不许轻举妄动,否则不仅会受到"最严厉的惩罚",也会延误奴隶实现自身利益的进程。①

1833年5月,殖民大臣斯坦利勋爵向下院提出了完全废除帝国所有殖民地奴隶制的决议案,议会经过短暂辩论,没有作多少修正便通过并颁布了"奴隶制废除法令"(Abolition of Slavery Act)。

该法令规定:从1834年8月1日起帝国境内所有黑人奴隶获得解放,在法令颁布时年龄为6岁以下,以及法令颁布后出生的儿童立即获得自由。但法令同时又规定了几年过渡期,要求6岁以上的黑人必须以"学徒"(apprentices)身份继续为从前的主人工作,在此期间黑人奴隶的地位相当于契约劳工,直到1838年获得完全解放。此外,为了缓解奴隶种植园主的不满和反抗,法令决定拨出2000万英镑作为他们财产损失的补偿。②

1833年的废奴法令远非人们所想象的那样简单明快,事实上它多达几十个条款。它明确宣布法令的目的是"废除各殖民地的奴隶制、促进被解放奴隶的勤奋、补偿原奴隶拥有者的损失",因此对各种类型黑人奴隶的解放程序、方法以及奴隶拥有者补偿金的分配等

---

① V. Harlow & F. Madden (eds.), *British Colonial Developments: Select Documents*, Oxford 1953, pp. 586 – 587.
② J. Olsen & R. Shadle (eds.), *Historical Dictionary of the British Empire*, Greenwood Press, 1996, p. 1022.

等，都作了极为详尽具体的规定。①从内容上看，法令的基本原则既不是 20 年代流行的"改进"（amelioration）主张，也不是后来提出的立即废除建议，显然，它是一个两种立场相妥协的产物。②

1833 年废除奴隶制法令，是 1832 年议会改革后辉格党政府颁布的第一个重要法令，它和同年议会取消东印度公司对中国贸易垄断权的决定一起，被称为"两个伟大的解放法令"③，构成英国废除《谷物法》之前走向自由贸易的重要步骤。

这两个法令对于英帝国历史发展的意义是十分深远的。停止东印度公司对华贸易垄断权，不仅使英国商人和船主得以自由进入似乎有着无限广阔前景的中国市场，同时还有着重要的象征意义——成立于 1600 年的东印度公司，在历经"1784 年印度法案"、失去对印度贸易垄断权（1813）之后，权利再次受到限制，说明其地位急剧下降。它预示着公司统治帝国东方殖民地的历史使命即将完成，而帝国的殖民方针与政策也将出现重大的改变。

废除奴隶制法令在帝国史上产生的影响，也要比它看上去的大得多。受法令直接影响的殖民地主要是西印度和开普殖民地，其中西印度的种植园经济在黑人奴隶获得解放后受冲击最大，劳动力和资金的严重缺乏，使其经济迅速衰败。因此废除奴隶制导致西印度衰落常常成为学者们谈论的话题，似乎两者之间的因果联系已经无可怀疑。

---

① K. N. Bell, W. P. Morrell (eds.), *Selected Documents on British Colonial Policy*, Oxford, 1928, pp.389 - 395.
② 原议案中学徒期为 12 年，财产补偿为 1500 万英镑，结果在议会辩论时分别被修改成 6 年和 2000 万英镑。
③ J. Rose, A. Newton, E. Benians (eds.), *The Cambridge History of the British Empire*, Vol. II, 1940, p.395.

但实际上，如果我们将目光再拓宽一些，就会发现：早在废奴法令颁布之前，西印度原有的经济地位已经明显下降，转折的契机就是英国与新独立的拉丁美洲国家建立了贸易关系。因此，导致西印度经济衰退的真正原因并不是废除奴隶制法令，而是英国在南美大陆新获得的贸易市场，废奴法令只不过起了进一步促成和加剧的作用罢了。假如奴隶制度再维持十年，它更抵挡不了自由贸易大潮的冲击。西印度奴隶制经济本身，决定了它无力同资本主义大市场相抗衡。

西印度种植园经济自始至终依赖帝国市场而生存，主要向英国提供蔗糖、棉花、烟草、咖啡、蓝靛等产品，其中蔗糖为大宗出产，因此西印度群岛又被称作"蔗糖殖民地"。由于有充足的西印度和东印度的蔗糖供应，英国人逐渐养成了在茶中加糖的习惯，喝加糖的茶成了英国社会的一种时尚，西印度经济也就此繁荣起来。

除了依靠旧殖民制度下帝国的优惠关税牢牢占领母国市场外，西印度还享有一个特殊的有利条件，这就是充当英国与南美洲商业活动的中介。南美洲绝大部分地区是西班牙的殖民地，从殖民时代早期开始，"各个欧洲国家或多或少地都企图独占其所属殖民地的贸易，并因此故，禁止外国船舶和它们通商，禁止它们从任何外国输入欧洲货物"①。因此，殖民地只能与自己的母国进行直接贸易往来，是几百年中西方国家殖民地贸易政策的一个共同特征，亚当·斯密在《国富论》中曾经对此作过详细考察。但西印度的特殊自然地理位置，不仅使它长期成为向北美和南美大陆供应黑人奴隶的中心，同时，它还充当了英国及其北美殖民地与南美之间非法贸易往

---

① 亚当·斯密:《国民财富的性质和原因的研究》,第 146 页。

来的桥梁与中介。

由此,西印度群岛的经济在 18 世纪进入全盛时期,直到 18 世纪末奴隶贸易的规模仍相当巨大,18 世纪 80 年代和 90 年代分别约有 35 万和 42 万黑人被英国人运往西印度。①至 1807 年英国人从非洲大约总共贩卖了 312 万黑人奴隶。②西印度成为帝国最有价值的财富来源,许多英国最富裕的家庭都是从西印度贸易中起家的。

从 1807 年起,英、美、法、荷、西、葡等国陆续宣布终止奴隶贸易,但并没有真正影响到西印度的繁荣,因为奴隶贩卖活动虽被各国官方所禁止,走私的奴隶贸易却从来就没有停止。到 1810 年,西印度依然是英国进口物品的最大来源,当年运至伦敦的蔗糖、棉花,价值超过 1 000 万英镑。③就在拿破仑战争结束当年,西印度与英国的贸易额,仍然达到 1540 万英镑,在英国全部进出口贸易额中占了 17.6%。④

19 世纪初年到 20 年代,西班牙、葡萄牙美洲殖民地掀起民族独立运动,这为雄心勃勃急于扩大海外市场的英国人提供了天赐良机。英国政府积极运用自由主义外交谋略,迅速赢得拉美人民的好感与信任,通过与拉美新独立国家签订商业条约,英国与南美建立了直接的合法贸易关系,英国资本和商品从此大量涌入南美,直到

---

① P. J. Marshall, The Cambridge Illustrated History of the British Empire, Cambridge, 1996, p.20.
② Ronald Hyam, Britain's Imperial Century: A Study of Empire and Expansion, Macmillan,1993, p.78.
③ P. J. Marshall, The Cambridge Illustrated History of the British Empire, Cambridge, 1996, p.16.
④ Andrew Porter (ed.), The Oxford History of the British Empire, Vol. III, The Nineteenth Century, Oxford,1999, p.5.

第一次世界大战,英国在拉丁美洲国家市场始终保持着绝对的优势。

拉美市场的开辟直接影响了西印度的经济,西印度各殖民地的蔗糖生产和出口大幅度减少,对英国的贸易额也一落千丈,18世纪中叶西印度从英国输入的商品约占英国出口总额的一半,而到1821年已下降到1/9。1830年英国向美洲和欧洲国家的出口贸易额,清楚地表明了西印度地位的急剧下降:欧洲大陆国家雄踞榜首,在英国对外出口额中占了1 400万英镑;美国占了610万英镑;南美国家占了520万英镑;英属西印度占280万英镑;其他国家西印度殖民地占90万英镑。①

很显然,西印度昔日的繁荣早已经风光不再,它在整个帝国贸易中的地位已经无足轻重。尽管1833年废除奴隶制后,西印度的产品仍然享受着旧殖民制度下在英国市场的关税优惠,但自由劳动力开始严重匮乏,种植园主们无奈地感叹"干活的劳工似乎都在自由中溶化了"②,再加上资金的短缺和外国产品的竞争,种植园经济难逃继续萧条衰败的命运。1854年,英国宣布终止对殖民地蔗糖的保护关税,给了惨淡经营中的西印度蔗糖业最后一击。

然而,所有这一切只不过表明:奴隶制经济与19世纪的世界潮流,与英国走向自由贸易的历史选择都是背道而驰的。从某种意义上说,正是西印度本身在帝国内实际经济地位的下降,决定了它的必然衰落。

---

① J. Rose, A. Newton, E. Benians (eds.), *The Cambridge History of the British Empire*, Vol. II 1940, p.398.
② Ibid., p. 396

二、传教士与帝国的扩张

当威尔伯福斯在 18 世纪 80 年代开始进行废除奴隶贸易的宣传鼓动时,他最初的支持者和追随者并不少。

18 世纪末正是英国的激进主义运动蓬勃兴起之时,废奴主义立即得到激进运动政治组织的支持,1793 年英格兰、苏格兰、爱尔兰通讯会社 100 多名代表在爱丁堡举行会议,除了提出实行普选和年度选举的政治要求外,还将取消奴隶贸易和奴隶制、立即解放奴隶的主张写进了决议。①但由于西印度种植园主政治势力的强大,威尔伯福斯的议案在议会屡遭否决。

除了那些和西印度的经济与繁荣有着各种联系的人以外,许多英国贵族、下院议员和商人都在西印度直接拥有产业,伦敦"西印度协会"的主要成员就是西印度的"不在业主"(non-resident proprietors)和商人,英国的船主与工厂主们也站在他们一边。直到 1825 年,"议会下院仍有不少于 56 名的议员坚定赞同继续维持殖民地的奴隶制",他们在投票时"抱成一团"②。

同时期东印度公司也有商人、船主以及公司官员在议会充当自己利益的代表,根据英国议会史中的议席统计,在 1780—1834 年间,下院中能够代表东印度公司利益的各类议员很少低于 60 人或超过

---

① 金志霖主编:《英国十首相传》,东方出版社 2001 年版,第 107 页。
② J. Rose, A. Newton, E. Benians (eds.), *The Cambridge History of the British Empire*, Vol. II, 1940, p. 311.

100人。①但总体上进入19世纪后公司的地位就在逐渐下降,议会席位也从1806年的62个,减少到1834年的45个。②显然,无论在内部凝聚力还是在政治影响力上,东印度公司都不能与西印度利益集团相比。

然而,历史毕竟发展到了19世纪20年代,废奴主义运动的影响已经大大扩展,对黑人奴隶的同情和要求改善奴隶境遇的呼吁,已经是人心所向。威尔伯福斯1787年成立的"废除奴隶贸易协会",主要构成只是福音教派和教友会派的成员,而1823年伦敦成立的"反奴隶制协会",立即成为全国许多类似团体的领导者,在英国社会产生了相当大的影响和号召力。

这不仅因为废奴主义思想的日益深入人心,更因为协会的领导者大都是英国上流社会的成员,它的主席是威廉四世国王的表兄,它的副主席则包括了5名贵族和14名议会议员。时隔20多年,社会的状况已经不可同日而语。虽然"反奴隶制协会"的基本宗旨并不是立即废除奴隶制,而是以渐进方式改善奴隶的生存状态,为最终的废除作准备,但这一事实本身说明了废奴运动的长足进展。

整个废除奴隶制的运动中,除了政论小册子和议会中的辩论,在唤起社会各阶层民众方面,英国各宗教团体特别是非国教教派起了非常重要的作用。

18世纪末到19世纪初是基督教各教派传教组织纷纷建立的时期,例如,浸礼派传教协会(Baptist Missionary Society)成立于1792年,伦敦传教协会(London Missionary Society)成立于1795年,苏格

---

① C. H. Philips, *The East India Company 1784—1834*, Manchester University Press, 1961, p.307.
② Ibid. p.299.

兰传教协会（Scottish Missionary Society）成立于1796年，教会传教协会（Church Missionary Society）成立于1799年，英国与外国圣经协会（British and Foreign Bible Society）成立于1804年，卫理公会传教协会（Methodist Missionary Society）成立于1813年。这些宗教传教团体从建立之初，就站在威尔伯福斯领导的"废除奴隶贸易协会"一边，以后又积极为奴隶制度的废除大声疾呼，因而在废奴主义运动中功不可没。

各类宗教团体和传教组织在反奴隶贸易运动中起了举足轻重的作用，在英帝国扩张中更是冲锋陷阵。

英国是一个笃信宗教的国家，国内宗教派别林立，除了处于国教地位的安立甘教（Anglican Church）外，还有各种基督教新教教派以及天主教，各宗教和教派内部又有许多的分支，但不管是哪一种宗教和教派，对海外传教事业的态度从来都是积极进取的，可以毫不夸张地说，基督教传教活动始终与帝国开拓海外殖民地的历史相伴随。

英国著名帝国史专家罗宾逊（Ronald Robinson）曾指出："伦理道德观念始终是不列颠帝国主义的第一个庇护所。我们有理由确定，这是因为，对于帝国的成长，神学和剩余资本及高速率枪炮是同等重要的。"①

18世纪19世纪之交这一系列传教组织的建立，使向海外派遣传教士的活动有了强大持久的动力，许许多多虔诚的教徒和教会神职人员在传教协会的安排下，抱着传播基督教教义的信念奔赴帝国

---

① A. Porter & R. Holland, *Theory and Practice in the History of European Expansion Overseas*, Frank Cass, 1988, p.35.

各殖民地和属地,以极大的热忱投入宣传上帝福音的使命中。例如1823年在德梅拉拉遇难的约翰·史密斯牧师,就是1818年刚刚从英国来到西印度的传教士。

在所有教派的活动中,福音教派(Evangelicals)的影响在19世纪初期的扩展特别迅速。1808年福音教派的牧师据估计大约只占全部教士总数的1/10到1/12,20年后福音教派已经有了相当大的扩展,以至于当时有人感叹"它如此令人惊异的发展速度,似乎清教主义将要传遍整个王国"①。

福音教派的兴盛反映了英国中产阶级力量的壮大,同时也与人道主义运动的兴起和发展密切相关,例如巴克斯特就是福音教派的重要人物,他在威尔伯福斯1825年从议会退休之后成为废奴主义运动的著名领导人。

传教士为什么能在英帝国的历史上留下自己的深深印记?为什么能对影响帝国政策的社会舆论起到推波助澜的作用?一个不容否认的重要原因,就是英国人对基督教的信仰。这种信仰不仅表现在一代一代的传教士和教徒"几乎像从事十字军东征一样"②,足迹遍布非洲、亚洲以及西印度,渴望着将上帝的福音传播到帝国占有、征服的每一块地方,而且表现在英国国内的民众对海外传教活动的支持与资助上。

在历史学家的眼中,19世纪的英国人"以勤上教堂而著称"③。

---

① J. Rose, A. Newton, E. Benians (eds.), *The Cambridge History of the British Empire*, Vol. II, 1940, p.308.
② J. Olsen & R. Shadle (eds.), *Historical Dictionary of the British Empire*, Greenwood Press, 1996, p.298.
③ Ramsay Muir, *A Short History of the British Commonwealth*, Vol. II, 1763—1919, London, 1927, p.341.

从 19 世纪初到 19 世纪中期,基督教新教各派特别是福音教派在英国的影响已遍及社会各个阶层,"人们将经文悬挂在卧室的墙上,踊跃向教堂捐款"。整个维多利亚时代就是"一个读圣经(Bible-reading)、去教堂(Church-going)、做礼拜(Sunday-keeping)的时代"①。一个叫泰恩(Hippolyte Taine)的同时代法国人,曾对他眼中的英国人作过这样的描述:"对基督教的尊敬被公众舆论当作是一种责任,甚至是合乎礼仪的寻常举止问题。普通的英国人很不愿承认:一个不信教者会是一个好的英国人,一个正派的、受尊敬的人。"②

因此,传教士在海外殖民地的传教事业始终受到国内教徒的热切关注,英国的每一处教堂对传教协会在帝国属地的传教活动提供捐助,来自国外传教士的信件和各种讯息在教会的每一个布道坛上宣读,形成了一个以教会和教堂为中心的社会舆论阵地。

对一个绝大多数人口都是虔诚基督徒的国家来说,由于当时交通与传媒的落后,由于普通百姓当中许多人基本没有文化,这种信息传递方式和舆论形成方式的效果,甚至要超过报刊、小册子和议会辩论,它对整个社会公众的情绪与观念产生的影响,就连政治家们也从不敢小视。1823 年英属圭亚那奴隶起义被残酷镇压和约翰·史密斯牧师的死,就是以这样的途径在国内引起强烈反响,从而推动了废奴主义运动的发展。

传教组织和传教士的活动,对 19 世纪上半期英国人帝国观念的形成也具有不可低估的作用,其中最主要的,就是使英国民众对帝

---

① James Butler, *A History of England 1815—1939*, London, 1960, p.137.
② L. C. B. Seaman, *Victorian England: Aspects of English and Imperial History*, Methuen, London, 1982, p.8.

国境内的黑人和土著人,对帝国统治下的落后民族抱有同情和怜悯。这种同情和怜悯的产生,既有人道主义运动的影响,也有基督教教义中朴素平等思想的影响,同时也反映了一种英国人所特有的居高临下心态。

在英国,无论是人道主义运动的兴起,还是各种宗教传教协会的出现,都与第二英帝国版图的迅速扩大相关联。帝国的存在和扩张本身强化了英国人的帝国意识与帝国情感,尽管从18世纪末13个美洲殖民地脱离帝国起,英国社会就开始出现对帝国与殖民地事务漠不关心的情绪,但始终对帝国抱有热忱与激情的英国人更多,尤其是那些具有强烈宗教情感的人。随着帝国领土扩张步伐的加快,他们的传教雄心和宗教狂热也在增长,他们把自己看作是异教徒的教化者,看作是帝国境内黑人奴隶和土著居民的保护者,对于自己所从事的传教工作,他们相信是上帝赋予盎格鲁—撒克逊民族的神圣使命。这种强烈的使命感伴随着第二帝国的建立与成长,也许可以说是第二帝国与第一帝国的一个显著区别。

19世纪是英国人对宗教的态度发生明显变化的时期,教士们在海外的宗教生涯,从前曾被看成仅仅是给海外英国人带去宗教安慰,从19世纪初开始,由于福音教派的兴盛,英国人的宗教热情大增,宗教的职能迅速上升为将上帝的旨意带给所有国家和所有人民。1813年东印度公司的特许状在续订时,议会对特许状内容作了较大修正,公司在印度的贸易垄断权被取消,同时取消的还有对传教活动的限制。

在议会讨论东印度公司法案的条款时,威尔伯福斯的发言表达了向印度传播基督教的强烈愿望:"这个广阔的、拥有6 000万个灵魂的地方,已经幸运地置于我们控制之下。……我们不光要努力使这些不幸的生灵脱离现在的悲惨境遇,最重要的是将能赐福的真理传递给他们,这不仅仅是改进他们的理解,提升他们的思想,还要设法促进他们世俗的福利,给他们指明通向永久幸福的确切道路。"①

此后英国的传教士们纷纷涌向印度等东方殖民地,他们在印度发现了传播基督福音的新天地:"印度 7 000 万人是帝国的子民、异教徒或穆斯林,而迄今为止我们在这里基本毫无建树,这是应当受责备的。"② 19 世纪中期以后基督教又进入中国等英国经济势力所到之处,开始向不列颠的非正式帝国渗透。

第二英帝国的扩张既是经济和政治上的,同时也是社会文化与思想上的。因此,传播上帝福音成了帝国本身不断扩张的重要动力之一,而传教组织与传教士则成为帝国境内外基督教文化与西方思想传播的载体。

如何看待与评价传教士在英帝国历史上的作用? 这是一个从来就充满争论的复杂问题。亚当·斯密在《国富论》中曾尖锐指出:"传布基督教这个敬神的目的,使这种非正义的计划成为神圣的事业。但此种计划的唯一动机,却是希望发现此等地方的金宝藏。"③

在斯密看来,从最早的殖民掠夺开始,传播基督教就成为西方殖民者掠夺美洲黄金所披的外衣。斯密所抨击的主要是地理大发现和早期殖民时代西方探险家的所为,而传教活动则和帝国一样绵延了几百年,特别是进入 19 世纪以后,基督教与帝国领土扩张和殖

---

① Klaus E. Knorr, *British Colonial Theories: 1570—1850*, Frank Cass & Co. Ltd., 1963, p.380.
② Ronald Hyam, *Britain's Imperial Century, A Study of Empire and Expansion*, Macmillan, 1993, p.93.
③ 亚当·斯密:《国民财富的性质和原因的研究》,第 133 页。

民政策的关系越来越密切,它在帝国中的作用也变得复杂多样。

有些学者认为,传教协会组织是不列颠文化帝国主义的工具与代理人。[1]这种观点并非没有依据,但如果将其作为整个基督教传教活动的总体评价,则未免显得过于笼统甚或片面,至少,它没有将不同历史时期宗教团体和传教士的活动,及其在帝国史上所起到的作用加以区分。

事实上,在不同历史时段内,基督教的活动重点和作用是不同的。以19世纪上半期而言,众多的传教协会组织积极投身废除奴隶贸易和奴隶制的运动,为黑人奴隶的不幸与苦难而呼吁,为帝国境内土著人的权利和利益而呼吁,为在澳大利亚废除罪犯遣送制度而呼吁,这些事实本身很难与文化侵略或文化帝国主义相联系。因此,显然不能用一概而论的方法,用某一特定时段的表现或特征来指代整个帝国史上基督教与传教士的功能。

历史学家多萝茜·汤普逊的分析可能比较客观。她认为:"基督教传教士们去海外改变土著人的信仰,使其成为基督徒,他们抗议征服军队的残忍,支持被征服人民的权利,但是,总体上,殖民地和土著居民的传统都不被征服者所尊重,即使提供教育也是英国式的教育,用的是英国的语言和英国的宗教,例如在英属印度,而印度人民自己的历史、文化和语言,则既不教授也不被理解。"[2]

除了传播基督教教义与文化、改变被征服者的宗教信仰、发动废奴主义运动、呼吁保护土著人利益以及支持废除罪犯遣送制度,教会组织和传教士的活动还不可避免地、自觉地服务于帝国的商业

---

[1] J. Olsen & R. Shadle (eds.), *Historical Dictionary of the British Empire*, Greenwood Press, 1996, p.682.
[2] Dorothy Thompson, *The British People 1760—1902*, London, 1981, p.170.

扩张。这是因为,帝国的成长壮大与基督教传播本身的利益是相互交织在一起的,对英国这样一个岛国来说,对外商业贸易历来至关重要,英国甚至因此获得"店主之国"(a nation of shopkeeper)的绰号。①

在英国人看来,向全世界扩展贸易同时还是一种天道,正如殖民地大臣格雷所说:"商业与和平引领着文明,会使人类生活得更幸福、更有希望、更富裕,这正是上帝的安排。"②因此,传教事业对商业扩张的支持自然是天经地义,教会人士在布道时也不会忘记作这样的祈祷和祝愿:"万能的上帝无需人们帮助,福音的传播也无需人们帮助;然而,如果人们真的能够打开阻碍福音传播的障碍,那将会使欧洲的商业蒙上荣光。"③1841年,巴克斯顿男爵领导下的福音教派曾经试图在西非的尼日尔成立一个协会,而协会的名称就是"商业与基督教联盟"。

传教运动与帝国领土扩张之间的关系更为密切。在第一英帝国时期,"贸易跟着国旗走"是英国人长期恪守的箴言。而从第二英帝国一开始,基督教组织和传教士就紧紧跟着帝国扩张的步伐,牧师们迅速来到帝国新建立的每一个殖民地和新获得的每一块属地,从澳大利亚到新西兰,从印度洋到太平洋,从亚洲到非洲,即使帝国领土最偏僻最遥远的地方,也能发现传教士的身影,第二帝国因此出现了"教士跟着国旗走"的新景观。例如,1820—1824年任马德拉斯总督的托马斯·芒罗爵士(Thomas Munro 1765—1827)就曾这样

---

① Arthur Willert, *Aspects of British Foreign Policy*, Yale University Press, 1928, p.17.
② P. J. Marshall, *The Cambridge Illustrated History of the British Empire*, Cambridge, 1996, p.32.
③ 霍布斯鲍姆:《资本的年代 1848—1875》,第 60 页。

评价在印度的传教士:"英国人在政治上就像穆斯林在宗教上一样狂热,他们认为如果没有英国的制度,一个国家就不会被拯救。"①

领土征服给传教士们带来了传教的动力和激情,也带来了传教的可能与机会。1814年,托马逊牧师(Thomason)对印度的感慨充满上帝使者的抱负与雄心:"我们已经消灭了土著人在政治上的重要性,剥夺了他们的权力,使他们向我们屈服,然而却没能向他们提供任何东西。"②

传教协会组织和传教士的这些信念,并非只是教会和神职人员所特有,事实上,它们是同时代千百万英国人共有的心态和意识的反映,换言之,教会神职人员的思想信念是根植于英国社会土壤之中的。不列颠帝国在几百年的殖民扩张和商业战争中陆续战胜西班牙、荷兰、法国等劲敌,从一个西欧岛国成长为强大的商业强国和殖民帝国,这样一条民族强盛之路对于英国人思想观念的冲击是不言而喻的。

当然,这种冲击主要还是以潜移默化的方式产生,并非一蹴而就。大致从18世纪中期七年战争结束,第一英帝国进入巅峰时刻起,英国人对不列颠帝国所拥有的广阔版图与海上霸主地位已是充满骄傲,这种骄傲伴随着帝国的成长融入英国人的血液之中,成为英国人意识的重要部分。

美洲殖民地的丧失和英国在战争中的孤立与惨败,确实给英国人的心态产生了灾难性的影响,国王乔治三世就确信英国再也不可

---

① Bernard Porter, *The Lion's Share: A Short History of British Imperialism 1850—1983*, Longman, 1985, p.19.
② Ronald Hyam, *Britain's Imperial Century: A Study of Empire and Expansion*, Macmillan, 1993, p.93.

能恢复,只能"降到末流欧洲国家的地位",他甚至因此想放弃王位。①但失败造成的幻灭感及其心理阴影是十分短暂的,而英国海外扩张的动力和帝国的意识已经深深扎下了根,当著名历史学家爱德华·吉本(Edward Gibbon 1737—1794)赞赏年仅 24 岁的小皮特靠政治才干成功地"掌管一个帝国"时,特别强调"这是他本人的光荣,也是帝国的光荣"②。

至拿破仑帝国最终被打败,英国在战争中占领了许多重要的海外领地,一个更为强大并独领风骚的第二英帝国出现在世界舞台,它"在很大程度上可以自由选择是否、在哪里以及何时去进一步扩张,没有一个殖民强国得到过这样的机会,也没有哪一个大帝国使用如此少的武力就得以建立"③。

战后的英国很快又以蓬勃发展的工业革命赢得"世界工厂"的地位,向全世界尤其是欧洲国家提供着蒸汽机车、铁轨、火车车厢和其他机器制成品,以及英国的工程技术人员。一边是强大、富裕、繁荣和充满生机,另一边则是全世界都仰仗着英国的商品、资金与技术,还有什么能比这样一幅帝国的画面更深刻地印在千百万英国人的脑海里呢? 1836 年,查尔斯·达尔文(Charles Darwin,1809—1882)写道:看到欣欣向荣的悉尼港,"我的第一感觉是庆幸自己生来就是个英国人"④。

---

① P. J. Marshall, *The Cambridge Illustrated History of the British Empire*, Cambridge, 1996, p. 16.
② 转引自金志霖主编《英国十首相传》,第 86 页。
③ J. Rose, A. Newton, E. Benians (eds.), *The Cambridge History of the British Empire*, Vol. II, 1940, p. viii.
④ Lawrence James, *The Rise and Fall of the British Empire*, Little, Brown and Company, 1994, p. 169.

随着 19 世纪英国人向帝国海外殖民地移民浪潮的兴起与持续,随着英国与世界市场的广泛联系,帝国与英国各阶层民众生计的关系开始越来越密切,无论是政治活动家还是普通老百姓都同样对帝国的存在充满自豪。传教士们所抱有的坚定信念,正是建立在这种强烈自豪感基础之上的。

然而,英国普通民众的心态又很难精确描述,这是因为,芸芸众生虽然参与了全部历史过程,但留存下来的文字纪录却很难直接找到他们的踪影,只有那些同时代的政治与文化精英们,那些握有权力和知识的人才拥有话语的霸权。尽管如此,他们的意识与观念毕竟也是社会舆论和民众心态的一种折射。就连被称为分离主义者的科布登也认为,殖民制度对英国人的帝国激情具有"令人目眩的吸引"[1]。

从 19 世纪初到 19 世纪中期英国政治家们的言行里,我们可以更强烈地感受到那种弥漫于英国社会、洋溢在英国人心中的自信与高傲。例如,殖民地大臣格雷就坚信:英国人对帝国和世界负有的责任来自于上天的旨意,"英国皇家的权威是上帝之下在广大区域维持和平与秩序的最强大的工具,从而帮助在千百万人民中传播基督教和文明的福音"[2]。他甚至将英国人传播基督教福音与西方的文明看作是一种"伟大的特权"(the great privilege)。[3]

格雷的信念可以说代表了同时代许许多多英国人的信念。在维多利亚时代的人看来,物质文明的进步与基督教的普世福音是完

---

[1] C. H. Currey, *British Colonial Policy 1783—1915*, Oxford, 1924, p.166.
[2] P. J. Marshall, *The Cambridge Illustrated History of the British Empire*, Cambridge, 1996, p.30.
[3] C. H. Currey, *British Colonial Policy 1783—1915*, Oxford, 1924, p.166.

全同一的概念。1851年伦敦成功举办"万国博览会"(the International Exhibition),面对光彩夺目宏大无比的场面,维多利亚女王的丈夫阿尔伯特亲王(Prince Albert 1819—1861)自豪地称其为"基督教文明的节日"。而著名学者与牧师查尔斯·金斯利(Charles Kingsley 1819—1875)走进巨大的水晶宫时,"感动得热泪夺眶而出,仿佛自己正进入一所神殿"①。

如果说传教的使命与海外殖民的理想曾经紧密配合,那么进入19世纪后,它又有了新的发展与含义,这就是:改宗基督教的事业与文明开化的责任是相一致的,"因为文明只能是基督教的文明"②。

第二帝国所取得的辉煌,使英国人普遍相信自己已处于人类进步阶梯的顶端,有责任去改进其他民族的命运。这种整个民族负有上帝授予的使命,要给人类带去宗教福音和现代文明的观念,深深地印在英国民众的心中。所以英国要带头禁止奴隶贸易和废除奴隶制;所以英国要保护帝国境内的土著人民;所以英国要在印度建立"好政府"。

担负着上天赋予的责任意味着成为上帝的"选民",英国人的自信心与虚荣心因此得到最大限度的膨胀与满足,帝国的领土扩张、商业扩张和思想文化扩张,则在宗教使命感的神圣光环下达到了最完美的统一。

当代英国最重要的历史学家之一霍布斯鲍姆(Eric Hobsbawm 1917—2012)曾指出:"19世纪中期的资产阶级预言家们无疑渴望一个统一的、或多或少标准化的世界,在那个世界里,所有政府全都承

---

① Ronald Hyam, *Britain's Imperial Century: A Study of Empire and Expansion*, Macmillan,1993, p.88.
② Marc Ferro, *Colonization: A Global History*, London and New York,1997, p.11.

认政治经济学和自由主义的真理。这些真理已经被那些无私的传教士带到地球的各个角落,他们的传道力量比基督教和伊斯兰教最盛时期还来得强大。"①

1869年,19世纪中期的英国政治家福斯特(William Forster 1818—1886)充分评价了宗教和传教士的作用,指出:维多利亚时代的重要信条就在于,"对原因和结果的知识,从不能取代正确行事、避免错误的动机,我们的教士和牧师要比学校教师更加有用;宗教是推动性的力量,而所有的人员只是机器,没有这个动力,机器是无用的"②。

19世纪是资本主义迅猛扩张并形成世界体系的时代,它同时又几乎是不列颠帝国的时代,英国的传教士们以充满激情、自信、虔敬、献身与怜悯精神的宗教热忱,在传播基督教义、改宗异教徒的同时,以各种方式自觉不自觉地服务于帝国的扩张,成为英帝国不断成长的精神动力。

三、英国人与英帝国

从传教士到政治家,英国人对帝国抱有如此坚定的信念,根源是多方面的,其中既有现实的原因,也有历史的原因。

在现实利益上,绝大多数英国人都认为,帝国是与英国的强大、富裕以及世界影响力密不可分的。"如果不列颠丧失了它的帝国,

---

① 霍布斯鲍姆:《资本的年代 1848—1875》,第 81 页。
② Ronald Hyam, *Britain's Imperial Century: A Study of Empire and Expansion*, Macmillan, 1993, p.111.

它就将丧失作为一个伟大国家的地位:它将在物质上陷于穷困,在军事上受到削弱,英国人民还将大量丧失在世界上留下自己印记的能力。"①而从历史上看,英国人从来就具有十分强烈的盎格鲁—撒克逊人的种族优越感,这种优越感一直可以追溯到不列颠民族形成之际,可以说是源远流长。

英国人的民族意识和民族性也许是西欧各民族中最为强烈鲜明的。"英国人深深感到他们的伟大并且他们已赢得了许多次巨大的胜利,以致他们认为他们是不会输的。在战争中,他们是全世界最信心十足的国家。……即使在15世纪中期,当英格兰不那么走运时,英国人对他们的优越性的信心仍是不可动摇的。"②欧洲大陆国家的人发现,"英格兰人极爱他们自己和属于他们的一切。他们认为除了他们自己以外就没有别人,除了英格兰以外就没有别的世界,而当他们见到一位漂亮的外国人时,他们便说'他长得像个英格兰人',并说'可惜他不是英国人'"③。

有一段流传甚广据说是出自帕默斯顿首相之口的幽默对话,极生动地表达了英国人所特有的优越与自豪感:"法国人说:'假如我不是法国人,我一定希望做个英国人。'英国人说:'假如我不是英国人,我一定希望成为一个英国人'"④。

随着英帝国在19世纪迈向鼎盛与辉煌的步伐,英国人的种族优越感也在进一步强化,詹姆士·密尔在《英属印度史》(1817)中已经

---

① P. J. Marshall, *The Cambridge Illustrated History of the British Empire*, Cambridge, 1996, p.29.
② 肯尼斯·摩根:《牛津英国通史》,王觉非等译,商务印书馆1993年版,第237页。
③ 同上书,第237页。
④ 乔治·马尔科姆·汤姆森:《英国历届首相小传》,第188页。

提出"文明等级"的概念,约翰·密尔的《代议制政府》(1861)则极力夸赞"自助的和奋斗的盎格鲁—撒克逊人",认为"英国人和美国人奋斗的、进取的性格……本质上是人类普遍进步的最好希望的基础"①。

"文明等级"的观念在 19 世纪的英国特别盛行。维多利亚人相信存在着人类文明与进步的阶梯,所有的民族在上面都有自己固定的位置,英国人自然是处在进步阶梯的顶端,因而是文明的领导者,"美国人最接近英国人的位置,其后是德意志人,因为他们拥有积极进取的精神和正确的宗教。在盎格鲁—撒克逊领导者之后,是信仰罗马天主教的法国人,然后是其他拉丁民族"②。

除了强烈的自信心和种族优越感,不列颠民族还格外崇尚大胆冒险与进取的精神,这种精神与基督教新教的教义紧密结合,为英国海外殖民地的形成、发展与壮大,提供了强大、持久的动力。

在西欧国家的海外扩张活动中,英国人实际上属于姗姗来迟者。西班牙和葡萄牙这两个最早形成中央集权的国家,从 15 世纪到 16 世纪末一直是最强大的海上帝国,依仗着地理大发现和海军的优势,在美洲新大陆的殖民征服和掠夺中独占鳌头。而英国、法国、荷兰、丹麦、瑞典等国直到 17 世纪初才开始跻身于美洲的殖民活动,1607 年第一个移民据点的建立和 1620 年"五月花号"的到达,是英国人进入北美的标志性事件。但 100 多年过去了,其他国家的殖民地多半放弃、丢失或根本未能建立起来,唯独英国人在大西洋沿岸扎下了根,13 个殖民地迅速发展并繁荣起来。同时期在北美进行殖

---

① 约翰·密尔:《代议制政府》,第 50、51 页。
② Ronald Hyam, *Britain's Imperial Century: A Study of Empire and Expansion*, Macmillan, 1993, p.77.

民的国家中,只有法国人的成就可以和英国人相比,但七年战争中法国的惨败以及后来拿破仑将路易斯安那出售,法国人便完全退出了北美大陆。

对于欧洲群雄逐鹿北美如此结局的原因,特别是法国占有广阔的地区却没有像英国人那样在北美站住脚的原因,研究者们已经给出令人信服的结论,这就是:英法两国的殖民方式有着明显不同,英国人所建立的是真正的移民殖民地,而法国人却主要是少数商人在广阔区域内与印第安人进行毛皮贸易。严格地说,法国人从没有真正定居下来,更谈不上像英国人那样进行垦殖了。

移民的定居需要在土地上的垦殖开发,移民点的建立需要付出极其艰辛的劳动,如果没有早期移民们的坚韧不拔和吃苦耐劳,英国的移民殖民地就不可能生存下来。英国人在殖民时代表现出的顽强进取精神,是英属北美殖民地得以发展繁荣的重要原因。

英帝国史学家马歇尔(P. J. Marshall)指出:"不列颠是一个躁动不安的社会,(充满雄心的)英国人离开不列颠岛,在全世界寻求商业利益,并宣传他们的价值观。"[1]殖民地的建立和帝国的存在,为不列颠民族的冒险和进取精神提供了最好的用武之地。

不列颠民族在历史上曾被认为具有某种程度的岛民偏狭心理,例如伊丽莎白女王就曾说过自己"仅仅是个英吉利人"[2]。但至少在英帝国的近代扩张史上,英国人从来就不缺乏离开故土去往未知世界的勇气,当然,他们更不缺乏获取和掠夺财富的渴望与贪婪。

---

[1] P. J. Marshall, *The Cambridge Illustrated History of the British Empire*, London, 1996, p. 34.
[2] George Macaulay Trevelyan, *History of England*, Longman and Green Co., 1947, p. 587.

英国上层社会众多的富家名流中,有许多人的祖先或本人就有这样一部发家创业的历史,这里我们不妨选取出过父子两代首相的皮特家族作为例子。

小皮特的曾祖父托马斯·皮特(Thomas Pitt 1653—1726)是整个家族的创业者,是个大胆的冒险家,其传记作者认为,他"是个知道自己在干什么并努力去干的人"。托马斯·皮特的经历就像是一个传奇故事,年轻时当过水手,后来跑到印度经商。为了谋取高额利润,他甚至不顾东印度公司的垄断权,涉足公司的特许贸易范围,并因此被罚款 1000 英镑。但他最终还是与东印度公司合作,并担任了公司的高级雇员,甚至官至马德拉斯总督(1698—1710),在 12 年的总督任内,他到处搜集钻石,因此有"钻石皮特"的绰号。1701 年,他终于在马德拉斯搜寻到一颗重达 410 克拉的世界第二大钻石,花 2.04 万英镑买到手后带回伦敦,请人切割打磨成多块钻石,兜售给欧洲各国王室,1717 年,他以 13.5 万镑的天价将其中最大的一块卖给了当时的法国摄政王奥尔良公爵。①海外几十年的冒险生涯为托马斯·皮特赢得了财富和声望,回国之后他便购买了康沃尔郡最好的地产,其中包括衰败的老萨勒姆选区,之后,他本人和他的子孙们就从这个选区走进了议会下院。②

对财富和冒险生涯的渴望使"移居海外似乎成了英国人的习惯"③,到殖民地经商或到东印度公司任职几乎成了生财之道的同义语。"如果一个来自富裕家庭的年轻人想赚钱,他可以经营海外贸

---

① 这块钻石成为法国国王王冠上的宝石,并以"摄政王钻石"而闻名,从 1887 年起作为法国王室珍宝在卢浮宫内展出。
② 金志霖主编:《英国十首相传》,第 42—43 页。
③ 戴维·罗伯茨:《英国史——1688 年至今》,第 294 页。

易,或成为一个律师。如果他想冒险,则有东印度公司。"①

从事各种海外贸易或投机活动在英国长期成为一种时尚,被看作是迅速致富的最佳方式。例如自由党著名领袖威廉·格拉斯顿首相(William Gladstone 1809—1898)的父亲约翰·格拉斯顿,既是经营印度贸易的富商,同时又在西印度群岛拥有自己的奴隶种植园。②就连后来成为保守党领袖的本杰明·迪斯雷利首相早年也作过海外发财梦,1824年他与人合伙参与美洲矿业投机生意,但他的运气很糟,生意始终亏损,短期内迪斯雷利就背上了几千英镑的巨额债务,直到30年后才全部还清。③

从17世纪初起,除了那些为逃避宗教迫害而离开祖国的清教徒和天主教徒,普通民众移民新大陆或到海外撞大运的人何止成千上万,但历史从来只记载那些成功者留下的轨迹,因此托马斯·皮特的发家史虽然带有某种传奇色彩,却是英国人在海外追求财富历史的一个缩影。

移往殖民地的人群可以说是形形色色,什么社会等级的人都有。根据乔治·马考莱·特里维廉(George Macaulay Trevelyan 1876—1962)的分析,至17世纪末,移民的主要成分为:积极进取者、持不同政见者、受压迫者、欠债者、罪犯以及各种国内社会生活中的失败者。④显然,移民中的大部分来自社会的底层。

从18世纪起,英国开始出现移民热,移民的构成也在发生变化,

---

① Dorothy Thompson, *The British People: 1760—1902*, London, 1981, p.7.
② 金志霖主编:《英国十首相传》,第163页。
③ 同上书,第126页。
④ George Macaulay Trevelyan, *History of England*, Longman, Green and Co., 1947, p.444.

越来越多的普通英国人将迁居新大陆作为寻找新的机会、改变生存状态和命运的最佳选择。美国革命爆发前15年,约有5.5万爱尔兰人、4万苏格兰人、3万英格兰人移民北美,许多苏格兰人或是在印度据有高级文官的职位,或是变成了西印度的种植园主。①

拿破仑战争曾经使移民进程被迫中断多年,待到战争结束,移民海外的浪潮犹如开闸放水般汹涌,规模也大大超过以往任何时代,出现了一个英国人进入美国、加拿大、澳大利亚、新西兰以及开普殖民地的滚滚洪流。

政府对移民潮也予以积极的支持。1823年,议会拨款5万英镑资助268个去英属北美殖民地的移民,1825年又以每人20镑的代价资助了2024个爱尔兰贫民迁往殖民地。② 人们到处在谈论着向海外移民符合"上帝的安排",能将"英国的名声、法律及影响传遍全世界",并服务于"盎格鲁—撒克逊种族在地球上繁衍壮大的使命"。③

从1815年到1914年,100年间大约有2 500多万人离开英国,其中去美国的占了一半稍多,约有1 300万人,其余的分别去了帝国各殖民地,主要是加拿大、澳大利亚、新西兰以及南非等。④但上述数字是整个19世纪的统计,它将19世纪末到20世纪初年英国人移民

---

① P. J. Marshall, *Cambridge Illustrated History of the British Empire*, Cambridge, 1996, p.17.

② Brian Fitzpatrick, *British Imperialism and Australia 1783—1833*, London, 1939, p.253.

③ Ronald Hyam, *Britain's Imperial Century: A Study of Empire and Expansion*, Macmillan, 1993, p.42.

④ Donald C. Gordon, *The Moment of Power, British Imperial Epoch*, New Jersey, 1970, p.85.

美国的高潮与不同时期的移民混在了一起,没能反映出不同历史时期移民的重点。

如果我们单独选取19世纪初期到维多利亚中期这一时段,就会发现,1815年以后的60年间,约有700万英国人迁居海外①,其中移往帝国各殖民地的占了大多数,许多殖民地的人口因此迅速增加。例如新西兰在1853年白人居民只有3.3万人,至1878年已达41.2万人。加拿大人口的增长速度更是惊人,上、下加拿大在1841年合并时的人口总数为115万,10年后增加到184万人,再过10年又猛增到250万人。新建的不列颠哥伦比亚省最初几乎渺无人烟,1858—1860年间大约有居民2万人,到1870年已上升到6万人,短短10年里居民人数增加了2倍。②

一首叫做《移民的梦想》的维多利亚时代流行歌谣,唱出了千百万移民海外英国人的心声:

> 在途中我再一次醒来,
> 我的心中洋溢着深深的爱:
> 亲爱的祖国远隔大海,
> 那里有想念和爱我的亲人,
> 他们为我的幸福向上帝祈祷膜拜。③

促使英国在19世纪出现移民大潮的原因,一般认为主要是国内

---

① J. Rose, A. Newton, E. Benians (eds.), *The Cambridge History of the British Empire*, Vol. II, 1940, p. 438.

② Ronald Hyam, *Britain's Imperial Century: A Study of Empire and Expansion*, Macmillan, 1993, p. 42.

③ L. C. B. Seaman, *Victorian England: Aspects of English and Imperial History*, Methuen, 1982, p. 331.

人口的急剧增长和交通工具的改进。在 19 世纪开始时,英国的人口大约为 1100 万,到 1867 年第二次议会改革时,已达到将近 2600 万①,由于死亡率下降和出生率上升,人口增长的速度的确惊人。海上的交通也确实有极大改进,在沃伦·黑斯廷斯时代②,从英国到印度的路程需要花上 6 个月,而半个世纪后,尽管帆船依然是主要的交通工具,但随着 30 年代末蒸汽航海公司的成立,以及从亚历山大到苏伊士地峡陆上交通的开辟,所需时间大大缩短,到 1840 年已降至 2 个多月。③

然而,移民大潮出现的根本原因,还是英国的工业革命,是工业革命使古老的英格兰社会发生了前所未有的深刻变化。这种变化最初似乎是缓慢的,不知不觉的。但进入 19 世纪,随着工业革命进程的加速,经济结构和社会结构改变的后果迅速以悖论的方式凸显出来:一方面,英国率先完成工业革命,成为产品行销全球的"世界工厂";另一方面,工业化带来庞大失业大军和贫民阶层,英国突然间变成一个贫富悬殊、人口过剩的国家。

面对英格兰、苏格兰和爱尔兰普遍的失业与贫困,马尔萨斯的人口增长理论开始得到人们的认同,政治家们则谈论着如何"铲除贫民"(the shoveling of paupers)④,整个 19 世纪上半期,向殖民地移民被当作一种近乎完美的万灵药,成了缓解社会矛盾和人口压力最

---

① J. Bowle, *The Imperial Achievement: The Rise and Transformation of the British Empire*, London, 1974, p.188.
② 黑斯廷斯为第一任印度总督(1772—1785 在任)。
③ J. Bowle, *The Imperial Achievement: The Rise and Transformation of the British Empire*, London, 1974, p.192.
④ Klaus E. Knorr, *British Colonial Theories 1570—1850*, Frank Cass & Co. Ltd., 1963, p.269.

现实可行的道路。威克菲尔德的系统殖民理论之所以对社会各界产生长期的影响,很大程度上正是英国当时急需解决失业、贫困等严重社会问题的反映。

至19世纪中期,周期性出现的工商业经济危机,大面积的自然灾害与农业歉收,更是直接推动着向海外移民的浪潮,在"饥饿的40年代"①,移民们的动力和目标已经不再是财富和冒险,而仅仅是维持生计,帝国和殖民地的存在已经成了英国缓和国内社会矛盾的减压阀。

除了在不同年代出于不同目的迁居殖民地的普通民众,与帝国自始至终关系密切的人是英国的地主贵族和乡绅。

从光荣革命直到19世纪中期,英国社会始终处于"贵族时代"。工业资产阶级的政治代表和贵族政治的反对者科布登曾经感叹:"当贵族阶级表现出虚伪的自由主义态度时,与他们作斗争是一项艰难的任务。"② 1846年,约翰·汉普登这样描述贵族阶级的社会地位,"他们通过儿子、金钱和权势占有下院。他们拥有教会、政府、陆军和海军。他们占有国内外所有官职。他们拥有国内地产和海角天涯的殖民地"③。

英国著名历史学家肯尼思·摩根认为:贵族和乡绅"可能是维多利亚统治时期变化最小的一个阶级……它继续行使巨大的政治权力,为议会的两个政治派别提供众多的成员,几乎拥有英帝国所有的高级官职"④。

---

① Herbert L. Peacock, *A History of Modern Britain 1815—1981*, Heinemann, 1982, p.65.
② T. A. Jenkins, *The Liberal Ascendancy 1830—1886*, Macmillan, 1994, p.67.
③ 转引自阎照祥《英国贵族史》,人民出版社2000年版,第198页。
④ 肯尼思·摩根:《牛津英国通史》,第511页。

在地主贵族垄断着帝国高级职位的同时，他们的儿子则构成另一支帝国殖民体系内中级官吏的大军。英国是实行长子继承制的国家，土地贵族的小儿子们由于不能继承父辈的地产和爵位，历来就有经商和到海外发展的传统，他们通常都能在殖民地总督那里得到薪水丰厚的殖民地官员职位。

除了各殖民地的行政机构，印度是英国贵族子弟最为向往的地方，整个19世纪上半期，这些"缺少财产却有足够闲暇"[①]（propertyless leisured class）的年轻人，都争先恐后地谋取东印度公司军队的军官职位，以获得优厚待遇和高高在上的地位。印度建立文官队伍以后，一大批英国中产阶级的子弟迅速进入其间，成为职业的英印政府官员。

这样，由于个人事业和生计与帝国息息相关，英国的贵族、乡绅以及中产阶级历来是最具帝国精神的社会阶层，他们的帝国自豪感和民族优越感也最为强烈。欧洲各国在英国领导下最终打败拿破仑帝国的事实，使他们对盎格鲁—撒克逊民族蒙受圣恩与天命的信念更加确信不疑。他们坚定地认为，反法战争的胜利，是由于上帝站在了英国人一边，是上帝对英国人从事的正义事业、基督教新教以及英国政治制度作出判断的结果。[②]为此，他们更加藐视所有的非白人、非盎格鲁—撒克逊人以及非新教教徒。

英帝国得以建立的原初动力，毫无疑问是贸易、掠夺和获取财富，海外的殖民扩张，也主要是少数从王室手中获得特许状的私人或大贸易公司的行为。但随着帝国版图的不断扩大，随着殖民地的

---

① Denis Judd, *Empire: The British Imperial Experience from 1765 to the Present*, Fontana Press, 1997, p.4.
② Martin Kitchen, *The British Empire and Commonwealth*, Macmillan, 1996, p.22.

发展，特别是进入19世纪以后，英国社会各个阶层与帝国的联系越来越广泛，移民、传教士、商人、冒险家、帝国官员、殖民地官吏和驻军官兵，所有这些身份不同、形形色色英国人的命运，与帝国的命运连在了一起。帝国已经渗透到英国社会生活的方方面面，它就像一个巨大的正在运转的机器，改变着英国人的生活方式，也改变着英国人的观念。

美国历史学家戴维·罗伯茨对英帝国本身给英国人的生活及思想观念带来的影响，作了堪称细致生动的分析描述：

> 帝国的存在已成为深入人心的事实，这使英国人自视为世界上最优越的人种。数以百万计的英国人背乡出国，移居到各自治领，统治印度，与中国通商，在非洲传布福音，在南美经营实业。移民回国探亲或写书函报告，帝国官员述职度假，使英国人一代一代对帝国各部分的风土人情、景物财富，都有了深切了解，这类风情又衍化成宣表英国人业绩的书报小说。贸易和投资给母国带回了无数财富。英国人搭船周游世界，在开罗、亚丁和孟买停泊，住进英国人的旅馆，处处领略帝国的存在。特别是统治阶级，他们在国外担任军事和行政职位，享受荣誉和薪金，面子非常光彩。①

对财富利益、宗教信仰和民族威望的追求，驱使着不列颠民族奔走于世界各地，建立起庞大的英帝国，而帝国的存在本身反过来又塑造和影响着英国人的观念。

历史学家们指出，早在1870年以前很久，就能看到英国人对帝

---

① 戴维·罗伯茨：《英国史——1688年至今》，第320—321页。

国的深深自豪。1829年,英国《评论季刊》写道:"不管几个英国殖民地未来的命运是什么,帝国至少向世界上最遥远的地方传播了英国的法律、语言与道德品质。"[1]一些英国人甚至把帝国看作是上帝恩赐的结果:"对这样一个成长如此惊人、结构如此绝妙不同的帝国,说它是一种盲目机会的结果,这是对神的不敬。"[2]约翰·西利爵士说:"跨越海洋的不仅是英吉利人,而且是英国的权威。"[3]当帝国在维多利亚时代步入它的鼎盛与辉煌时,戈尔德温·史密斯发现:"一想起帝国,每一个英国人的心中就必然充满骄傲。"[4]

就这样,在不知不觉中,19世纪的英国人"形成了因处在一个世界范围帝国的中心而产生的民族认同感"[5],成为最骄傲最自信的帝国臣民。

不同社会阶层的英国人对于帝国的感受和理解是不一样的。帝国就像是一个万花筒,将各种不同的帝国观念都装在了里面:对千百万英国普通民众来说,帝国意味着大量能够轻易获得的未经开垦的空地;对传教士来说,帝国意味着传播基督福音和西方文明的神圣使命;对商人和冒险家来说,帝国意味着获得利润和财富的无限机会;对帝国官员和殖民地总督来说,帝国意味着英国的宗主权以及王室和议会的权威;对殖民地的英军军官来说,帝国意味着个

---

[1] Klaus E. Knorr, *British Colonial Theories: 1570—1850*, Frank Cass & Co. Ltd., 1963, p.364.

[2] Ronald Hyam & Ged Martin, *Reappraisals in British Imperial History*, Macmillan, 1975, p.91.

[3] J. R. Seeley, *The Expansion of England*, Roberts Brothers, Boston, 1883, p.43.

[4] Ronald Hyam & Ged Martin, *Reappraisals in British Imperial History*, Macmillan, 1975, p.92.

[5] P. J. Marshall, *The Cambridge Illustrated History of the British Empire*, Cambridge, 1996, p.10.

人成功生涯的开始；对英国两党政治家来说，帝国就是大不列颠力量和国际威望的象征，没有什么东西能够与帝国的存在相比拟。帝国在军事和商业上的意义、地位不言而喻，从来就没有任何一位主流政治家对此表示过些许怀疑。

进入自由贸易时代之后，帝国在战略、经济、政治、文化或精神上的价值不仅没有减弱，相反，由于帝国版图的不断扩大和"非正式帝国"的逐渐形成，它们的重要性反而更为突出。因此，帝国的内涵与外延都大大扩展了。

英国在17世纪、18世纪先后与几个西欧强国长期争斗，在很大程度上仍然是近代早期以来强国之间商业战争的继续，它同时又是一种争霸战争，即争夺海上优势和海外领土的战争。

英帝国史鼻祖约翰·西利在其代表作《英格兰的扩张》中，分析了英国人像古代以色列人出埃及一样大量向海外移民（English Exodus）与帝国扩张之间的关系。他指出：人们通常总是以为这一切最简单明了和不可避免，就好像英国碰巧拥有大量过剩的人口和最强大的海军力量，所以在海外没遇到什么反对就占有了那些土地辽阔的国家，但这种看法是个"极大的错误"。西利得出的结论简练而精确："我敢断言，18世纪的海外扩张决定了英国全部的国家事务。从路易十四时代到拿破仑时代，英国就是为了争夺在新大陆的殖民地而斗争。"[①]

在重商主义理论指引下，帝国海外领地无疑是国民财富、国家威望以及民族荣誉的同义语，这样的帝国信念深深扎根于英国人尤其是英国政治家们的心中，并像遗传基因一样一代代传下去，直至

---

① J. R. Seeley, *The Expansion of England*, Roberts Brothers, Boston, 1883, p.13.

20世纪。这方面,温斯顿·丘吉尔的例子也许最为典型,他是反对德国法西斯纳粹的英雄,同时又是英帝国的坚定捍卫者,曾声称自己当首相不是为了来清算大英帝国。这种立场不仅顽固而且显得落伍,但对英国人来说却毫不奇怪,在丘吉尔本人看来更是天经地义,因为他早就明确表示:"所谓帝国思想,就是指永远将帝国放在自己本民族利益之上。"①

可以说,几百年中帝国的观念已经像血液一样流淌在英国人的血管里。当历史进入19世纪,自由贸易的时代来临之时,帝国的信念和意义也始终没有动摇。那些亲手进行帝国商业和殖民政策改革,将旧殖民体制下的传统帝国逐步改造为自由帝国的人,那些以各种方式呼唤并实践自己帝国理想的人,从小皮特到坎宁、赫斯基森,从皮尔到罗素、德比,从达勒姆到格雷、额尔金,从威克菲尔德到布勒、莫尔斯沃思,从帕默斯顿到格拉斯顿、迪斯雷利,恰恰都是些帝国信念最坚定、帝国意识最强烈的人。②

他们或者是帝国政策的决策者,或者是殖民地改革的鼓动家,

---

① A. P. Thornton, *The Imperial Idea and its Enemies, A Study in British Power*, Macmillan, 1985, p. viii.
② 小皮特:托利党人,首相兼财政大臣(1784—1801,1804—1806);乔治·坎宁:托利党人,外交大臣(1822—1827)、首相(1827);赫斯基森:托利党人,贸易大臣(1823—1827);皮尔:保守党人,首相(1834—1835、1841—1846);罗素伯爵:自由党人,首相(1846—1852、1865—1866);德比伯爵:保守党人,殖民大臣(1833—1834、1841—1845),首相(1852、1858—1859、1866—1868);达勒姆伯爵:上下加拿大总督、英属北美各殖民地大总督(1838);格雷伯爵:自由党人,殖民大臣(1846—1852);额尔金:保守党人,加拿大大总督(1847—1854);威克菲尔德:系统殖民理论的创立者和实践者;查尔斯·布勒:殖民地改革家;莫尔斯沃思:殖民地改革家;帕默斯顿:自由党人,外交大臣(1830—1834、1835—1841、1846—1851),首相(1855—1858、1859—1865);格拉斯顿:自由党人,殖民大臣(1845—1846),首相(1866、1868—1874、1880—1885、1892—1894);迪斯雷利:保守党人,财政大臣,首相(1868、1874—1880)。

或者是殖民政策的具体执行人,由于所处时代与角度的不同,他们对帝国的理解也各不相同,有的立场激进,有的态度保守,有的偏重理想,有的长于务实,有的始终如一,有的前后矛盾。但他们的思想与观念无疑是19世纪自由主义时代英国主流意识形态的反映,因此他们拥有一个共同的特征,那就是:对帝国的自豪与自信,坚信英国人对世界负有历史使命。

这些自由主义政治家和活动家,面对的是不同历史时期的帝国问题,因此他们的帝国观念也就不可避免地带有不同的时代烙印,人们可以从他们在议会演讲、友人谈话、书信著作所表达的思想中,清晰地看出自由英帝国形成的历史轨迹,以及19世纪初期到中期关于帝国和殖民地问题英国的主流社会舆论。

19世纪20年代,外交大臣坎宁处心积虑地与美国争夺进入拉丁美洲的机会:"大不列颠期盼与任何前西班牙美洲殖民地建立比政治和商业往来更亲密的联系。""现在西属美洲是自由的,如果我们的政策不出错的话,它将是英国的。……不管我是否在任,这一目标应真正实现,因为这是一件在世界当前状态下必要的事。如果我为此遭到反对,毫无疑问我会辞职。""是我们的决定让这些扬基佬大受损失,美国虽然抢了先却什么也没得到,我们再一次使美洲与欧洲相连接。"①

1828年,贸易大臣赫斯基森盛赞英国人向海外的移民计划,认为移民将英国的法律和制度带到全世界,这样,就"为传播自由、和平、秩序和基督教文明作出了贡献"。②

---

① Ronald Hyam, *Britain's Imperial Century: A Study of Empire and Expansion*, Macmillan, 1993, pp.58-59.
② Ibid., p.42.

1835年,在皮尔第一次内阁中任殖民部次官的格拉斯顿对帝国充满自豪:"没有一个人,特别是如果他拥有英国人的姓名,承认英国人的责任,在实践他对我们殖民帝国问题的想法时,不被帝国加在我们身上的道德责任的重要性所打动。"① 1849年在议会发言中,格拉斯顿提醒人们不要忘记"上帝指派给我们这个国家的使命,它奠定了我们在世界各地建立强大国家的基础"②。

1838年,外交大臣帕默斯顿将维护自由和传播文明作为英国的国家利益和荣誉:"英格兰的制度使她必须去维护所有其他民族的自由与独立;远离其他国家之间的利益冲突以确保自己的独立(性);将她自己道德的重量加在那些正自发追求自由的人民一边;尽可能远和尽可能快地将文明传播到全世界。我确信这就是我们的利益,我确信它必定增加我们的光荣,我相信只要我们有这个意愿,我们自身就有力量去从事这一事业。"③

1848年,殖民地大臣格雷积极赞同政府对移民实行资助:"向澳大利亚移民可能使帝国获得最大的好处,它为目前和平时期那些在国内找不到适当生计的人,提供更热切母国精神的发挥场所;它还创造和增加英国与澳大利亚之间的交通繁荣,可以使我们的机器制造业主能够从事大量有利可图的贸易。"④

1849年,自由党首相罗素坚决主张不能放弃任何殖民地:"我们殖民地中任何一个部分的丧失,都将会减少和降低英国在世界上的

---

①② Ronald Hyam & Ged Martin, *Reappraisals in British Imperial History*, Macmillan, 1975, p.91.

③ L Seaman, *Victorian England: Aspects of English and Imperial History*, Methuen, London, 1982, p.101.

④ C. C. Eldridge, *Victorian Imperialism*, Humanities Press Inc., Atlantic Highlands, 1978, p.43.

重要性,那些掠夺成性者很快就会聚集在一起,夺取我们帝国其他的部分。"①

1850年,罗素在制定"澳大利亚殖民地政府条例"的同时,毫不怀疑保留殖民地既是英国的责任又是帝国的需要:"我认为,维持一直在英国管辖之下的帝国殖民地是我们的职责。为了这些殖民地的利益,我们不能放弃管理他们的义务与责任。我确信英国是改进和开化那些地方的工具。此外,有许多理由决定了我们为什么要将殖民地看作帝国力量的组成部分,无论和平时期还是战争期间,我们是保留这些来自英国的帝国权威的支持,还是丢掉它们,都是极其重要的问题。"②

1853年,殖民大臣格雷指出帝国是英国的力量所在:"英国的力量和影响取决于它在世界不同地方拥有大的殖民地。……在全球拥有众多坚定而忠诚的盟友,毫无疑问将大大增加任何一个国家的力量。在独立的国家之间从没有一个联盟像使联合王国的殖民地团结在大不列颠帝国之内的联系那样紧密和密切。不应当忘记,一个国家的势力不仅仅取决于它能支配的物质力量,而且在不小程度上,依赖于观念和精神的影响;在这方面,如果殖民地丧失了,英国的势力将大为减小,其程度难以估计。"③

帕默斯顿关于英国人肩负着重大历史使命的思想,在同时期的英国政治家中无疑最为强烈,因而也最具代表性。1848年,时任外

---

① Klaus E. Knorr, *British Colonial Theories: 1570—1850*, Frank Cass & Co. Ltd., 1963, p.363.
② C. C. Eldridge, *Victorian Imperialism*, Humanities Press Inc., Atlantic Highlands, 1978, pp.52-53.
③ P. J. Marshall, *The Cambridge Illustrated History of the British Empire*, Cambridge, 1996, p.30.

交大臣的帕默斯顿充满自信地宣布:"我们的责任——我们的天职——不是去征服或奴役,而是使人类获得自由。在道德、社会以及政治文明上我们英国人站在世界最前列,我这样说没有丝毫虚荣的自夸,也没有冒犯任何人。我们的使命就是指引方向,率领其他民族前进。"①

在分析与描述英国主流政治家关于英帝国的立场时,一个无法回避的问题是如何看待自由党领袖格拉斯顿(1809—1898)和保守党领袖迪斯雷利(1804—1881)的对立与分歧。两个人都是维多利亚时代最重要的政治家,在传统史学观点中往往被当作两种帝国观的代表,由于迪斯雷利从60年代开始对自由党的帝国政策进行猛烈抨击,这不仅使同时代的人产生了自由党人对帝国漠不关心、保守党人才对帝国充满热情的强烈印象,而且影响到许多帝国史的研究者,在一些帝国史著作中,这种评价似乎已经是盖棺定论。

实际上,问题远非如此简单,自由党和保守党的帝国政策自然存在着差异与分歧,但决不是像迪斯雷利所形容的那样泾渭分明,甚至水火不容。之所以会产生这样与真实的历史相去甚远的结论,原因有许多,但最根本的,无疑是两大政党党争的需要。

从1846年皮尔内阁倒台,到1874年迪斯雷利组阁,将近30年里绝大部分时间都是自由党执掌大权,而保守党只是分别在1852年、1858—1859年、1866—1868年组织过三次短期内阁,全部执政时间还不到5年。三届内阁的首相均为保守党元老德比伯爵,而由迪斯雷利担任财政大臣,由于迪斯雷利实际成为保守党的领军人物,因此这三届内阁通常又称为"德比—迪斯雷利内阁",1868年

---

① W. Baring Pemberton, *Lord Palmerston*, The Batchworth Press, London, 1954, p.141.

初德比因病辞职,迪斯雷利接任首相,但自由党在当年的大选中再次获胜,迪斯雷利只得辞职。

这样一种局势的含义是显而易见的——保守党必须作重大的战略与策略调整,否则就会被自由主义的时代大潮所抛弃。迪斯雷利对此感受极为深刻,并最终根据历史和时代的需求完成了对保守党的改造,因此被称为"新托利主义"的创立者。

迪斯雷利出身犹太裔富商家庭,政治上并不是一个保守主义者,但他对打上近代色彩的贵族政治情有独钟,认为"英国仍是由传统势力统治的惟一重要的社会,在世界无耻的毁灭中它维持着荣誉、自由、秩序和财富……英国并不是由按照通常意义上所理解的贵族来统治的,它是由贵族政治的原则统治着。英国的贵族政治吸引了所有的贵族,它接受了每个阶级、每个阶层和每一个遵从我们社会的人"[①]。

根据迪斯雷利传记作者的评价,迪斯雷利"冷静、多疑、能言善辩","是一个十分干练的战略家和策略家"。"在他的各种观点中有玩世不恭的成分,在他的性格中也没有丝毫道义上的热情,但是就领导政党的艺术来说,他是举世无双的"。在个人的品行和人格魅力方面,迪斯雷利没有什么可称道的地方,倒是有不少相反的例子,维多利亚女王的丈夫阿尔伯特亲王曾评价他"没有半点正人君子气"[②]。

在迪斯雷利的政治选择中,策略第一、需要第一的例子比比皆是。例如,1846年皮尔内阁因废除《谷物法》造成党内分裂并最终倒

---

① 转引自金志霖主编《英国十首相传》,第137页。
② 同上书,第151页。

台,很大程度上,正是由于迪斯雷利等人在托利党内组成反对派所致。而迪斯雷利之所以反对皮尔,并非出于政治立场的不同,而是借机对1841年皮尔上台时拒绝他入阁的报复。

当下院进行废除《谷物法》的辩论时,迪斯雷利充分展示了自己的议会演说才华,"他的演讲言简意赅、机智幽默,词语多变,使下院中最爱打瞌睡的议员也会振作起来"①。迪斯雷利对皮尔的评论充满讥讽和人身攻击,说皮尔是"其他人聪明才智的窃贼",自己没有能力创制广泛的政策,只懂得从他人思想中获取直接的政治利益,其垮台是建设一个政党却没有原则所遭到的"报应"。②

但迪斯雷利的过人之处,在于他对历史发展趋势和政治斗争局势的清醒认识。他充分意识到自由主义在19世纪英国的地位,因此主张:"一个完美的保守党政府,就是托利党掌权加辉格党的措施。"③在重建保守党的过程中,迪斯雷利经常提到"要更多地考虑策略,更少地考虑原则"④。这一格言可以说是他整个政治生涯的真实写照。

纵览19世纪中期的英国史,可以十分清楚地看出迪斯雷利对保守党改造的成果:在国内政策上,保守党一改第一次议会改革运动中反对改革的形象,和自由党人争相打起自由主义和改革的大旗,主动进行国内政治改革和社会改革。因此,我们便看到了这样一幅似乎不可思议的画面:是保守党人通过了1867年第二次议会改革方

---

① 乔治·马尔科姆·汤姆森:《英国历届首相小传》,第203页。
② G. M. Young & W. O. Handcock (eds.), *English Historical Documents*, Vol. XII, (1), London, 1956, p.25.
③ L. C. B. Seaman, *Victorian England: Aspects of English and Imperial History*, Methuen, London, 1982, p.62.
④ 转引自金志霖主编《英国十首相传》,第139页。

案,是保守党人制定并推行了大量保护工人利益的社会立法。

在帝国问题和对外政策上,保守党则不遗余力地对自由党大肆攻击,千方百计地树立保守党才是英帝国捍卫者的形象。迪斯雷利曾经在演说中特别强调了保守党的上述新政策:"保守党的另一个目标,就是改善人民的生活条件,其重要性一点不亚于维护帝国的地位和确保我们的制度。"①

《现代英国》的作者马里欧特认为,"在英国的政党领袖中,迪斯雷利是传布新帝国主义的福音而摒弃其政治幼稚时期所接受的信条的第一个人"②。然而,如果我们把迪斯雷利对自由党帝国政策的激烈攻击放到上述大的历史背景之下,就会清楚发现其中几乎不加掩饰的党派斗争动机,为了抢占有利的政治地形,迪斯雷利像以往一样充分施展他的公众演说才能,使用大量夸张性语言,以达到耸人听闻的效果。

这里我们简略分析一下迪斯雷利1872年在伦敦水晶宫的演讲,它通常被当作集中代表了保守党人新帝国观的一份宣言。

迪斯雷利在演讲中首先以他特有的驾驭语言的能力,给自由党戴上了耸人听闻的瓦解帝国罪名:

> 如果你回顾一下这个国家自从40年前自由主义产生以来的历史,你就会发现,这里还不曾有过像自由主义者力图瓦解英帝国的尝试那样进行得如此持久,如此巧妙,花费了如此之大的精力,并投入如此之多聪明才智的努力。③

---

① 转引自金志霖主编《英国十首相传》,第142页。
② 马里欧特:《现代英国》,第122页。
③ C. H. Currey, *British Colonial Policy 1783—1915*, Oxford, 1924, p.162.

迪斯雷利就用这样一句话,巧妙地将自己以及保守党与自由党人划清了界限。他不顾 40 年代到 60 年代殖民地政治改革得到了英国政界一致支持和拥护的历史事实,不顾正是由于殖民地实现了责任制政府和自治原则,帝国才得以巩固的历史事实;同时也仿佛忘记了自己过去的帝国立场,忘记了 1852 年他初任财政大臣时发过的"磨石"(millstone)牢骚,声称自由党人"瓦解"帝国的政策遭到了"完全失败",而帝国得以保存的原因,只是由于"殖民地对母国的同情"。

在攻击自由党人的帝国政策时,迪斯雷利提出了自己的观点,但人们从中却看不出有什么特别的新意:

> 我不是一个反对自治的人,我想象不出除了自治政府之外我们那些遥远的殖民地怎么能够管理它们的事务。……但是我认为,在承认自治时,应该把它作为一项巩固帝国的伟大政策的一部分。承认自治应该同时确立帝国关税率,应该同时保证英国人民作为受托人享有那些属于国王的尚未占用的土地,并且应该同时制定一项军事法规,明确规定保护殖民地的方法和责任。而且,还应该同时在伦敦建立一个代表会议,使殖民地能同宗主国政府保持经常的、持续不断的联系。①

迪斯雷利的这些主张,基本可归纳为确立帝国内部关税税率、殖民地土地由英国支配,殖民地防卫应由英国承担,以及加强帝国与殖民地经常性联系等四条,除了加强帝国与殖民地联系多少有些新意之外,其余内容没有一条与 40—60 年代英国实际推行的殖民地

---

① B. L. Blakeley & J. Collins (eds.), *Documents in British History*, Vol. II, McGRAW-Hill, Inc. 1993, p.169.

政策有相左之处。

我们首先来看关税税率问题。迪斯雷利所主张的帝国关税率，即要求由英国来确定那些已获自治权利的移民殖民地与英国贸易时的进出口税率，换句话说，英国对于自治殖民地的贸易政策应当拥有很大一部分决定权。实际上，允许殖民地建立责任制政府乃至完全自治，但其贸易政策必须依然由英国来掌握，这一认识自始至终是英国政治家的共同立场。

以达勒姆伯爵为首的殖民地改革派是最早呼吁给予殖民地责任制政府的人，但在1839年向政府提交的著名报告中，达勒姆清楚地将殖民地贸易政策决定权划给了帝国政府。当皮尔内阁和罗素内阁先后废除《谷物法》和《航海条例》，使英国完全实现了自由贸易时，政治家们几乎无一例外地相信，其他国家会陆续以英国为榜样，自动地向英国打开贸易的大门。至于在经济上依赖母国市场并依然得益于帝国优惠关税的殖民地，那就更不在话下，除了和母国一样实行自由贸易，殖民地不可能有另外的选择。

然而，现实却打破了帝国政治家一厢情愿的判断，加拿大在英国废除《谷物法》之后即宣布取消给予英国货物的优惠关税，英国人当时的反应并不强烈，因为这首先符合自由贸易的原则，其次对于拥有绝对工业优势的英国几乎没有什么影响。但到了1859年，加拿大人决定对包括英国产品在内的外国机器制成品一律征收高额进口关税时，英国工厂主和商人的愤怒爆发了，然而殖民大臣的抗议与交涉都不能迫使加拿大人让步，最后英国只得无奈地接受现实，承认殖民地责任制政府有权自行决定自己的商业和贸易政策，而帝国政府及议会无权对此进行干预。

加拿大关税问题的实质，是自治原则高于一切还是自由贸易原则高于一切的问题,如果英国坚持殖民地必须和母国一样实行自由贸易,就等于否认殖民地责任制政府的自治权利,这其中的逻辑矛盾显而易见。因此,加拿大人的立场至少在理论上是无法反驳的。

殖民地公共土地的处理权问题在性质上与关税问题完全不同,因此,围绕移民殖民地的土地问题,英国与殖民地人民的矛盾持续时间更久,冲突也更为激烈。

自17世纪初英国开始在北美进行殖民活动起,除了享有国王特许状的私人和垄断公司建立的殖民地,所有帝国海外领土的所有权都属于英国国王,这一概念就像自然法则一样天经地义。在英帝国历史上,它既是一项不容置疑的原则,又是已存在几百年的现实。

威克菲尔德"系统殖民理论"的主要内容,是建议将殖民地总督向移民无偿赐授土地的做法,改为以"充分的价格"公开出售,并将所得收入用于政府对自由移民的旅费资助。这一理论的预设前提,就是殖民地公共土地属于英国皇家所有,而帝国议会与政府是国王财产的受托人。因此,在《达勒姆报告》中,殖民地公共土地的处置权被理所当然地排除在殖民地责任制政府应享有的权利之外。

帝国政府和殖民地之间就公共土地支配权问题产生的冲突,在澳大利亚表现得尤为突出。英国议会曾经一次又一次地重申对公共土地的支配权,例如,1842年《新南威尔士和范迪门地政府条例》、1850年《澳大利亚殖民地政府条例》,这两个最重要的法令都宣布了公共土地处置权属于帝国议会。

但公共土地问题对于澳大利亚各殖民地的发展具有特别重要的意义,因为移民们最终在澳洲找到并发展起来的生财之道是畜牧业，澳大利亚广袤而未开垦的土地为牧地租用人提供了天然的牧场，养羊业因此得到迅速发展，澳大利亚的优质羊毛源源不断地运往英国，从根本上解决了英国毛纺织业的原料问题。养羊业的发展需要不断扩大的新牧场，因此土地使用权问题自始至终是澳大利亚移民社会的一个焦点。

从30年代起威克菲尔德的系统殖民思想事实上开始被英国政府所接受，1831年英国宣布废止无偿赐授土地的做法，按每英亩5先令的价格公开出售，同时允许牧地租用人租用公共土地作为牧场。1838年8月，殖民地大臣格利内尔勋爵（Glenelg）在给新南威尔士总督吉普斯（G·Gipps）的训令中写道："我不得不通知你，女王陛下政府的意见是：殖民地利益所要求的时刻已经到来。……为了充分实现1831年《里彭条例》的原则，现在，大幅度提高殖民地土地的出售价格是绝对必须的。……因此，我命令你立即以每英亩12先令取代5先令的最低价格。"[1]

1839年新南威尔士开始按每英亩12先令的新规定出售土地。此后土地价格又进一步提高，至1842年已达每英亩1英镑，租地的牌照税也跟着相应提高。这对牧场主的利益自然十分不利，已拥有经济实力和社会地位的牧场主们一直在为土地的使用权而斗争，反对英国的土地政策因而成为澳大利亚人民争取自治权利的一个重要内容。

面对持续的强大压力，英国政府只得不断作出让步，通过1847年的枢密院令，使牧场主对土地的长期使用权得到了保证。1852年，英

---

[1] Frank Crowley, *Colonial Australia: A Documentary History of Australia*, Vol. I, Nelson, 1980, pp.551 - 552.

国最终同意将公共土地处置权和其他权力移交给澳大利亚各殖民地自治政府。

新西兰的情况与澳大利亚基本相似,只是在解决的时间上稍迟一些。

关税问题和公共土地问题的历史回顾,说明了英国政府的基本态度是"非不为也,实不能也"。在自由主义大潮的冲击下,殖民地责任制政府的建立和自治原则的确立,为殖民地民族主义的逐渐产生提供了最好的契机和土壤,这是历史发展的大趋势,是任何一个具体的个人和政党所无力阻挡的,因此,迪斯雷利的指责实际上并无道理。

殖民地防卫问题要稍稍复杂一些,因为19世纪60年代起英国从殖民地逐渐撤出驻军,使迪斯雷利的指控看上去有了真凭实据,自由党人似乎真的对帝国漠不关心,想把殖民地当作包袱甩掉。

实际上,只要稍加分析就不难看出,这一指责并不具有真实性。使英国决定撤出驻殖民地军队的具体原因,首先是英国朝野一致的对殖民地应承担内部治安和外部防卫的共识。这一共识的内涵,既有对已授予责任制政府的殖民地自治权利的理解,也包含削减防卫开支以减轻英国纳税人负担的考虑。

英国自创建海外殖民地以来,除了印度,所有的殖民地驻军费用都是由英国自己负担的。在殖民地相继建立责任制政府实现地方自治之后,英国人对此的抱怨和不满便有了充足的理由,因此,1862年下院是以压倒多数通过撤出英国驻军决议的。

决议的动议者阿瑟·米尔斯(Arthur Mills)是下院特别委员会的主席,他最初的提议是"自治殖民地应当担负主要的内部治安与防卫的责任",在最后辩论通过时,决议被补充加上了"还应当支持殖民地外部防卫"的字样①,这说明了英国人当时对这一问题的基本立场。

1865年,当英属北美各省大联合的实现指日可待时,殖民地代表和英国政府代表在伦敦举行会谈,从事后殖民大臣卡德韦尔勋爵给加拿大总督蒙克子爵(The Viscount Monck)的通报来看,双方对加拿大的防卫问题达成了共识。会谈中,双方确认了"帝国的安全应当依赖于它自己的力量和利用它自己的资源"这一原则,但英国代表保证帝国政府将拨款用于改进魁北克的军事防御,加拿大代表则"无保留地表达了加拿大决心用它全部的人力和财力资源来维持与母国联系的愿望",并同意增加民兵开支以及按照英国陆军部的要求进行民兵训练等等。②这表明殖民地人已经接受了英国人的立场。

除此之外,19世纪中期的英国人开始产生"英格兰已经不再安全"的担忧和惊慌,越来越多的人在谈论要加强"本土防御"。比较有影响的评论一直可追溯到40年代,例如,1847年威灵顿公爵就曾指出:如果英国海军被打败的话,战争只要开始一个星期,英格兰就不会再安全。③这种忧虑带来了英国军事思想的根本转变,也加速了英国从殖民地撤军的步伐。

对英属北美的防卫,英国人认为:不列颠是海上强国而不是陆上强国,一旦英美发生战争,英国不能依靠建立在上加拿大毫无希

---

① *Hansard*, Third Series, CLXV, pp. 1032 – 60, see *The Cambridge History of the British Empire*, Vol. II, p. 833.
② A. B. Keith(ed.), *Selected Speeches and Documents on British Colonial Policy*, Vol. I, Oxford, 1933, p. 330.
③ J. Rose & A. Newton, E. Benians (eds.), *The Cambridge History of the British Empire*, Vol. II, p. 824.

望基础上的陆军来进行战斗,而只能通过海军的强有力报复战略。① 新产生的帝国防卫思想认为:花在殖民地军事要塞、据点上的开支是不值得的,应当优先发展海上防卫力量,因为"现代战争的趋势是对敌国心脏实施打击,因此,应尽可能集中兵力保卫联合王国,而把反对外国对帝国遥远属地侵略的任务主要托付于帝国的海上霸权"②。

长期以来,英国的假想敌一直是美国、俄国和法国,对美国的警惕集中在加拿大,对俄国的恐惧集中在印度,而对法国的担忧则集中在欧洲,对于英吉利海峡对岸拿破仑三世与法兰西第二帝国的崛起,英国人从不敢掉以轻心。客观地说,这种建立在英国海军优势基础上的新战略思想,有着显而易见的现实性和针对性。

自拿破仑战争结束以来,英国海军的海上霸主地位从未受到过真正的挑战,至19世纪中期,加拿大与美国的关系趋于友好稳定,澳大利亚和新西兰所在的南太平洋尚未发现列强的觊觎野心,对非洲的争夺也远未开始,因此,英国撤出常驻殖民地的军队,让殖民地自治政府负责自身的治安与和平时期的防卫,而英国只担当战时保卫整个英帝国的重任,这不仅不会对帝国的安全带来任何削弱,反而能使帝国的防卫更加有效率。英国只需牢牢控制住帝国的全球贸易通道,保证印度的安全,就能确保帝国的安然无恙。因此,英国从殖民地撤出驻军,不仅不是在"瓦解帝国",或者对帝国漠不关心,相反是在防卫战略上更加务实、更具帝国意识的表现。

迪斯雷利在水晶宫演讲的最后,描述了他心目中的帝国理想:

---

① Gordon Martel, *Studies in British Imperial History*, Macmillan, 1986, p.77.
② *Parliament Papers*, 1861, XIII (423) p.75, see *The Cambridge History of the British Empire*, Vol.II, p.832.

你们是只满足于让英国成为一个安安逸逸过日子的国家,按大陆原则行事,到时候面对无法避免的命运?还是要让她成为一个伟大的国家,一个帝国?在这个国家里,当你们的后裔起来时,能够飞黄腾达,不仅受到本国人的尊重,而且能得到全世界的尊重。①

但是,这种以帝国为骄傲,以英国为至尊的自豪心理,难道不是19世纪所有英国政治家的共同心声吗?格拉斯顿在面对保守党人攻击时就说过:"每一个不列颠人都天生具有帝国的情感。"②这很难说只是一种辩解之词,它确实是长期拥有一个庞大殖民帝国的现实在英国人心理上的反映。

不少研究者认为,只是到了19世纪末期,当大英帝国已走下顶峰并面临列强的严峻挑战时,当罗得斯宣布"帝国就是吃饱肚子的问题",而萧伯纳认为"一个费边社成员在理论上必然是一个帝国主义者"时,③帝国才真正与千百万普通英国人相关联。

实际上,这种看法还是将19世纪中期与末期的帝国政策截然分开的传统帝国史观点。

和80年代以后英国与法、德等欧洲强国激烈争夺非洲领土相比,19世纪上半期和中期英国宁愿以自由贸易方式占领世界市场的做法的确有很大不同,但这只是形式上的差异,并不存在本质的区别,在英国政治家及社会各阶层人士的帝国情感与帝国观念上,就

---

① B. L. Blakeley & J. Collins (eds.), *Documents in British History*, Vol. II, McGRAW-Hill, Inc., 1993, p.170.
② P. J. Marshall, *The Cambridge Illustrated History of the British Empire*, London, 1996, p.58.
③ 戴维·罗伯茨:《英国史——1688年至今》,第319页。

更是如此。帝国就像是一面反映英国人特性、需求和抱负的镜子,它"给英国人总体上对外国人的厌恶,以及确信自己在世界上独一无二的信念提供了进一步的理由。因此,帝国是英国在世界范围从事贸易的结果,是英国在世界范围部署调动其军事和海军力量的结果"[①]。

任何一个时期的帝国政策都不可能脱离时代的基本需求,尤其是不可能背离国家的根本利益。自由贸易就是最符合19世纪英国国家利益的帝国政策。在自由主义大获全胜的年代,任何一个政党和个人要想有所作为就只能顺应这一历史大潮。因此,所谓的自由党和保守党的帝国政策之争,实际上并不真正存在,它只是迪斯雷利出于和自由党争权夺利的需要而刻意挑选的一个突破口。

从迪斯雷利本人的立场来看,1862年时,他也和绝大多数人一样,"希望通过鼓励殖民地接受防卫责任,来消除英国人一个较大的不满"。与此同时,他也和自由党人一样,始终把帝国看作是英国大国地位的根本支柱,认为"一个伟大的建立在正确的自由平等原则上的帝国,对于一个社会的精神与力量,和对于商业繁荣与军事力量一样具有传导性"[②]。1906年,亨利·坎贝尔—班纳曼爵士(Sir Henry Campbell-Bannerman,1836—1908)曾经不无自豪地宣称:"殖民帝国已被自由党的原则所建立,如果不是采用了这个原则,帝国可能在许多年以前就已经解体了。"[③]霍布豪斯也说:"今天的殖民帝国实质上是老的自由主义所创建的。它建立在自治基础上,而自治

[①] Denis Judd, *Empire: The British Imperial Experience from 1765 to the Present*, Fontana Press,1997, p.6.

[②] T. A. Jenkins, *Disraeli and Victorian Conservative*, Macmillan,1996, p.74.

[③] C. H. Currey, *British Colonial Policy 1783—1915*, Oxford,1924, p.162.

是现存统一感情之产生的根源。"①

"大英帝国并非建立在虚无缥缈的基础之上,它在本质上依赖于积极的理想,自由的制度是它的生命线,自由的合作是它的手段,和平、安全、进步是它的目标。"②这是1926年贝尔福帝国关系委员会对英帝国与其自治领关系的概括与总结。

19世纪的英国自由主义政治家和思想家们没有预料到,他们所倡导、实践的自由贸易和自治原则,会给不列颠帝国带来如此之大的变化:一个全新的与第一帝国的理念完全不同的自由帝国就此诞生并成长起来。而在它成长壮大的过程中,无论是自由党还是保守党,实际上都同样起了推动的作用。因为,人们只能根据历史本身所提供的条件来创造历史,而决不可能超越它,即便是那些能力超群的领袖人物。

常有人说,近代欧洲国家的外交史是最为复杂诡秘的研究领域,因为在外交文件中充满用欺骗和谎言堆积成的疑云和谜团。然而,这些国家的国内政治史又何尝没有疑团?如果我们仅凭政治家们为击败政敌而作的各种姿态作为历史评判的主要依据,那么结局只能有一个——对历史文本与历史事件的误读。

英国著名帝国史学家詹金斯(T. A. Jenkins)对迪斯雷利1874年担任首相前后的行为作了详细比较分析后,毫不客气地指出:"实际上,迪斯雷利的帝国眼光是由比浮夸的姿态多不了多少的东西组成的,这些姿态是为了给公众舆论以印象而设计的。"只是由于当时殖民地事务和外交事务上个别的帝国行政官员不听伦敦的

---

① 霍布豪斯:《自由主义》,第121页。
② Ernest Barker, *The Ideas and Ideals of the British Empire*, Cambridge, 1941, p.iv.

指令,以及通讯上的不便,才使人们产生了迪斯雷利积极主张帝国海外领土扩张的错误印象。①

这一观点是否完全符合历史的真实这里姑且不论,可以肯定的是,整个19世纪40年代—60年代,也就是迪斯雷利在演讲中所说的"自由主义的统治"②(the reign of Liberalism)时期,迪斯雷利和保守党在帝国与殖民地问题上的立场,与自由党人并无根本的不同,就像进入19世纪末以后,自由党的帝国政策与保守党也不可能有根本不同一样。

帝国史学家伯纳德·波特(Bernard Porter)曾一针见血地分析过19世纪以来英国政治生活的这一特征:"英国的政党在掌权之后经常向'中心'靠拢,这已是一个人所周知的现象,在(20世纪)30年代它被称作'麦克鲍德温主义'③(MacBaldwinism),在60年代被叫做'巴特盖.尔主义'④(Butskellism),虽然有趣的是从前没有人敢于发明'格莱雷利主义'⑤(Gladraeli-ism)这个词。"⑥

《维多利亚英国》的作者西曼(L. C. B. Seaman)则更加直截了当:19世纪英国的政治领袖们,"不管他们挂的标签是什么,实际上都统一在一个共同的事业中,即保存18世纪社会与政治的传统结

---

① T. A. Jenkins, *Disraeli and Victorian Conservatism*, Macmillan, 1996, p.120.
② B. L. Blakeley & J. Collins (eds.), *Documents in British History*, Vol.II, McGRAW—Hill, Inc. 1993, p.169.
③ "麦克鲍德温"是对英国工党领袖麦克唐纳与英国保守党领袖鲍德温名字的合称。
④ "巴特盖尔"是对英国保守党财政大臣巴特勒与工党财政大臣盖茨盖尔名字的合称。
⑤ "格莱雷利"是对英国自由党党魁格拉斯顿与英国保守党党魁迪斯雷利名字的合称。
⑥ Bernard Porter, *Britain, Europe and the World 1850—1982: Delusions of Grandeur*, London, 1983, p.xii.

构。他们之间的争执与分歧只在于用什么样的手段最能够实现这个目标,而在重大战略上,他们是一致的"①。

在保守党和自由党执政后各自向"中心"靠拢的政治实践中,最具典型意义的例子,莫过于1882年格拉斯顿自由党政府对埃及的军事占领。这一事件看上去似乎极具讽刺意味,苏伊士运河的股份是1875年由迪斯雷利为抵御法国的影响成功购买的,而格拉斯顿对于迪斯雷利所做的每一件事总是持最尖锐的批评态度;此外,格拉斯顿曾经深受科布登和布莱特思想的影响,一向反对英国对外用兵与侵略行动,但迪斯雷利没有实行的,恰恰是格拉斯顿去做了!

这一事件看似荒诞,其实完全是帝国政策的题中应有之义:大英帝国和英国的生存息息相关,帝国的意识与理念已经渗透到千百万英国人的无意识之中,因此,现实的需要永远是第一原则。正如历史学家伯纳德·波特所总结的:从长远看,不管是谁担任首相,都必须跟着潮流走,"政治家们所拥有的行动自由,要比他们自己想象的少得多"②。

四、征服者与开化者

《帝国斜阳》的作者布莱恩·拉平指出:"在20世纪以前,征服遥远的地方,然后在本土遥遥地加以统治,曾广泛地被认为是合情合

---

① L. C. B. Seaman, *Victorian England: Aspects of English and Imperial History*, Methuen, 1982, pp. 63-64.
② Bernard Porter, *Britain, Europe and the World 1850—1982: Delusions of Grandeur*, London, 1983, p. xii.

理的,英国人是最后一个伟大的征服者,这些征服者充满自信地称被它们征服的地区为一个帝国。"①

事实上,对19世纪的英国人来说,拥有并统治世界上最大的殖民帝国,不仅仅是合情合理、天经地义,它更是英国人所担负的责任,是上帝赋予他们的神圣使命。这样的信念在英国人的心中可以说根深蒂固、历久不衰,几乎成了一种信仰,一种能够让英国人在道德上得到极大心理满足的信仰。从政治家到普通民众,从传教士到殖民官员,从自由党人到保守党人,从帝国的思想者到实践者,无不认同这一信念。

19世纪上半期出现许多宣扬英国人文明使命的文章与小册子,鼓吹英国人被上帝选中来从事向全球传播文明的事业。1835年库克(W. B. Cook)发表《殖民的政策》,宣称英国人的殖民是"光荣的、博爱的事业":"让不列颠人的儿女们将文明带到这些遥远的海岸吧,未来的时代将会为他们的进取精神而欢呼。上帝在赠与这个快乐国家领土方面一直是慷慨的,难道我们要忽视他的宠爱吗?"②1844年,后来长期担任殖民部常务次官的赫尔曼·梅里韦尔(Herman Merivale)评论道:"对我们所有人来说,这是一种本能的感情:我们的名声和民族的命运不在这个我们所占据的狭窄海岛上;英格兰的精神不是固定不变的;这种感情存在于我们的语言、商业和我们的工业中。"③

从留存下来的各种英国历史文献,特别是那些著名政界人物的

---

① 布莱恩·拉平:《帝国斜阳》,序言第2页。
② Klaus E. Knorr, *British Colonial Theories: 1570—1850*, Frank Cass & Co. Ltd., 1963, p.314.
③ Ibid., p.315.

议会演说、官方文件以及私人书信中,人们不难发现一个出现频率极高的词,那就是"文明"(civilization)。在19世纪的英国社会,这个词的含义十分广泛,几乎可以涵盖所有关于英帝国、西方文明以及不列颠民族的观念。

在英帝国的辞典里,"文明"就像是个巨大的箩筐,将许许多多英国人引以为荣的东西都装了进去:它既代表整个西方的科技、宗教与思想文化,也代表英国的宪政制度、工业产品及海军舰队;既代表不列颠民族的优越、自信与骄傲,也代表白人的责任、使命和负担;它既意味着鸦片、纺织品、圣经、大炮,也表现为教堂、铁路、医院、学校;既意味着掠夺、征服与杀戮,也表现为保护、怜悯与同情。很显然,这种文明所针对的对象是帝国境内外的各有色人种,并不包括一般意义上帝国海外殖民地的白人移民,尤其是英国血统的移民。

这样一种文明的理念,有一个不言而喻的前提,那就是:西方(即欧洲)的文明在发展阶段上远远超越了世界所有其他地区,不列颠更是处于整个人类社会进步阶梯的顶端,而所有这一切都是上天注定的,因此英国人不仅有权利,更有责任向全世界传播文明的福音,即所谓"天定命运"。

在英帝国的组成中,今天的人们容易忽视"殖民地"与"帝国属地"的区别,往往将两者等同起来。其实就其原初意义来说,它们的含义是不同的,"殖民地"主要由英国人移民垦殖开发而形成,"帝国属地"则是英国通过武力征服等手段而获得。尽管印度通常也被称作英国的殖民地,但它在性质上与那些移民殖民地完全不同,英国对其采取的统治政策也不同。因此,19世纪的"殖民地"概念应有狭义和广义之分,在广义上,英帝国所有的海外领土都可以称作英的殖民地;而狭义上,则仅指白人移民殖民地。例如恩格斯在1882年给考茨基的信中,就曾称加拿大、澳大利亚等由欧洲人居住的地方为"真正的殖民地"①。

英国人从来都认为,加拿大、澳大利亚、新西兰是英国领土在海外的延伸,移民殖民地是"特别的英国社区"②,那些离开本土迁往殖民地的英国人,也依旧是英国臣民。1864年,《自由新闻报》(Liberal Daily News)写道:"我们抱着同情的兴趣,关注着我们所拓殖的国家的命运,因为它们的人民是我们的骨肉同胞,是我们文明的共享者,它们在新的、陌生环境中所显露的个性是来自我们自己。"③而1862年《泰晤士报》坚定地认为:"殖民地人民是英国臣民,他们拥有和我们自己一样的权利,只要他们选择留在帝国,母国就无权剥夺他们的继承权。"④

对于帝国境内的有色人种,如印度人、黑人以及亚洲、非洲、大洋洲的土著人,英国人的心态有些复杂,这是一种混合着怜悯与蔑视的情感。怜悯,基于黑人奴隶的悲惨境遇以及土著人民的生存状态,是受理性与人道主义思想的影响;而蔑视,则基于非欧民族社会的落后与愚昧,是出自居高临下的欧洲人本能的反应。不管是怜悯还是蔑视,都源于一个共同的价值判断:盎格鲁—撒克逊人是受到上帝庇护的最优秀的种族,而所有的非欧人都生活在黑暗之中,因此,天意授予了英国人神圣的使命,要将英国的制度、文化、语言和

---

① 《马克思恩格斯全集》第1版(第35卷),人民出版社1971年,第353页。
② P. J. Marshall, *The Cambridge Illustrated History of the British Empire*, Cambridge, 1995, p.29.
③ Ronald Hyam & Ged Martin, *Reappraisals in British Imperial History*, Macmillan, 1975, p.92.
④ Ibid., p.117.

宗教,将文明和进步带给他们。

于是,在这样的价值观指引下,英国人将自己所做的一切都与传播文明挂上了钩。换句话说,英国人坚信自己既是征服者、统治者,同时又是开化者,负有对所有落后民族和非基督徒进行文明教化的责任与使命。例如,废奴主义运动领袖威廉·威尔伯福斯就把在印度传播西方思想文化看作"所有事业中最伟大的事业",号召传教士们"用逐渐介绍和建立我们自己原则、观念、法律、制度以及习惯的方法,在这片土地上扎下根来,其中最重要的是作为所有进步来源的我们的宗教,以及我们的道德"[1]。

许多英帝国史的研究者们发现:帝国的信条会使人们对帝国的热忱成为一种本能,帝国的存在本身会自然地产生帝国主义者。[2]盎格鲁—撒克逊种族的巨大优越感,对"文明使命"的坚定信念,以及对"日不落帝国"的无比自豪,相互交织在一起,使英国人确信自己在世界历史上是独一无二的。

1898年,威尔弗里德·劳雷尔爵士(Wilfrid Laurier 1841—1919)宣称:"除了在文学和艺术领域,法国和我们相等,甚至高出我们以外,在造就一个伟大民族的所有方面,在进行殖民的力量,在贸易和商业,在文明的更高手段上,英格兰不仅优于现代世界所有的国家,而且也超越古代历史上的所有国家。"[3]

事实上,维多利亚末期英国人的这种强烈自豪感,在整个19世

---

[1] Bernard Porter, *The Lion's Share: A Short History of British Imperialism 1850—1983*, Longman, 1985, p.19.

[2] A. P. Thonrnton, *The Imperial Idea and its Enemies: A Study in British Power*, Macmillan, 1985, p.viii.

[3] L. Seaman, *Victorian England: Aspects of English and Imperial History*, Methuen, 1982, see the title.

纪的英国社会无处不见。正如 P. J. 马歇尔所指出的：尽管帝国的宣传在后来可能更为响亮，但英国人对不列颠能够影响世界并使之更加美好的自信，在 19 世纪初期就已经达到顶点。①我们从对英国社会产生持久影响的人道主义运动，以及英国人在印度的作为，可以清楚看到这一点。

兴起于 18 世纪末的人道主义思想及其活动，虽然始终与福音教派运动密切相关，但它之所以能在一个长时期内兴盛不衰，成为整个 19 世纪上半期英国社会一支最活跃的社会力量，本质上正是英国人"文明使者"信念的反映。

人道主义运动的目标，在英帝国历史的不同阶段，分别集中于反对奴隶贸易、反对奴隶制度以及保护帝国境内土著人等领域，其中废止奴隶贸易和奴隶制度的呼吁，对英国各个社会阶层产生的冲击和影响最大。在 1833 年成功取得从法律上废除帝国全境奴隶制的胜利之后，人道主义运动的领导者立即将关注的目光指向帝国各殖民地和属地的土著人民。

1837 年，议会成立由废奴主义运动领袖巴克斯顿领导的特别委员会，委员会在提交的报告中指出：帝国的显著好处，已被授予"一些比商业繁荣和军事威名更高尚的目的"②，敦促政府要将基督教、合法的商业、文明的好处，以及仁慈的政府，带给那些在英国海外扩张中聚集在帝国的"未受教育、无防卫能力的野蛮人"。

这份报告不仅提出了关注土著人要比追求商业繁荣和军事威

---

① P. J. Marshall, *The Cambridge Illustrated History of the British Empire*, Cambridge, 1995, p.29.

② J. Olsen & R. Shadle (eds.), *Historical Dictionary of the British Empire*, Greenwood Press, 1996, p.3.

名更加高尚的道德观念,而且突出强调了由伯克提出的"托管人职责"(trusteeship)思想,指出"对土著人民的保护应当被看作是特别属于政府的责任"①,从而使它成为19世纪帝国政策中一个影响深远的概念。

所谓"托管人职责",主要是指欧洲人有责任致力于非欧"落后"民族的保护、福利与进步。② 1837年,在巴克斯顿和医生霍奇金(Hodgking)的组织下,"土著人保护协会"(British and Foreign Aborigines Protection Society)在伦敦成立,尽管保护土著人权利与利益的鼓动宣传,在英国政界和普通民众中产生的共鸣与认同不能与反奴隶制运动相比③,但它存在和活动的时间却一直持续到20世纪,并不同程度地取得了一些让人称道的成就。例如,美国内战期间,协会与反奴隶制协会一道派人奔赴美国,帮助改善那些刚刚获得解放的自由黑人的命运。1865年,协会向当局施加压力,要求结束黄金海岸的奴隶制度。

具有讽刺意味的是,"土著人保护协会""讨厌的"人道主义干预,不可避免地受到国内政治与商业利益集团的谴责,而与此同时,尽管协会代表着"帝国的良心",并以"殖民地托管人"自居,它仍和英国各个传教协会组织一样,被看作是"帝国的代理人"。例如,1843年,协会在国内进行游说,要求英国兼并纳塔尔(Natal);70年代初,协会又赞成英国对斐济(Fiji)的兼并。

---

① Klaus E. Knorr, *British Colonial Theories: 1570—1850*, Frank Cass & Co. Ltd., 1963, p.386.
② A. Porter & R. Holland, *Theory and Practice in the History of European Expansion Overseas*, London, 1988, p.36.
③ 在很大程度上,正是由于协会所倡导的道德观念,与帝国获取物质利益的根本目标之间相对立。

因此,一些历史学家认为"它有时变成帝国(扩张)运动本身的一部分"①。事实上,协会的宗旨应当说基本是前后一致的,它的行为与其宗旨也并不矛盾,主张兼并纳塔尔,理由是可使当地非洲人免受布尔人的统治;赞同兼并斐济,也同样是因为可以保护斐济人的权利。这种思维方式及其结论,看上去似乎有些荒谬,但却与"文明的使命",与"托管人"的概念并行不悖,或者说,这正是他们在文明使命驱使下行使托管人责任的结果。

和英国各个传教协会组织一样,"土著人保护协会"无疑是帝国的坚定支持者,所不同的是,协会在人道主义立场指引下,试图充当帝国境内落后民族与有色人种"监护人"的角色,他们和传教组织及传教士令人尴尬的命运,至少可以从两个方面得到解释。

首先是因为,他们所要给予非欧民族的"保护"和带来的"福音",完全是一种外来的、强加的"文明",极易引起当地人民和社会的排斥抵触,这就决定了他们自以为的虔诚、真实和善意,其实际效果可能与出发点大相径庭。

其次是因为,协会所有的活动以及英国人在海外的传教事业,都是在一种不加掩饰的怜悯、恩赐态度下进行的,尽管他们从不怀疑自己在道德上的高尚甚至献身精神,但这些活动本身与帝国的扩张以及殖民统治相伴随,居高临下的"文明开化者"心态,以及西方人骨子里对有色人种与落后民族根深蒂固的蔑视,都使他们的事业大打折扣。

许多历史研究者都注意到了英国人在传播自己的宗教、文化和

---

① J. Olsen & R. Shadle (eds.), *Historical Dictionary of the British Empire*, Greenwood Press, 1996, p.4.

价值观时所面临的处境,并作了基本客观的描述与分析。例如,《1815年以来的世界现代史》一书的作者指出:那些家境良好的年轻人离开家乡故土,在促进人性的信念支撑下,在热带和野蛮的地方度过长期孤独的岁月。他们将正义的观念带给野蛮人,制止对奴隶的抢劫、拷打,与迷信和疾病作战斗。"但是,这些成就不管多么真实,所有都太明显地伴随着自我利益,并以令人不能忍受的自鸣得意,和对人类其他种族的十足恩赐态度表现出来。"①

在自由帝国成长壮大并走向鼎盛的过程中,人道主义思想和"文明开化"的使命,不断地以冲突和悖论的方式展现出来,其中最令人迷惑也最容易引起争论的,莫过于不列颠在印度的殖民统治。帝国给印度到底带来的是什么?是文明与进步,还是停滞与落后?这不论是对英帝国的同时代人,还是对今天的历史研究者,都似乎是一个难以破解的谜,一个不论持正方、反方立场都能同时找到大量论据的历史辩题。

在许多英国及西方国家学者看来,英国人在印度的历史是一个不断改革进步的故事,是英国在按照西方模式改造印度的故事:英国人禁止了印度的寡妇殉夫(suttee)、劫杀旅客(thuggee)以及溺死女婴、不准寡妇再嫁等恶俗陋习;英国人在印度开办工厂、修筑铁路、兴修水利、创办报纸、开办学校、兴建医院;英国人为印度带来了现代法律和西方式教育体系;英国人给印度带来新的土地私有制度、文官制度和民选咨议会,培养了一个接受西方科学技术与思想文化教育的知识阶层,造就了一个统一、有秩序、和平的印度。

---

① R. R. Palmer & Joel Colton, *A History of Modern World Since* 1815, McGRAW-Hill Inc., 1992, p.650.

1828—1835年的印度总督本廷克勋爵（Lord William Cavendish Bentinck 1774—1839）在推行各项改革时曾宣布："英国的伟大应当建筑在印度的幸福之上。"①因此，英国人毫无疑问是在实现其文明开化的责任与使命。

而与此同时，在印度及一些东方国家学者的眼里，印度的近代历史充满奴役、压迫、贫穷和苦难：东印度公司对印度进行明目张胆的压榨与掠夺；公司的"分而治之"统治手法导致印度的分裂、混乱；英国的廉价纺织品扫荡印度，摧毁了印度曾经是世界上最先进的手工棉纺织业；公司摧毁了印度的土地制度和农村公社制度，带来了地主、中间商、税吏、高利贷者；殖民统治破坏了印度的农业，致使农民陷于长期的极度贫困，使无数印度人死于饥荒。因此，英国人带给印度人民的是无穷的灾难。殖民当局的改革是为了"稳定英国殖民者在印度的统治，为进一步进行殖民侵略和掠夺作准备"；创办近代教育，是为了"实行愚民政策"；至于修筑运河、铁路，开办工厂及电报通讯等等，则是"为了英国资产阶级便于对印度人民的掠夺"②。

同样是真实的历史事实，不同的立场和视角看到的却是两幅完全不同的历史画面。但两种结论有一个共同点，即都在很大程度上将道德评判放在一个突出的位置，这样，前者往往集中于英国人在印度促进西方文明的善意与成果，而后者几乎一无例外地集中于殖民主义统治的虚伪与罪恶。显然，如果不跳出这种思维模式，问题就只能永远处在无休止的尖锐对立和激烈论争之中。

---

① 戴维·罗伯茨：《英国史——1688年至今》，第306页。
② 李文业：《印度史——从莫卧尔帝国到印度独立》，辽宁大学出版社1998年版，第90、92、97页。

一些学者试图尽量客观地作出判断。例如约翰·西利就曾对英国在印度的统治表现出谨慎的态度:"在学术研究上,我们要注意避免报刊上乐观主义的陈词滥调。我们西方的文明也许并不绝对如我们喜欢想象的那样是极好的东西。"①

美国历史学家戴维·罗伯茨认为:"英国的统治是一个利弊兼有、祸福相依的事情。它确实带来了和平,建立了秩序和统一,也推动了现代化。……然而它的现代化只走了一半。……比较实在地说,就和平、政治进步和产生了受西方文化教育的知识阶层而言,英国对帝国统治的自豪是颇有道理的。"而英国统治的弊端,"其一是英国人对印度教和伊斯兰教传统完全漠视,其二是他们没有让印度向自治独立方向发展"②。他同时还尖锐指出,英国人对1857年印度土兵起义的镇压是血腥的,"其残酷的屠杀,显示了英国人也可以将文明的假面具撕下来"③。这种利弊参半的看法与基本肯定或基本否定的结论相比较,已经体现出了进步,但让人感觉视野还不够开阔,还是在围绕具体的帝国统治本身打转转。

对于这种文明与罪恶相伴,进步与毁灭共存,仁慈与专制并行的历史现象,到底应如何看待?《现代文明的起源与演进》一书的观点颇具启发性。作者根据马克思、恩格斯既用道德标准又用科学标准来把握英国在印度统治的方法,将印度的被征服以及英国的殖民统治,放到非西方社会现代化进程的历史大背景下,强调指出:按照马克思、恩格斯的一贯看法,正是西方资产阶级的殖民扩张使非欧

---

① John Seeley, *The Expansion of England*, Roberts Brothers, Boston, 1883, p. 305.
② 戴维·罗伯茨:《英国史——1688年至今》,第310页。
③ 同上书,第308页。

世界的"野蛮"社会现代化了。因为在缺少变化和现代化机制的国家，来自外部的刺激就成了启动现代化不可缺少的前提。欧洲殖民主义的扩张是资本主义市场经济全球化趋势造成的必然结果。殖民主义与资本主义一样，既是历史的必然，又是必须加以克服的历史现象。因此，肯定殖民主义对非欧社会产生了社会变化和现代化效应，决不等于在道德上为殖民主义作辩护。必须从更广阔的角度来看待殖民主义的必然性。①

的确，马克思、恩格斯对于资本主义及其衍生物殖民主义的深刻批判，尤其是对英国在印度殖民统治的强烈谴责，是最为激烈尖锐的，但恰恰是马克思在1853年提出了关于殖民主义双重使命的著名论断：

> 英国在印度要完成双重的使命，一个是破坏性的使命，即消灭旧的亚洲式的社会；另一个是建设性的使命，即在亚洲为西方式的社会奠定物质基础。②

马克思的《不列颠在印度的统治》《不列颠在印度统治的后果》等关于印度和殖民主义的论文，本是应美国《纽约每日论坛报》之约而写，但其中所表现出的高屋建瓴般广阔视野及深刻见解，让人折服。今天，历史已经走过了整整一个半世纪，马克思的这一论断和相关思想更加显得深邃。从殖民主义是历史的必然及其所担负双重使命的角度，英国在印度的殖民统治这一似乎无法厘清的问题，就显得清晰多了。英国人和印度人，征服者和被征服者，各自讲述

---

① 钱乘旦主编：《现代文明的起源与演进》，南京大学出版社1991年版，第13页—第21页。
② 《马克思恩格斯选集》（第2卷），人民出版社1975年版，第70页。

的都是真实的故事,但却不是历史的全部,都缺乏对历史的全景式分析。

因此,我们既要对英国的殖民统治进行无情谴责,也要看到英国人所摧毁的并不是理想化的印度社会,

> 我们不应该忘记,这些田园风味的农村公社不管初看起来怎样无害于人,却始终是东方专制制度的牢固基础……我们不应该忘记,这种失掉尊严的、停滞的、苟安的生活,这种消极的生活方式,在另一方面反而产生了野性的、盲目的、放纵的破坏力量,甚至使残杀在印度成了宗教仪式。①

此外,还应当看到的是,在英国人推进印度社会近代化的动因中,既有将印度变为商品市场和原料产地的强大利益驱动,也有真心实意用英国的制度、文化、语言、宗教改造印度社会的主观愿望。前者是由资本主义的扩张本质所决定的,而后者,来自于英国人关于文明使命的自我信念。

在第二帝国形成壮大的历史过程中,尽管英国对印度的政策和统治方式不断有变化,我们仍可以看到有一条基本上贯穿始终的线,这就是边沁功利主义学说中"好政府"思想的影响。

亚当·斯密早就指出:"专营的商业公司的统治,无论在什么地方,都是最坏的统治。"②许多同时代的英国人发现,英国人已经变成了"东方的专制君主"。整个18世纪末期,东印度公司军队和官员对印度赤裸裸的猖狂掠夺,在英国社会引起强烈义愤。例如,成为百万富翁的克莱武回到英国后即受到公开谴责,下院特别委员会指责

---

① 《马克思恩格斯选集》(第2卷),人民出版社1975年版,第67页。
② 亚当·斯密:《国民财富的性质和原因的研究》(下),第141页。

他在印度搜刮财富,使他感觉自己"像个偷羊贼而不是下议院议员"①。

18世纪80年代末至90年代的"黑斯廷斯审判案",更是轰动了整个英国社会,伯克等人在指控东印度公司官员的贪婪腐败时,根据北美殖民地脱离英国而独立的教训,首次提出了"托管人职责"的思想,其核心是反对无止境地勒索殖民地,要给殖民地人民一个"好政府"。在下院演讲中,伯克尖锐指出:"英国没有建教堂、医院、宫殿、学校;英国没有修建桥梁、公路、灌渠、水库……假如我们今天被赶出印度,那么我们留在印度的东西将说明,在我们统治的这一不光彩的时期自己的所作所为不亚于一只猩猩或老虎。"②

这样,"公司在印度怎样统治的问题很快就成了议会辩论的热门话题,新兴工业家、商人、金融家、政治家都强烈要求英国议会插手对印度的管理,使对印度的统治有利于整个英国经济的发展"③。1784年由小皮特提出的《东印度公司法》,已经初步形成公司和议会共同管理印度的体制,但真正的实质性变化发生在19世纪,通过1813、1833、1853年三次对公司特许状的续订,议会逐步废除了东印度公司的贸易垄断权,并对英国在印度的统治体制作了根本调整。

这一过程既是工商业资产阶级愿望与要求的反映,也是伯克首创"托管"思想的体现。1813年,正是在伦敦商人集团的强烈要求下,议会取消了公司对印度的贸易垄断权。但英国"外港"(the outports)如利物浦商人没有从中获益,因此他们仿效伦敦商界,在

---

① 布莱恩·拉平:《帝国斜阳》,第27页。
② 同上书,第29页。
③ 林承节主编:《殖民主义史》(南亚卷),北京大学出版社1999年版,第95页。

1833年公司特许状续订之前,带头掀起规模更大的宣传鼓动及请愿活动,仅1829—1830年间向议会递交的请愿书就有257份。[1]只是由于1830年接替威灵顿内阁的格雷内阁正在为议会改革而斗争,还未准备好承担对印度的管理责任,东印度公司的前途问题才没有立即解决。到1833年,议会终于按照工商业资产阶级的愿望,将公司对中国贸易的垄断权取消,并规定公司不再从事在印度的贸易活动,只作为受国王委托的单纯行政机构。

历史统计资料显示,公司贸易垄断权的全部废除和职能的转变,极大地促进了英国与印度之间的贸易,英国兰开郡的机器棉织品从此得以大量涌入印度市场,1834—1856年间,印度的进口额从426万镑增加到1340万镑,增长了227%,出口也从799万镑增加到2300万镑,增长了188%。[2]

根据1833年法案创建起来的英属印度新体制,行政权、立法权分别属于由国王和议会任命派遣的总督参事会、总督立法委员会。1853年法案取消了公司董事会对官员的任命权,宣布实行文官考试制度(Indian Civil Service)。尽管公司对印度统治的最终结束是在1858年,是年英国议会通过《印度政府法》(the Government of India Act),宣布"印度由英国女王接管并以她的名义统治",但事实上,从1833年起印度的实际统治权已经转入英国议会和政府的手中。

除了确立政治统治体制,各法案还涉及到制定现代法典、促进近代教育以及鼓励传播基督教等内容。在推行所有这些改革措施

---

[1] C. H. Philips, *The East India Company 1784—1834*, Manchester University Press, 1961, p.289.
[2] J. Bowle, *The Imperial Achievement: The Rise and Transformation of the British Empire*, London, 1974, p.197.

时,许多在印度的英国人抱有明确、强烈的托管意识和帝国使命感。例如第一个被派到印度参加立法会议,并为印度编纂制定了刑法典的英国人,19世纪英国著名辉格党历史学家和政论家托马斯·巴宾顿·马考莱说:"通过良好的政府,我们可以教育臣民,使他们在某个时期要求建立欧洲的制度,这一天无论什么时候才来到,都将是英国历史上最骄傲的一天。"① 1819—1824年任孟买总督的埃尔芬斯顿认为:"我们不可梦想永远占有,但必须努力为当地人建立一个对我们和他们自己的利益都有利的自治国家。"② 这里的自治国家,显然并非指后来在40—50年代授予移民殖民地的责任制政府,但它无疑表达了一种建立"好政府"的真诚愿望。

许多英国历史学家都曾指责英国在印度实行的那种家长式专制统治,帝国史学家P. J. 马歇尔就一针见血地指出:"英国人在印度的统治方式与英国的自由传统是相违背的,却被用于其他亚洲国家,英国人认为那里的人民不适合自治政府。"③但对19世纪的英国人来说,这种相违背显然不言而喻。因为,就连非英国血统的白人居民,也曾经被认为不具备自治资格,更不用说始终被认为是不开化的、落后野蛮的有色人种。

例如,在谈及1858年新设的不列颠哥伦比亚省时④,时任德比保守党内阁殖民部常务次官的卡那封伯爵(4th Earl of Carnarvon 1831—1890)认为:"现在,自治制度(对它)将是一个无用的礼物。"纽

---

①② 布莱恩·拉平:《帝国斜阳》,第31页。
③ P. J. Marshall, *The Cambridge Illustrated History of the British Empire*, Cambridge, 1996, p.22.
④ 在不列颠哥伦比亚的居民中,流动迁徙的移民超过固定移民,而原土著居民数目又远超过这两类移民。

卡斯尔公爵则直截了当地说："责任制政府只能对不列颠民族出身的殖民者才是适用的。"① 这些话，表现了英国人特有的傲慢和对非不列颠民族的偏见，也解释了为什么英国人从未考虑过要将责任制政府和自治原则推行到印度等非白人殖民地去的原因。

在19世纪上半期英国议会和政府逐步接管印度统治权的过程中，在总督们大力推行各项改革措施，竭力将英国式"文明福音"带给南亚大陆的过程中，英国人那种根深蒂固的居高临下感，以及对印度人民那种怜悯夹杂着蔑视的态度，可以说无处不在。尽管也有一些英国人与个别印度人建立起私人友谊的例子，但在总体上，英国人对印度人及印度文化的看法是基本否定的。

例如，英国人普遍对印度教充满反感、憎恶与蔑视，根据一位19世纪中期英国历史学家的记载："对许多刚从英国来的人来说，印度教义和实践显得如此无法表达的荒谬，以至于他们不能相信任何人类献身于这个宗教时是严肃认真的，他也不费心掩饰自己对这些荒谬信条的看法，认为那些信印度教的人是虚伪的。"②

但是，印度又是"古老的、东方色彩的、奇香异味的"，"印度在英国人的帝国意识中处于中心的位置，印度几乎是一种神秘的吸引力的中心"。③因此，在统治印度的不同历史时期，英国人对印度人、印度社会以及印度文化的态度是不同的。从18世纪70—80年代议会开始介入对印度的治理起，一直到整个19世纪上半期，在英国社会中占主流地位的观念，基本是伯克倡导的"托管"思想，即必须给印

---

① *Hansard*, 26 July 1858, from *The Cambridge History of the British Empire*, Vol. II, London, 1940, p.691.
② Dorothy Thompson, *The British People: 1760—1902*, London, 1981, p.176.
③ 戴维·罗伯茨:《英国史——1688年至今》，第310页。

度人民一个好的政府,议会针对东印度公司官员的掠夺和腐败行为进行的谴责指控,正是这种主流观念的反映。

早期的驻印度总督,个个是雄心勃勃的英国高等贵族,虽然都自以为受命于天,但在他们的使命感中较少有种族主义的成分,对印度的古老历史与文化,他们最初表现出的是某种尊重与敬意。例如18世纪80—90年代在印度出现的几所宗教学院、梵文学院,都是由包括总督在内的高级官员创办的。倒是英国的传教士们,努力创建了印度最早的英语教育。1813年,英国议会还在续订公司特许状的法令中,要求公司致力于"传入有用的知识和宗教以及道德的改进",每年必须拨出一定款项用于印度文学与文化的复兴,以及向印度人介绍科学知识。1823年,公司按照议会要求成立了"公共教育委员会",委员会建立了新的梵文学院,出版刊印了梵文、阿拉伯文以及波斯文的著作。

但与此同时,印度的一些开明人士强烈反对继续进行梵文和宗教教育,认为这是英国议会"要使我国保持愚昧无知的极妙计划"①,他们向总督请愿,要求推行欧洲式近代科学教育。在他们的支持下,这一时期由福音教派传教士创办的以西方教育为模式的教会学校、学院得到较大发展。

由此,在公共教育委员会中便产生了如何看待印度文化的激烈争论,争论的一方被称为"东方学派"(Orientalists),另一方被称作"安立甘派"(Anglicists)(或"英语学派")。前者认为印度文化复杂精致,具有活力,后者则认为印度文化充满野蛮与迷信,需要坚决摈

---

① R. C. 马宗达、H. C. 赖乔杜里、卡·达塔:《高级印度史》,张澍霖等译,商务印书馆1986年版,第880页。

弃,以英国语言文化取而代之。①从20年代末至30年代中期本廷克总督强力推行的包括教育在内的各项改革措施来看,显然是"安立甘派"完全占了上风。

随着政府和议会获得对印度的实际控制权,驻印度的殖民官员开始改变早期那种谨慎态度,确信印度人都是些尚未开化的野蛮人,而自己的职责就是以英国的文明去教化他们,使其"安立甘化"(Anglicize)。

在"安立甘派"阵营中,托马斯·马考莱被公认为是最著名的"西方化论者"(westernizer)。马考莱在英国是个有影响的自由主义者,他出身于殖民地总督家庭,本人是律师,年轻时就以许多发表在《爱丁堡评论》上反对奴隶制、支持议会改革的论文而闻名,旗帜鲜明的自由主义立场为他赢得了下院议员的位置,在议会对改革法案的激烈辩论中,马考莱的发言(1831.3.2)被历史学家公认"是最辉煌的一次捍卫改革法案的演讲"②。1834年他被议会派往印度,作为法律参事成为印度立法委员会(the Supreme Council of India)成员,同时担任公共教育委员会主席。

马考莱是个对英国文明的优越性坚信不疑的人。他认为:印度人民并非低等民族,但印度的文化是低劣的。就像希腊开化了罗马,罗马又开化了不列颠一样,现在英国作为进步链条上的一环,必须将文明的好处带给印度。③在印度的四年时间里,马考莱充分实践

---

① B. L. Blakeley & J. Collins (eds.), *Documents in British History*, Vol. II, McGRAW-Hill, Inc., 1993, p.114.

② D. G. Wright, *Democracy and Reform: 1815—1885*, Longman, 1986, p.117.

③ B. L. Blakeley & J. Collins (eds.), *Documents in British History*, Vol. II, McGRAW-Hill, Inc.,1993, p.115.

了他的自由主义原则与理想，不仅为印度编纂制定了《刑法典》，而且直接推进了印度近代教育的建立。1835年，马考莱提出了著名的《印度教育备忘录》(Minute on Indian Education)，力主突破1813年议会法令的限制，在印度大力推行英语教育。

与早期驻印度高级官员们不同的是，马考莱用西方语言文化逐步改造印度社会的目的非常明确。他认为：既然不可能以有限的手段去教育全体民众，那么"目前就必须尽最大努力，在我们和被我们统治的亿万印度人之间造就一个中间阶级，这些人的血统和肤色是印度的，但其品味、观念、道德和才智却是英国式的"，再由他们用印度的语言将西方的科学知识传播给最广大的普通民众。[①]

马考莱的观点得到本廷克总督的大力支持，印度总督参事会立即作出决定，今后所有的官方拨款一律用于英语教育，以便通过英语向印度人传授英国文学和科学知识。此后，英语和西方式教育得到进一步推进，1837年，殖民当局规定英语代替波斯语成为官方公务语言；1844年，又规定优先录用懂英语的公务人员，从而使印度的英语及近代教育大大发展。尽管印度建立从小学到中学、大学的近代教育体制，是根据1854年的《伍德教育急件》提出的全面规划，在19世纪50年代实现的[②]，但它的真正起点无疑是马考莱的《印度教育备忘录》，因为正是这份备忘录改变了由传教士开办西方教育的现状，使英语教育和近代科学教育在印度具有了官方和非宗教的

[①] B. L. Blakeley & J. Collins (eds.), *Documents in British History*, Vol.II, McGRAW-Hill, Inc., 1993, p.118.

[②] 1853年公司特许状再次续订时，议会成立特别委员会考察印度的公共教育，次年委员会提交报告，即著名的《伍德教育急件》，该报告成为建立英属印度公共教育制度与体系的基础。1857年印度最早的大学分别在加尔各答、孟买和马德拉斯创立。

地位。

西方式近代教育在印度产生和确立的过程,就像一面镜子,清晰地(当然也是真实地)反映出半个多世纪里英国人对印度文化的态度。从最初小心谨慎的尊重保护到后来强力推行西方化改革,这一政策变化恰好伴随了英国议会和政府对印度事务控制力不断加强的历史过程。

本廷克总督和马考莱是边沁功利主义理想的实践者,在英国驻印殖民官员中,属于激进自由主义的代表。和许多同时代的英国政界人物一样,他们又都是具有强烈帝国意识和使命感的人,坚信英国的法律、语言和教育制度最适合于印度人。在自己任期内,他们以文明开化者的身份和姿态,面对印度处于被统治地位的芸芸众生。他们的观念中不可避免地表现出对英国语言文化的强烈自豪,以及对印度语言文化及宗教的贬低轻视。例如马考莱的《印度教育备忘录》就一再表达这样的观念:印度人所操的语言,"既不包含文学也不包含科学的信息,而且如此贫乏、粗糙,难以将任何有价值的作品翻译过来"[①]。因此,只有英语才是最值得学习的语言。

但是,无论是本廷克还是马考莱,都不是种族主义者,他们的思想与当时的主流观念是相一致的。换句话说,英国人自以为并确实在印度扮演着"文明传播者"的角色,甚至为此充满道德上的高尚感。

事实上,作为具有极强种族优越感的英国人,对于其他非白人种族特别是黑色人种,许多人从骨子里就是蔑视的。人们通常认

[①] B. L. Blakeley & J. Collins (eds.), *Documents in British History*, Vol. II, McGRAW-Hill, Inc., 1993, p.115.

为,以"白人至上"为特征的种族主义,以及宣扬适者生存的社会达尔文主义,从 19 世纪末 20 世纪初才开始盛行,但若追踪其源流,早在 19 世纪中期就已经初现端倪。

例如,1849 年,历史学家托马斯·卡莱尔宣称,欧洲人要比非洲人聪明,劣等民族应当驯服于优等民族。帕默斯顿则从不掩饰他对非盎格鲁—撒克逊种族的蔑视,在他看来:葡萄牙人是所有欧洲民族中道德水准最低的,亚洲人和非洲人又要低得多,与爱尔兰人大致处在同一水平上。而所有从开普到广州的东方人,都是愚昧无知、傲慢无理的野蛮人。[①]在亚洲、非洲多次参加过侵略及殖民战争的沃尔斯利将军(Garnet Joseph Wolseley 1833—1913),对非洲人的描述更加直白和肆无忌惮:"非洲人就像猴子,他们是一个徒有其表、四肢发达、头脑简单的种族。"[②]只不过,当时这种与基督教教义相冲突的意识还只是一股潜流,对帝国殖民政策以及公众舆论尚未发生直接的影响。

真正使普通的英国公众对帝国内部有色人种的看法发生巨大变化的事件,是 1857 年爆发的印度民族起义(Sepoy Mutiny)、1865 年的牙买加起义(Jamaica Revolt),以及 19 世纪 60 年代的毛利人战争(Maori Wars),这一连串事件恰巧都发生在同一时期,对维多利亚中期英国人的思想产生了强烈冲击,种族主义偏见从此开始有了市场。

毛利人战争是英国人与新西兰土著民族毛利人争夺土地控制权的斗争,40 年代就曾爆发过一次,第二次战争从 1860 年开始,一

[①] Ronald Hyam, *Britain's Imperial Century: A Study of Empire and Expansion*, Macmillan, 1993, p.77.
[②] 戴维·罗伯茨:《英国史——1688 年至今》,第 324 页。

直持续到1870年,最后的结果是毛利人丧失了自己的土地。按照历史学家的说法,这场战争并没有胜利者,因为战斗是在双方都已精疲力竭、无力再战的情况下停止的。①英国军队和白人移民在那么长的时间里居然无法战胜落后的土著人,这让一向傲慢自信的英国人感受到耻辱与难堪。1865年牙买加发生的起义,是白人种植园主和黑人雇工、农民之间的长期矛盾总爆发的结果,起义很快被英国军队镇压,牙买加也于次年改为皇家殖民地,但这场由已获解放黑人发动的起义,无疑对英国人的自尊是又一次打击:英国人曾经为废除奴隶制而努力,而现在这些被解放的黑人却"忘恩负义"②。

最让英国人感到震惊、恐惧与怨恨的,是1857年的印度民族起义,它真正对英帝国以及英国人的帝国信念构成了一次严重危机,用布莱恩·拉平的话说,这"就像出现了一场地震"③。

究竟什么原因导致了这场由大规模军事反叛演变而成的民族起义？这是一个历史学家们长期争论不休的问题。人们可以分别从政治、经济、社会、文化、宗教以及军事等各个方面,找出不同的答案,但最终极的原因,无不指向英国人的殖民统治,不管是将其评价为"印度第一次独立战争",还是分析成"旧的保守印度的最后一次努力",④起义事实上是英国殖民统治下各种矛盾的总爆发。

客观地说,1857年起义并未形成全民规模,起义仅发生于印度

---

① J. Olson, & R. Shadle (eds.), *Historical Dictionary of the British Empire*, Greenwood Press, 1996, p.720.
② Denis Judd, Empire: *The British Imperial Experience 1765—the Present*, Fontana Press, 1997, p.8.
③ 布莱恩·拉平:《帝国斜阳》,第32页。
④ Percival Spear, *The Oxford History of Modern India 1740—1975*, Oxford, 1992, p.219.

中部和北部地区;英属印度三大军区中,只有孟加拉的印度土兵参加起义,马德拉斯和孟买均按兵不动;投身起义的土邦王公只有极少数,绝大部分印度王公都站在了殖民当局一边,被兼并不久的旁遮普甚至派出自己的军队参加对起义者的镇压。

然而,英国人征服孟加拉已经整整100年,通过包括战争在内的各种兼并手段,至起义爆发前,英国直接统治地区已占整个印度的2/3,在此期间虽然始终存在着对征服的反抗,但真正称得上民族起义,并对英国整个殖民统治构成严重威胁的,这是仅有的一次。因此,起义在英国社会各阶层中形成了巨大的冲击波。

直接对英国公众的心态和观念产生的影响大致可归纳为三个方面:

首先,是印度人在起义中表现出的对英国人的强烈仇恨。英国人的确是南亚次大陆的主人,但这个主人长期以来把自己当作文明的使者,当作为土著居民带来福音的好主人。

其次,是印度土兵首先发动起义并成为整个起义的主力军。在英国人征服印度和对其他亚洲国家的侵略战争中,印度土兵曾经立下汗马功劳,尽管在起义爆发前的13年中,由于待遇问题共有过四次个别步兵联队叛变的记录[1],但在总体上,殖民官员们从未怀疑印度土兵的忠诚。起义爆发当年,英印军队共计23.8万人,其中英国人只有3.8万人[2],这一比例已维持了几十年。

最后,是已投降的英国军人被杀死,以及许多妇女儿童被起义者处死的消息。当时,英国到处都是关于起义者如何凶残的传闻与

---

[1] R. C. 马宗达、H. C. 赖乔杜里、卡·达塔:《高级印度史》,第835页。
[2] Percival Spear, *The Oxford History of Modern India 1740—1975*, Oxford, 1992, p.222.

详细报道,"在印度和英国两地的英国人心中,都激起了炽烈的复仇要求,导致公司的军队干出了种种坏事,留下了极不愉快的回忆"①。

所有这些,就像是催化剂,使英国人原本就有的种族偏见大大加强。亲身经历印度起义的英国士兵在写给国内的信中,发誓"今后永不宽恕长着黑面孔的人"②。1858 年 1 月的英国《民族评论报》(*National Review*)写道:"幼稚与野蛮深植于印度人的心底,文明的油漆非常之薄,像一件外套一样被迅速扔掉。"③

印度历史学家指出:"在公司管辖时期,英国官吏和印度人随便交往,他们之间尚有一种真正的好感,并且常常有友谊之情。大起义的黑暗恐怖,在英国人心中产生了对印度人的反感。"④英国历史学家多萝西·汤普逊也曾指出:"1857 年以前,许多欧洲人相信,住在印度的英国人与印度人友好相处,通过教育使印度永远地文明开化是可能的,但在兵变之后,这种看法消失了。"⑤黑色种族的野蛮性和不可靠性仿佛都得到了充分证实,从而为 19 世纪末期社会达尔文主义和种族主义的流行提供了契机。

当然,1857 年印度民族起义给帝国观念和帝国政策带来的影响,并不仅仅只是英国社会中种族偏见的上升。不列颠民族显然是善于总结历史经验教训的民族,无论是面对国内事务还是帝国事务,人们很少找到那种顽固不化、变本加厉的案例。1856 年接替达尔豪西伯爵(The Earl of Dalhousie 1812—1860)担任印度总督的查

---

① R. C. 马宗达、H. C. 赖乔杜里、卡·达塔:《高级印度史》,第 839 页。
② Lawrence James, *The Rise and Fall of the British Empire*, Little, Brown and Company, London, 1994, p.191.
③ Ibid. p.192.
④ R. C. 马宗达、H. C. 赖乔杜里、卡·达塔:《高级印度史》,第 921 页。
⑤ Dorothy Thompson, *The British People: 1760—1902*, London, 1981, p.177.

尔斯·坎宁子爵(The Viscount Canning 1812—1862),出于起义结束后稳定印度的长远考虑,并没有无所顾忌地推行大规模屠杀政策,这使他被一些在印度的英国人嘲讽为"仁慈的坎宁"(Clemency Canning)。①

在英国,公众舆论普遍将起义的发生归咎于东印度公司②,于是在1858年,起义尚未结束之时,东印度公司就被宣布撤销,内阁新设了印度事务大臣(Secretary of State for India),查尔斯·坎宁被任命为代表英王的第一任英印总督。印度土兵率先起事,于是军队中英国人的比例大大增加,不仅全体军官以及炮兵部队与技术部队官兵必须是英国人,而且英籍士兵必须占到1/3,在起义中心地区甚至占到1/2。殖民当局的土地兼并政策损害了印度王公的利益,而强制推行西方的道德观念则激起各种不满,于是对土邦王公开始采取怀柔政策,宣布废除达尔豪西总督提出的"丧失权利说",承认土邦王公有养嗣继位的权利。对西方化政策也作了调整,基督教传教士的活动被严格限制,政府公办学校禁止教授圣经,也不再强迫印度文官改信基督教。

《帝国斜阳》的作者布莱恩·拉平这样描述起义后英印殖民当局的改革:"英国统治者开始降低传播福音的调子,转而像罗马人那样为殖民地提供一些实利——不仅有过去的那种公路、铁路、运河、桥梁和灌溉工程,还有像煤矿和黄麻纺织、炼铁和棉织这样的新兴

---

① R. K. Webb, *Modern England: from the Eighteenth Century to the Present*, New York, 1980, p.315.
② J. Olson, & R. Shadle (eds.), *Historical Dictionary of the British Empire*, Greenwood Press, 1996, p.568.

工业。这些实际的改革没有引起不满,至少不像以前的革新那样。"①

而在英国政府新推行的控制加拉拢甚至庇护的政策下,王公们"几乎无例外地都死心塌地效忠于英国"②,各土邦国家从此成为"不列颠印度统治权的基本支柱"③。

就实际效果来看,这次印度近代历史上规模最大的起义,直接促进了帝国在印度统治政策和统治手法上的较大调整,进而使英印政府与印度人民之间的深刻矛盾得以缓解,英属印度的历史也从此进入一个新的阶段。但是,对于几代英国人来说,1857年印度民族起义的教训是深刻而难忘的,后来到印度任职的克罗默勋爵(Lord Cromer 1841—1917)说过这样一段意味深长的话:"我愿年轻一代的英国人阅读、关注、学习和深入体会印度兵变的历史,它充满了教训和告诫。"④

19世纪是大不列颠的世纪,面对英帝国的空前强大与繁荣,傲慢的不列颠民族充满着自满(self-satisfied)与自信(self-confident),深信自己的使命就是在全世界促进文明与进步。由殖民大臣约瑟夫·张伯伦(Joseph Chamberlain,1836—1914)发明的"不列颠治下的和平"一词,最恰当地表达了英国人对自由帝国的强烈情感与信念。在人类社会历史上,不乏实力雄厚地域辽阔历史悠久的强国与帝国,但像19世纪英国人表现出来的这样强烈持久的使命感,并且与英帝国政治、经济、思想、文化以及宗教的扩张紧密结合的却不

---

① 布莱恩·拉平:《帝国斜阳》,第33页。
② 林承节主编:《殖民主义史》(南亚卷),第179页。
③ George Macaulay Trevelyan, *History of England*, London, 1947 p.675.
④ R. C. 马宗达、H. C. 赖乔杜里、卡·达塔:《高级印度史》,第844页。

多见。

我们看到,直到19世纪末期,当英国在世界舞台上不再一花独秀,而是同时面临新老对手的竞争与挑战,并积极投入列强争夺瓜分世界的狂潮时,尽管地位和角色都已今非昔比,但"文明的使命"依然是帝国的重要理念,只不过它被政治家们打上了更鲜明的种族主义烙印和赤裸裸的帝国主义色彩。1897年,约瑟夫·张伯伦在皇家殖民协会的晚宴上宣称:"我确信文明开化是我们民族的使命,在执行这一我们正在完成的任务时,我们在寻找实践我们的能力和品质的机会,这些能力和品质使我们成为一个伟大的统治种族……毫无疑问,当这些征服发生时,会丧失土著人口的生命,会丧失更为宝贵的(英国)人的生命,他们被派去给这些国家带来某种纪律和秩序,但是我们不能忘记,这是我们不得不完成的使命。"[1]

---

[1] R. Palme Dutt, *The Crisis of Britain and the British Empire*, Lawrence & Wishart Ltd., London, 1953, p.69.

第四章 自由主义帝国的原则——保卫印度

英国历史学家通常把1783年以后的英帝国称为"新帝国"[1],或者按照同时代英国人的习惯,把它叫做"第二帝国"[2]。以北美独立这一重大历史事件为标志,来区分帝国历史的不同阶段,在思维习惯和研究上都无不可,但从严格意义上来说,这种划分并不精确、科学,因为直到英国对传统的贸易政策和殖民政策作出重大改革之前,帝国在特征和本质上都没有改变,在此期间,只是英国从重商主义帝国向自由主义帝国的过渡,只有到了19世纪中期,一个真正与以往200多年的英帝国完全不同的新帝国才开始呈现在历史舞台上。

一、帝国的商业利益

在英格兰几百年海外扩张的历史上,19世纪无疑是最重要、最辉煌的时期,也是英国政治家和民众的帝国情感与意识最为强烈的

---

[1] 如《剑桥英帝国史》第2卷(1783—1870)的标题即为"新帝国的成长"。
[2] George Macaulay Trevelyan, *History of England*, London, 1947, p.658.

时期。英国人对帝国的骄傲与自信,首先来自反法战争的胜利。美国独立战争期间,英国人曾经饱尝外交孤立的滋味和最后失败的耻辱,但经过 20 余年与法兰西共和国及拿破仑帝国的厮杀,英国不仅重新获得在欧洲事务中运筹帷幄、进退自如的优势地位,而且进一步巩固加强了自己的海上霸权,并从北美殖民地脱离帝国的阴影中走了出来,建立起一个更为强大的帝国。

没有人能够否认,此时的"不列颠在政治上和军事上的优势,都已经达到了迄今为止无人企及或以后有可能再达到的地位"[①]。待到英国完成了工业革命,实现了自由贸易,推行了殖民地改革,获得"世界工厂"和"日不落帝国"的美称,以帝国为荣耀的思想更是成了英国社会舆论的主流与中心,一位 19 世纪的历史学家将 1810 年代至 1860 年代看作"是自恺撒时代以来最为牢固的进步与征服的时期",是"英国的黄金时代"。[②]因此,拿破仑战争结束以后的英帝国理所当然地成为帝国史研究的一个重点。

然而,19 世纪的英帝国同时又是让历史学家们感到困惑的时期,其间存在着许多看上去似乎难以解释的现象与事件,其中最为突出的,就是英国政府对帝国海外扩张的态度与帝国实际扩张之间的关系问题。许多历史档案文献都证明,从 19 世纪初期到中期的英国官方,不管是内阁大臣还是殖民部官员,不管是托利党政府还是辉格党政府,在总体上采取的是一种不希望在海外承担更多责任的立场。

美国历史学家戴维·罗伯茨,在谈到 18 世纪末至 19 世纪上半

---

① Gerald S. Graham, *The Politics of Naval Supremacy*, Cambridge, 1965, p.96.
② Ronald Hyam, *Britain's Imperial Century, A Study of Empire and Expansion*, Macmillan, 1993, p.7.

期的几位英国驻印度总督时指出:"他们都是贵族地主,自命有统治别人的天赋使命,到任后都接到伦敦的不断警告,说他们的做法,会把公司推到帝国之路去。"①例如,1823年东印度公司在给一位新总督发出的指令中,明确表示不赞同新的领土扩张:"进一步获得领土不是我们所想要的。超越你不得不管理的帝国的范围不仅是不明智的,而且几乎是不安全的。"②

然而,历史事实却是:整个19世纪上半期英帝国的扩张从未中断过。在东方,英国不断征服和兼并印度土邦王公的领地,到1857年印度民族起义爆发前,已陆续将信德、奥德、旁遮普吞并,控制了整个南亚次大陆。此外,英国还几次发动对缅甸、阿富汗的战争,并不断在印度洋和南太平洋占领和夺取重要的岛屿。按照保罗·肯尼迪的估算,1815年以后的半个世纪里,帝国领土扩张的速度大约是平均每年十万平方英里。③

由此,关于19世纪初到70年代之前帝国的海外扩张,便引出了几个相互关联的问题:第一,英国政府官方为什么通常不愿采取更加积极主动的领土扩张政策?第二,英国的商人和殖民地当局官员为什么往往充当了帝国扩张的急先锋?第三,为什么会出现这种政府并不情愿但帝国版图却在持续扩大的矛盾现象?

毫无疑问,有一种东西在帝国的扩张中起着决定性的支配作用,它推动着帝国版图在不停地增加。正如著名帝国史学家劳埃德所指出的:拿破仑战争结束后,英国的迅速扩张与七年战争后英国

---

① 戴维·罗伯茨:《英国史——1688年至今》,第306页。
② C. C. Eldridge (ed.), *British Imperialism in the Nineteenth Century*, Macmillan, 1984, p. 67.
③ Ibid., p. 29.

的守成形成鲜明对照,"滑铁卢战役之后 30—40 年间里,帝国的扩张并不十分努力,但帝国的成长却如此迅速,看上去似乎存在着某种强大的力量,一旦它被发动,就会带着帝国的疆界一路向前,直到被高山或海洋所阻"①。因此,我们要追寻的就是:这个决定性的东西,即促使英帝国扩张的动力和原则到底是什么?

19 世纪英国政府对攫取海外领土的消极态度是显而易见的,政治家们从未表现出对继续扩大帝国版图的特别关注与强烈兴趣,相反,他们倒是经常采取避免直接军事占领的行动。

例如帕默斯顿就曾明确反对占领埃塞俄比亚的领土,而当拿破仑三世向英国建议共同瓜分北非时,同样遭到帕默斯顿的拒绝。1848 年—1860 年间担任殖民部常务次官的赫尔曼·梅里韦尔(Herman Merivale),这样评述帝国在殖民政策上的变化:"随着殖民地贸易的开放和殖民化的终结,很显然,吸引我们的祖先去发现和维持一个殖民帝国的主要动机已经不再存在了。"②一向精明过人的俾斯麦甚至在 1868 年的一封信中写道:"英格兰正在放弃她的殖民政策,因为她发现它的代价太昂贵了。"③

此外,英国政府还一直坚持,帝国的扩张应当由国内的私人来组织,并由实施者自己承担所需的费用,或者由英国已建立的海外殖民地负责组织,同时承担相应的开支。于是人们就看到了这样一幅历史画面:在帝国扩张中走在最前列的,不是英国的外交大臣、海军大臣以及陆军与殖民地大臣,而是那些雄心勃勃的商人、船主、殖民地官吏、冒险家、军队军官、传教士等等。约翰·西利爵士(J. R.

---

① T. O. Lloyd, *The British Empire 1558—1983*, Oxford, 1984, p.134.
②③ R. Palme Dutt, *The Crisis of Britain and the British Empire*, Lawrence & Wishart Ltd., London, 1953, p.74.

Seeley)之所以会用"心不在焉"这样的词来形容英帝国的对外扩张,很大程度上正是基于对这种情形的考察。

1883年,约翰·西利爵士将其讲课稿汇集成书,以《英格兰的扩张》为名在美国出版,立即成为当时最受欢迎的畅销书。其时,西欧列强对非洲大陆的瓜分与争夺尚未开始,大英帝国正如日中天,雄居世界一流强国的宝座,还未真正感受到来自老对手和后起强国咄咄逼人的威胁。而在英国国内,强大的英格兰及遍及全球的帝国属地所带来的无比自豪,与不列颠民族固有的优越感相互交织,使英国社会到处洋溢着乐观、自信的情绪,西利的思想及其著作既是英国人普遍心态的反映,也是维多利亚时代知识分子对大英帝国扩张的思考。

在书中,西利首先指出:"近代英国前进的方向或目标,毫无疑问是自由和民主。与大陆国家相比,自由当然是英国的主要特征,但与其说自由一直是我们追求的目标,不如说是我们已享受到的拥有物,因为17世纪的英国革命已使英国人得到了自由,在那之后的英国实际上是在为争取民主而斗争,追求民主正是当今的历史趋势。然而,英国向外扩张的历史不仅要比英国争取民主的历史更加伟大,而且也更为显著。"[1]

对于盎格鲁—撒克逊种族的移民繁衍和英国版图的全球性扩张,他提出了一个后来广为流传的著名观点:"我们似乎是在一阵心不在焉中(in a fit of absence of mind)征服和殖民了半个世界。"[2]约翰·西利是第一个把英国的对外扩张放到近代国际关系大背景下

---

[1] J. R. Seeley, *The Expansion of England*, Roberts Brothers, Boston, 1883, pp.7-8.
[2] Ibid., p.8.

进行考察的历史学家,在他之前,没有人作过这样的专门探索,历史学者们通常描述的是按照王朝更替形成的"英国"历史,而不是"英帝国"的历史。显然,无论是研究方法还是研究内容,《英格兰的扩张》都具有鲜明的独创性,它开创了从欧洲列强争夺商业与殖民霸权角度研究英国海外扩张的先河,而约翰·西利也理所当然地成为英帝国史研究的鼻祖。

此后,有关英国海外扩张的动力、原因、方式等等问题,开始引起学者们的极大兴趣与关注,《英格兰的扩张》被不断再版,西利的"心不在焉论"也广为流传,成为帝国史研究中一个经久不衰的话题,我们在许多有关英帝国的著作中都能找到它的踪迹。然而,"心不在焉"或"漫不经心"的说法,其实是一个似是而非的观点,它并不能解释为什么英国能够从一个西欧岛国不断向海外扩张,最终在19世纪成为属地遍布全球的日不落帝国。要弄清英帝国扩张的真正原因和动力,必需透过大量历史的表象,去寻找那些真正在帝国的成长历程中贯穿始终的因素,寻找那些被帝国政治家们所共同尊奉恪守的原则。

然而,西利所阐述的基本思想,是突出英国与其他西欧国家斗争的性质——争夺海外殖民地,以及英国不断获得胜利并实现"更大不列颠"的原因,因此,"心不在焉"只是他的一种描述,而非关于帝国扩张动因与方式的基本结论。但在西利之后,不少帝国史研究者沿袭了他的这一说法,并对之加以进一步论证,强调帝国扩张的无计划性[1],尤其强调那些身处海外殖民地的各类英国人(the men on the spot)的进取心与主动性。

---

[1] A. J. Christopher, *The British Empire at its Zenith*, Crom Helm Ltd., 1988, p.237.

因此，关于帝国是在政治家们不经意间逐步成长壮大的结论，便成了传统帝国史学中一个十分流行的观点。这种观点的问题在于，它使英帝国的扩张成了一个带有很大偶然性的历史过程，而这，显然是不符合历史事实的。

"心不在焉"论的各种论据有一个鲜明的特点，即听上去似乎都有一定的道理，但是稍加思考即会感到它们缺乏说服力，仔细分析更会发现其中存在明显的缺陷。这些论据归纳起来无非是两类：其一，在帝国扩张史上，没有任何政治家为英帝国的创建设计过蓝图，因此帝国并不是被人为组织建立起来的。其二，各种英国人出于各种动因起到了扩张先锋的作用，因此帝国版图的不断增加往往是英国政府被动接受的结果。

第一类论据其实不能说明任何问题。大英帝国是从英格兰与西班牙、荷兰、法国等不同时代欧洲强国的长期争斗中逐步发展起来的，其间经历了多次大规模的战争和几百年的历史过程，争斗的方式既有早期海盗式的拦截掠夺，也有正规战场的胜利所得；扩张的动因更是复杂多样，既有民族国家利益的诉求，也有新教徒对宗教自由的向往，既有攫取获得海外财富的贪婪，也有移民垦殖开辟新生活的渴望。一个民族在几百年间不断向海外扩张的漫长历史过程，一个需要很长的历史时段才显现出来的历史事件，怎么可能由政治家事先构想并加以实施呢？

第二类论据的确能找到许多19世纪的历史事实加以佐证。但问题在于，这样的事例只能说明局部，并不能代表整体。更重要的是，它们反映的只是事物的表象，而不是事物的本质。19世纪英国官方人士对海外领土扩张的立场，完全能够得到合理的解释与说明。

首先，由民间和私人机构从事海外贸易以及殖民垦殖等活动，并非是一种新政策，而是从英格兰海外殖民扩张的早期就已形成的传统。《英帝国的观念与理想》一书作者巴克(Ernest Barker)指出："是英国的社会——自发的社会——而不是国家，通过移民建立了我们早期的殖民地，从而开始形成我们今天的帝国。移民殖民地并不是由国家创建的，尽管它们可能得到国家的认可或批准。"[1]英国帝国史学家达特(R. Dutt)则将16世纪后半期直到工业革命前的英国海外扩张史，归纳为是"商人冒险家、海盗式掠夺、奴隶贸易、建立贸易据点、贸易公司垄断权、征服新发现海外土地、灭绝土著居民、建立移民殖民地的历史"[2]。著名的东印度公司从1600年成立一直维持到1858年，即是这一传统的最好证明。

其次，经过几个世纪的商业战争和殖民扩张，英格兰的生存环境已经今非昔比，帝国的海外领土已足够多足够大，英国已掌握了对大西洋、地中海以及印度洋的控制权，重商主义时代夺取海外属地的意义自然也大为下降。事实上，七年战争胜利之后英国人就已经选择了守成的战略，只不过由于法国的重新挑战，英帝国的海上通道受到威胁，才表现出新的领土扩张势头，但英国的目标主要在于加强和保证东方贸易通道的安全，而非无止境地增加海外属地。即便是贸易通道上的据点，如果被认为价值不大，甚至也会选择放弃。

好望角的例子就很能说明问题。好望角一直是西方从海路到东方的重要中转站，其战略上的意义显而易见，因此英国于1795年

---

[1] Ernest Barker, *The Ideas and Ideals of the British Empire*, Cambridge, 1941, p.55.
[2] R. P. Dutt, *The Crisis of Britain and the British Empire*, Lawrence & Wishart Ltd., London, 1953, pp.71-72.

从荷兰人手中夺取了开普,但由于造船技术与航海技术的进步,此时开普的重要性已经在下降。拿破仑向埃及的冒险进军,一下子将英国公众的注意力引向了东地中海,占领开普得不偿失的舆论开始占了上风,以至于英国在与拿破仑谈判《亚眠和约》时,宁愿放弃开普而选择保留锡兰。待到1803年战争再起,政治家们才迅速转向。1805年9月,陆军与殖民地大臣卡斯尔雷子爵(Viscount Castlereagh1769—1822)在一封给印度总督康沃利斯勋爵(1st Marquess Cornwallis 1738—1805)[①]的信中,重新阐述了帝国政府的新立场:"开普对大不列颠的真正价值,在于它在任何时候,都被当作保护我们印度属地安全的重要前哨阵地。"[②]1806年,英国重新占领了开普,从此将其"作为一个与帝国在东方的安全紧密相连的阵地"[③]。

第三,在重商主义思想占统治地位时代,对英国这样的岛国来说,通过贸易最大限度地获取财富和商业利益,不仅关系到国家的富强,甚至关系到民族的生存与发展,因此,海外贸易自然成为英国的立国之本。随着18世纪末自由主义经济思想的问世与传播,随着英国工业革命的进程,人们的观念已经发生改变。

例如,在19世纪的英国政治家中,帕默斯顿的国家利益意识无疑是最强的,他曾在各种场合宣布:"对每一个英国大臣来说,英格

[①] 即1781年率英军于约克镇投降的康沃利斯将军,回国后于1786—1793年出任印度总督,1805年被再次委任为印度总督,到任不久便因病去世,葬于加尔各答。
[②] Gerald S. Graham, *The Politics of Naval Supremacy*, Cambridge, 1965, p.40.
[③] K. B. Smillie, *Great Britain since 1688: A Modern History*, The University of Michigan Press, 1962, p.188.

兰的利益应当成为他政策的口令。"①但他却拒绝在阿比西尼亚（Abyssinia）②建立英国殖民地，明确指出："我们所要的是贸易，土地对于贸易并不是必须的，在属于其他人民的土地上我们能很好地开展商业。"③

他也不赞同拿破仑三世提出的瓜分埃及的建议，明确表示："我们并不想要埃及，就像一个脑子正常的人，虽然在英国北部有座庄园又在南部有处住宅，但却并不希望拥有沿途客栈一样。他所要的只不过是这些客栈对他开放，当他来到时，客栈会向他提供羊排晚餐和驿马等等，如此而已。"④"我们想要与埃及的贸易，想要能穿越埃及的通道，但我们不想要统治埃及的责任与负担。……让我们用商业的影响来改进所有这些国家，让我们避免一次十字军征服。"⑤

显然，如果说在重商主义时代，用各种方式扩展海外领地并垄断殖民地的贸易是国家利益的需要，而在工业革命和自由贸易的时代，用商品和资本打开落后国家与地区的市场，才更符合英国的国家利益。对贸易机会与权利的追求，依然是19世纪政治家们第一位的考虑，但追求的形式却已大不相同。

最后，不列颠民族素以务实、理性而闻名，对收益与成本的冷静权衡，既是学者们也是政治家们的所长，甚至可以说成了社会各个阶层的思维习惯。英国官方在19世纪不愿承担过多海外责任与义

---

① W. Baring Pemberton, *Lord Palmerston*, The Batchworth Press, London, 1954, p.84.
② 为埃塞俄比亚的旧称。
③ Andrew Porter (ed.), *The Oxford History of the British Empire*, Vol. III, *The Nineteenth Century*, Oxford, 1999, p.108.
④ 布莱恩·拉平：《帝国斜阳》，第273页。
⑤ Ronal Hyam, *Britain's Imperial Century: A Study of Empire and Expansion*, Macmillan, 1993, p.108.

务的态度,正是这种务实思维的结果,因为军事行动以及扩张后的治理,都意味着额外的开支与花费,责任越多,代价自然也就越大。前述英国国内反对占有开普的舆论中,"代价昂贵"是主要的考虑,连著名的纳尔逊勋爵(1st Viscount Nelson 1758—1805)也在 1801 年底议会上院关于(英法《亚眠和约》的初步辩论中,以他在拿破仑战争中所建立的几乎不可挑战的威望与经验,表达和认同了当时英国人的普遍情绪。他的发言十分形象生动:"在旧时代,开普曾经是个有用的中转基地,但是随着用铜板包裹船体底部技术的采用,大商船和军舰一样,已经不需要在去印度的航程中途停下整修了。现在,开普只不过是旅途上一个舒适的酒馆,经常延搁例行的行程。更糟糕的是,当开普在荷兰人手上时,买一棵卷心菜只要两便士,而在英国人占领后,却高达一先令。"①

帝国史学家 P. J. 马歇尔曾经就英国人对殖民或侵略战争的反对情绪作过细致分析:"征服战争和新行政管理班子建立带来的费用,如果要落到英国纳税人身上,对英国财政部和下院来说是不受欢迎的。例如,19 世纪初期在南非开普边界上的战争,遭到了特别激烈的批评。……有些人基于人道主义和基督教教义,抱怨并抗议对外侵略和在不正义战争中丧失生命。……政府通常没有太多困难就能从这种批评中脱身,但是如果一场海外战争似乎是不正义的,同时代价高昂并没能立即获胜,那么这种尴尬则是政府希望能避免的。"②

综上所述,19 世纪英国的主流政界人物有足够的理由对获取新

---

① Gerald S. Graham, *The Politics of Naval Supremacy*, Cambridge, 1965, p. 39.
② P. J. Marshall, *The Cambridge Illustrated History of the British Empire*, Cambridge, 1996, pp. 30 - 31.

属地不抱兴趣。事实上政治家的态度并不是孤立的,它反映的是一种普遍的社会思潮,也代表着正在形成中的自由帝国新理念。

然而,尽管没有得到来自政府的积极鼓励和强有力支持,帝国海外领土的扩张却从未间断,而且基本上是从容不迫,没有遇到过像样的抵抗。

对此,帝国史学家劳埃德(T. O. Lloyd)分析指出:这首先是因为英国拥有无可挑战的海权,其次是欧洲自 1815 年之后长期处于和平,"在这种条件下,私人进行的海外扩张要比 18 世纪时容易得多"①。

罗拉尔德·海姆(R. Hyam)也认为:由于帝国及其势力范围很容易增长,"从这个意义上说,英国的扩张过程相比较不是特别的血腥"②。

那么,最终是什么原因使得帝国的扩张在不断地进行呢?美国历史学家戴维·罗伯茨认为:"帝国的扩大,反映了帝国内部支持扩张的力量,要比伦敦方面怀疑帝国思想的力量大得多。这许多力量,加上英国的海军势力、工业强盛和世界性联系,就使得这个前所未有的、最大最富有的、人口众多的帝国,在不知不觉中成长起来,构成了一个名副其实的大英和平圈。"③

这一解释无疑是切中要害的,因为,正是有了这股强大的支持推动扩张力量的存在,才使帝国得以实现持续的扩张。至于这种力量是什么,罗伯茨并没有给出具体的说明,但他显然是指各种各样

---

① T. O. Lloyd, *The British Empire 1558—1983*, Oxford, 1984, p.135.
② Ronald Hyam, *Britain's Imperial Century: A Study of Empire and Expansion*, Macmillan, 1993, p.13.
③ 戴维·罗伯茨:《英国史——1688 年至今》,第 29 页。

的利益集团。P. J. 马歇尔也将帝国的扩张与英国各个社会阶层相联系,认为"扩张反映了英国社会许多阶层寻求贸易、掠夺、土地、官职、知识等机会的愿望,简言之,就是来自世界的所有好处"[①]。

的确,对相当多的英国人来说,帝国以及帝国的扩张确实与他们个人的命运息息相关:商人需要扩展贸易,工厂主需要开拓市场,银行家需要投资场所,移民渴望得到更多的土地,传教士期待传播福音的天堂,殖民地官员希冀建功立业,贵族子弟期盼提升军职……

但是,所有这些只能解释为什么许多英国人和殖民地人表现出强烈扩张欲望,而不能说明为什么英国官方并不积极介入海外的扩张,但却从不拒绝接受既成的扩张事实。

从根本上说,既然帝国意味着"来自世界的所有好处",那么形形色色英国人的帝国意识与需求,就是推动帝国不断扩张的强大动力。然而,真正能够在不同时代(尤其是工业革命时代)代表不列颠民族和国家根本利益的动因,应该只有一个,那就是英国的商业利益与特权。

只要是有利于商业的扩展,只要是贸易安全的需要,即便是私人或垄断公司自行采取了某种措施,占领了新的海外领土,英国的政府大臣们也会欣然认可。

换句话说,19 世纪的英国政府的确没有用武力夺取并占领新属地的计划和打算,但倘若动用武力的结果是带来新的广阔市场,倘若已占领的属地对于贸易的扩展与安全至关重要,那么政府是不会

[①] P. J. Marshall, *The Cambridge Illustrated History of the British Empire*, Cambridge, 1996, p.23.

犹豫的。鸦片战争的爆发及其结果,正好说明了这一被历届英国政府所自觉遵循的原则——获得贸易特权和贸易据点,将英国廉价的商品销往世界每个角落,远比直接占领领土更经济,当然也更符合英国的利益。

英国的工厂主和商人们对于廉价英国工业品的强大威力是毫不怀疑的。1840年,一位议员在下院的发言中指出:"英国工业品并非仅提供给在印度的英国人,它们正传遍整个印度,尤其是曼彻斯特和格拉斯哥的产品。事实上,这是商品价格便宜的结果。廉价已使我们的机器工业品进入印度,只要借助机器的力量,我们能够使它们更为便宜。尽管它们也许不像印度人自己的产品那么经久耐用,然而,对于一个贫穷的民族来说,没有什么东西能与廉价的商品相比。"[1]

因此,保卫和促进英国的商业贸易,可以说几乎成了英国政治家的一种本能。这方面,帕默斯顿的立场最为典型。

在19世纪的英国政界人物中,对于英国贸易特权的捍卫,帕默斯顿也许是最坚决的一个,而对于英国通过商业征服并开化落后民族的信念,他也是最自觉的,一向认为政府应当通过为贸易打开新市场来帮助国家的商业。1842年,帕默斯顿指出:"世界上最好的咖啡,大量种植在阿比西尼亚的荒野上和阿拉伯的沙漠里,这些地方居民人口众多,他们需要许多我们能提供的东西,也能给我们有价值的商品作为交换。我确信,随着时间的推移,他们对我们商业的

---

[1] J. Rose & A. Newton, E. Benians (eds.), *The Cambridge History of the British Empire*, Vol. II, London, 1940, p.401.

需求必将大大增加。"①

此外,由于战争既增加军费开支,又直接影响商业贸易,英国人通常更倾向于使用武力威慑或外交欺诈甚至金钱购买的手段,而不是直接的战争,即便是帕默斯顿那样具有强硬帝国立场的人也是如此。

例如,1839年在议会辩论土耳其问题时,帕默斯顿宣布,自己的信念就是:"通过维持和平来从物质上支持大不列颠的商业,因为没有和平,希望有繁荣的商业就是徒劳的。不仅为了英格兰,也为了其他国家,都需要维持和平。"②这番话虽然多少有些作秀的意味,但不能否认的是,和平与安全确实是实现英国国家利益的保证。

英国政府与本国商业贸易的关系,更集中地体现在对开拓海外新市场的自觉支持上。19世纪上半期英国在印度洋和南太平洋的顺利扩张,说明政府大臣与东印度公司董事会以及公司殖民官员之间存在着某种默契。其中占领新加坡的例子无疑最为典型。

新加坡只是一个面积几百平方公里的岛屿,但却是英国商人处心积虑想得到的地方。翻开19世纪的世界地图,新加坡的重要地位一目了然:它位于马来半岛的最南端,有一条不到半英里长的堤道与半岛相连,是马六甲海峡的"瓶颈",而马六甲海峡则是欧、亚、非及大洋洲之间的重要通道,它连接南海与安达曼海,沟通太平洋和印度洋,是从欧洲、非洲经印度洋到东南亚、东亚最短航线的必经之地。马来半岛和印度尼西亚群岛的大部分地区,从17世纪起就落入荷兰人之手,因此通常被称作"荷属东印度"。

---

① Ronald Hyam, *Britain's Imperial Century: A Study of Empire and Expansion*, Macmillan, 1993, p.88.
② Gerald S. Graham, *The Politics of Naval Supremacy*, Cambridge, 1965, p.117.

地位如此重要的马六甲海峡被荷兰人所控制,整个东印度的贸易也被荷兰人垄断,这种局面对英国人来说是难以容忍的。1786年,英国人占领了马六甲海峡北部的槟榔屿,将其作为皇家海军的基地。在拿破仑战争中,"荷兰的海外领地成为英国的上等猎物"①,英国迅速占领了马来半岛上的马六甲和爪哇岛。但荷兰后来成了英国需要拉拢以共同对付拿破仑的盟友,英国便允诺战争结束后仍然归还给荷兰。因此,荷兰于1816年收回了被英国人占领的地方,并进一步加强对马来半岛的控制,以阻止英国商人的进入。

局面终于在1819年被打破。为此,斯坦福·莱佛士(Stamford Raffles 1781—1826),一个原本名不见经传的东印度公司官员,在英帝国的扩张史上留下了自己的名字。

莱佛士是个船长的儿子,24岁时进入东印度公司(1805年),不久被派往槟榔屿(Penang)任总督府秘书。年轻的莱佛士不仅性情鲁莽急躁,还对荷兰人抱有强烈的憎恶与反感。②他被克莱武的精神所激励,渴望着为帝国建功立业。1811年他成为爪哇岛(Java)副总督后,向印度总督提交一份备忘录,极力鼓动公司向东印度扩张,以便与荷兰人争夺与中国和香料群岛的贸易,由于英国与荷兰的盟友关系等因素,公司董事会并没有接受他的建议。

莱佛士因在爪哇推行的改革,以及对爪哇历史风土人情的介绍在英国名声大振,于1817年被册封为爵士。1818年,莱佛士被东印度公司任命为明古连(Bencoolen)副总督。明古连位于苏门答腊岛(Sumatra)西南海岸,在1786年英国占领槟榔屿以前,明古连是东印

---

① 布莱恩·拉平:《帝国斜阳》,第182页。
② J. Olson & R. Shadle (eds.), *Historical Dictionary of the British Empire*, Greenwood Press, 1996, p.926.

度公司在东南亚唯一的一块殖民地,也是英国香料贸易的直接来源。

1818年12月,莱佛士在印度总督、英国驻印度军队总司令弗朗西斯·黑斯廷斯勋爵(Francis Hastings, 1st Marquess of Hastings 1754—1826)支持下,率领一支远征军从加尔各答出发,经槟榔屿,沿着马六甲海峡到达半岛的最南端。

1819年1月,莱佛士在新加坡岛上登陆并升起东印度公司的旗帜。岛上当时一片荒凉,居民大约不到150人①,主要是渔民、海盗等,但莱佛士确信占领该岛在商业上具有无比重大的意义。

1819年2月,莱佛士向公司报告说:占领新加坡已经摧毁了马六甲的政治重要性,它已使所有将英国商业和影响排除在马来国家之外的敌意计划归于无效,"荷兰人的时代已经打破了,一个飘扬着我们旗帜的独立口岸将自动重建,它足以防止荷兰人曾经在这些海域施行的垄断制度的重现"②。

1819年6月,在从新加坡写给国内朋友的信中,莱佛士掩饰不住自己的兴奋与激动之情:

(在此之前)我几乎不知道这样一个地方的存在,不仅是欧洲人,就是印度世界对它也一无所知。我相信你希望我获得成功,我想说,一旦我的计划在国内被确认,我打算把这里作为今后主要的居住地,将自己在东方余下的岁月贡献给这个殖民地的进步。它在所有方面都有成为一个最重要殖民地的希望,同

---

① 一说新加坡当时为居民500人左右的商港。见梁志明主编《殖民主义史》(东南亚卷),第163页。
② V. Harlow & F. Madden (eds.), *British Colonial Developments, Selected Documents*, Oxford, 1953, p.73.

时也是我们所拥有的代价最小、麻烦最小的属地。我们的目标不是土地,而是贸易;是一个伟大的商业中心和支点,在以后条件需要时,凭借它我们可以扩展英国的政治影响。通过直接的占领,我们对荷兰人的垄断表示了拒绝,与此同时恢复了我们的盟友和朋友们正在下降的信心。一个在这些海域的自由港,必定最后摧毁荷兰人垄断的时代;马耳他在西方的地位,可能就是新加坡在东方的地位。[1]

从莱佛士的个人经历来看,他对荷兰人积习已久的强烈憎恨,主要来自荷兰对东印度商业贸易的独占与垄断,来自荷兰人公开阻止英国利益渗透侵入的戒备与小心。这无疑同他长期处在与荷兰势力对峙的前沿阵地有关,作为东印度公司的殖民官员,他显然要比伦敦的公司董事会更能感受到荷兰人对英国人的敌意,感受到荷兰人捍卫自己传统势力范围的决心。此外,这或许还解释了为什么往往地方殖民官员会表现出扩张的积极主动性,而帝国政策决定者的反应通常要滞后的原因。

一个具有重大影响的历史事件的发生,其意义往往不会为同时代的人所真正体会,莱佛士占领新加坡也是如此。几乎所有关于英帝国扩张史的著作,不管其立场如何,都不会漏掉莱佛士的名字。在新加坡被占领100多年后,史学家们仍将大英帝国在东方的扩张,归功于"英国皇家海军的舰队和莱佛士的进取精神"[2]。

但具有戏剧性的是,尽管印度总督支持莱佛士在海峡建立一个

---

[1] V. Harlow & F. Madden (eds.), *British Colonial Developments, Selected Documents*, Oxford, 1953, p.73.

[2] Parl. Pap. 1830, V(644), Q.3497, from *The Cambridge History of the British Empire*, Vol. II, London, 1940, p.401.

基地,以奠定英国对华贸易利益的计划,但他的指令是"在马六甲以东的地区建立商站,以控制海峡的南端",目标"纯粹是商业性质的,与政治势力或领土扩张的想法毫无关联"①,因此要避免与荷兰人的任何交涉与冲突。

而莱佛士的行动事实上并没有得到公司董事会的批准。根据历史文献记载,黑斯廷斯总督向伦敦汇报后,公司董事会立即发来训令,要他阻止莱佛士的冒险行动。只是由于训令到达太晚,莱佛士的远征才得以成功。②

显然,莱佛士占领新加坡的行为,多少带有个人主张的色彩。但说到底,莱佛士个人的野心或雄心,与英国扩展东方贸易的大方向是一致的,与英格兰的国家利益是相符的,这才是这一事件的真正意义所在。

实际上,拿破仑战争结束以后,英国与荷兰的关系一直处于微妙和尴尬之中。英国对荷兰人垄断独占东印度的贸易,自然是不满的。

1819年8月,外交大臣卡斯尔雷在给英国驻海牙大使的指令中,明确表示出对荷兰人的不满:政府"不会默许在整个广阔的东方群岛对英国商业实际上的排斥,或仅仅是许可的容忍;也不能同意与中国的直接贸易处于各种不利条件之下,这些不利条件是由于马六甲海峡所有军事和海军要地完全掌握在荷兰政府手中而产生的"③。

---

① 梁志明主编:《殖民主义史》(东南亚卷),北京大学出版社1999年版,第162页。
② 布莱恩·拉平:《帝国斜阳》,第184页。
③ Gerald S. Graham, *The Politics of Naval Supremacy*, Cambridge, 1965, p.51.

然而,英国人并不愿与荷兰发生直接冲突,反而希望与荷兰建立并保持良好关系。这首先是因为,此时英国对中国的茶叶贸易发展速度惊人,已大大超过了对东印度传统的香料贸易,因此英国与荷兰在东印度的矛盾并不尖锐;其次是因为,拿破仑战争结束以后,英国需要在欧洲推行均势外交,而荷兰是英国用以在欧洲和海外遏制法国的一个盟友与屏障。

这样,就有了由乔治·坎宁谈判签订的1824年《英荷伦敦条约》。这是一个承认双方在东南亚存在的现状,并划分各自在荷属东印度势力范围的条约。条约规定:荷兰放弃所有对新加坡的权利,割让马六甲,同意不干预马来半岛;英国则将明古连交给荷兰,并承诺不向苏门答腊扩张,也不在新加坡以南的岛屿建立任何移民点。

从条约内容看,英国人显然收获颇丰,不仅得到了荷兰对英国占领新加坡的正式承认,还将马六甲及整个马来半岛划归自己的势力范围,而作出的让步,仅仅是不进一步向传统的荷属东印度扩张。条约也说明,英国更重视与中国的贸易,所以才希望以放弃向印度尼西亚海域的领土与商业扩张,来换取与中国贸易通道的安全。

然而,条约签订后的几十年间,荷兰人并不遵守条约规定,和以往一样继续实行商业垄断,并损害英国与中国的贸易,英荷之间因此摩擦不断。但是,除了因比利时1830年脱离荷兰引发的紧张局势①,双

---

① 1830年比利时宣布从荷兰独立,欧洲大国以协商解决了危机,同意比利时作为中立国独立。荷兰拒绝接受,于次年8月入侵比利时。法军进入比利时,英国派出舰队封锁安特卫普要塞。东印度公司受命对所有荷兰船只实行全面禁运,并伏击荷兰商船舰队,但双方只是相互对峙并未真正开战。1833年安特卫普向联军投降,并被移交给比利时。

方基本上相安无事,没有发生过严重的冲突。

莱佛士打破荷兰人对东印度贸易垄断的雄伟计划,由于占领了新加坡而得以实现,新加坡不仅成为东方的马耳他,使英国有效地控制了马六甲海峡的出入口,而且为英国商业利益进入东方这个"伟大的贸易竞技场"提供了跳板和支撑点,对中国海以及印度洋的贸易与航行都产生了深远影响。

因此,《海军霸权政治》的作者格拉汉(G. Graham)认为,新加坡"远比马耳他对东地中海所产生的影响大得多"。[1] 1826年,新加坡和马六甲、槟榔屿共同组成"海峡殖民地"(Straits Settlements),不再隶属于印度总督,改为由英国政府直接管辖,几年后,新加坡被确定为殖民地首府。

海峡殖民地的建立,大大有利于英国东方的商业扩张。从前,这条通往中国的道路上海盗猖獗,而英国占领新加坡后,"仅仅二三只船的舰队巡弋在马六甲海峡或马来半岛的西海岸,就足以吓退较大的海盗行动,为贸易团体提供信心。"[2]在不长的时间内,英国的纺织品迅速进入并扩展了在东印度的市场。

对此,一个英国商人在1830年深有感触地说:"当我1811年第一次到达爪哇时,那里的人穿的几乎全是中国的产品。我目睹了那里发生的一场革命——在我逗留期间,几乎所有的人都在穿欧洲的机器纺织品。"[3]

---

[1] Gerald S. Graham, *The Politics of Naval Supremacy*, Cambridge, 1965, p.53.
[2] Ronald Hyam, *Britain's Imperial Century: A Study of Empire and Expansion*, Macmillan, 1993, p.16.
[3] Parl. Pap. 1830, V(644), Q. 3497, from *The Cambridge History of the British Empire*, Vol. II, 1940, p.401.

不同时代的英帝国，其理念、政策以及扩张的方式是不同的。对 18 世纪的政治家来说，帝国既是财富的源泉，也是不列颠作为伟大军事与海军强国地位的象征。因此，坚持贸易法规，以确保不列颠最大限度地得益于帝国属地，就成为当然的选择。

而到了 19 世纪，情况则完全不同了，独领风骚的海军舰队，突飞猛进的工业革命，无可匹敌的经济实力，为英国人提供了更为广阔的视野与发展空间，英国迫切需要的不是获得新的海外领土，而是在全世界最大限度地拓展贸易。而与此同时，不列颠已经没有真正的敌手，但却需要花费巨大开支用于殖民地与属地的防卫，英国的政治家们自然本能地倾向于不愿承担新的海外责任。

但是，贸易特权的获得与商业的扩张，几乎不可避免地要伴随着各种形式的武力威胁、外交欺诈、军事侵略，甚至领土的兼并。1830 年，英国《评论季刊》(*Quarterly Review*) 写道："我们在东方海域的势力应当维持；不能设想任何针对我们伟大商业的致命打击，能比放弃这些有价值的属地更为有效。"[①]

由此，19 世纪的英帝国就在表现出令人费解的"心不在焉"或"漫不经心"的同时，进入一个新的扩张时代。在扩展贸易强大动力的驱使下，除了 1819 年占领新加坡，70 年代以前英国在东方已先后占领和控制了下缅甸（1826、1852）、香港（1841）以及加里曼丹岛北部（即北婆罗洲 North Borneo）的沙捞越（Sarawak，1841）[②]、拉

[①] Gerald S. Graham, *The Politics of Naval Supremacy*, Cambridge, 1965, p.42.
[②] 北婆罗洲当时被文莱苏丹控制，占领沙捞越的英印军队退役军官詹姆士·布鲁克是个冒险家和狂热的殖民主义者，1841 年帮助文莱苏丹镇压人民反抗，取得对沙捞越的统治权。海峡殖民地和英国政府事先并未授权布鲁克进行殖民活动，但事后予以了默认，并在荷兰人提出强烈抗议时对布鲁克给予支持。

布安岛(Labuan 又译作纳闽岛,1846)。从 19 世纪末起,英国又陆续占领上缅甸(1885),控制了沙巴(Sabah,1881、1888)①、文莱(Brunei 保护国,1888),建立了英属马来联邦(1874—1896)和马来属邦(1909—1914),最终完成了对缅甸、北加里曼丹和马来半岛的征服。

> 在新大陆,我们的目的是与美国和平解决领土争端,确保对南美的贸易;在太平洋要避免去扩张;对中国施压以打开贸易;在印度,要在天然的土地疆界限度之内扩大我们的主权;在非洲限制扩张,同时探索新的商业机会以打开非洲;在欧洲避免冲突,但维持帝国贸易通道的绝对安全。②

这是英国几位著名史学家 J. 罗斯(Rose)、A. 牛顿(Newton)和 E. 贝尼亚斯(Benians)对 19 世纪初期到中期英帝国政策的概括。从中不难看出,贸易特权与商业利益是自由帝国最重要的目标。正如 19 世纪中期的殖民部常务次官赫尔曼·梅里维尔在 1861 年所宣称的:"英国是每一片海洋的主人,殖民地人控制着每一块海岸,世界上几乎没有一个角落没有我们的工业产品。"③

---

① 1881 年英国政府授予"英属北婆罗洲公司"特许状,准许其对沙巴进行殖民开发。1888 年公司将沙巴的防卫和外交事务交给英国政府。
② J. Rose & A. Newton, E. Benians (eds.), *The Cambridge History of the British Empire*, Vol. II, London, 1940, p. viii.
③ Glyn Williams & John Ramsden, *Ruling Britannia: A Political History of Britain*, Longman, 1990, p. 247.

二、全球贸易与战略防卫体系

贸易与贸易的安全两者是不可分的,帝国对贸易特权和商业利益的追求,决定了帝国政治家们必须同时将贸易安全作为一个基本的原则。要保证帝国海外贸易的安全,需要两个重要的前提与手段,这就是:确保皇家海军的优势地位,建立全球性战略防卫体系。

英国是具有悠久海军传统的国家,海军建立与发展壮大的历史过程,与不列颠民族的强盛,与英格兰同其他海上强国的长期争斗,与英帝国海外殖民地的建立,自始至终相互交织相互伴随。没有海军就没有英格兰的安全,没有海权就没有英帝国,成为一个不言而喻的政治常识,对海权的高度重视也为历代英国政治家所遵奉。1799年,陆军与殖民地大臣亨利·邓达斯(Henry Dundas 1742—1811)[①]在给海军大臣斯宾塞勋爵(2nd Earl Spencer 1758—1834)的信中写道:"法国将始终是这个国家的敌人,如果它在我们的力量所及范围以内,我们应当竭尽全力歼灭他们的海军……我们没有领土上的重要地位,只是海洋中如此之小的地方,我们自身的力量和尊严,以及欧洲的安全,都依赖于我们在世界上极为重要的商业与海军力量。"[②]

[①] 1794年邓达斯成为同时负责殖民地事务和陆军事务的国务大臣,但两个部门直到1801年才真正合并,因此通常讲陆军与殖民地事务部始于1801年。此前殖民地事务部是内政部的一个分支。

[②] Muriel E. Chamberlain, *"Pax Britannica"? British Foreign Policy 1789—1914*, Longman, 1988, p.31.

拿破仑战争结束时，英国皇家海军拥有战舰214艘，还有将近800只小型船只。战后最初几年，由于英国在海上无人挑战的霸权地位，从18世纪80年代起保持不变的海军军费开始被大量削减。但很快外交大臣卡斯尔雷就意识到维持海军绝对优势的必要，1817年，他提出了著名的"两强标准"，认为：英国的安全要求她必须维持"一支相当于能反对英国的两个强国的海军力量"[1]。此后，由于拿破仑战争后几十年的欧洲和平，以及没有像样的竞争敌手等原因，皇家海军在30年代继续被削减，但长期服役的士兵仍保持在1.3万人。[2]到19世纪40年代，以蒸汽为动力的铁甲船时代的来临，更加强了英国的海上优势。

尽管帝国政治家对海外的领土扩张并不热衷，尽管英国皇家海军也曾经不断被削减，而卡斯尔雷首创的"两强标准"，直到19世纪末期英国面临列强严峻挑战时才真正成为海军战略的基本原则。但是，确保英国的海上霸权，确保英国的海上通道不受侵犯，则始终是帝国政治家和英国海军的信条。正如英国海军部在1902年的一份备忘录中所强调的："控制海洋的重要性，在于它控制了海上交通。海军弱国绝对不可能在海上成功实施任何大的军事远征。"[3]

要保证帝国海外贸易通道的安全，除了维持一支占压倒优势的海军舰队，在全世界各主要交通要道建立军事要塞和海军基地，以形成一个全球战略防卫体系，就成为必然的选择。实际上，英国向

---

[1] Lawrence James, *The Rise and Fall of the British Empire*, Little, Brown and Company, London, 1994, p.179.
[2] 肯尼思·摩根：《牛津英国通史》，第478页。
[3] A. B. Keith (ed.), *Selected Speeches and Documents on British Colonial Policy*, Vol. II, Oxford, 1933, p.230.

外扩张的过程,同时也是帝国在世界各地攫取战略要地的过程。几个世纪以来,帝国的贸易主要是围绕北美、西印度、印度进行的。因此,这些贸易通道上的要冲地及其周边地区,就成了英国着力去占领的地方。

在第一帝国时期,英国通过一次次商业争霸战争,已经在大西洋和地中海西部建立起许多重要的军事要塞。法国势力被赶出印度后,特别是英属北美13个殖民地丧失后,英国开始将注意力逐渐转向印度洋和太平洋,印度成为帝国新的中心。

反对法国与拿破仑帝国的战争,为英国在东方夺取战略要地提供了天赐良机:好望角(1795年夺自荷兰,1801年归还,1806年重新占领)、锡兰(1796年夺自荷兰)、马耳他岛(1800年夺自法国)、伊奥尼亚群岛(1809年夺自法国)、毛里求斯岛(1810年夺自法国)、塞舌尔群岛(1814年夺自法国),这些通往印度海上通道的重要岛屿被英国人轻易地尽收囊中。

在英帝国几大贸易航线上,地中海一直是帝国战略的中心,如果英国失去了通过直布罗陀和地中海的自由,那么整个帝国政策的脊骨就将被切断。由于从地中海经苏伊士地峡,再从红海到印度的路程十分艰难,对英国人来说,开普无疑是"通往印度的钥匙",因此在反法战争中,英国在海外首先攻占的就是开普。1798—1799年拿破仑对埃及的远征虽然以失败而告终,却给英国人永远留下一块心病,拿破仑在进攻埃及的报告中说:"要真正毁灭英国,我们必须使自己成为埃及的主人。"[1]

拿破仑的战略计划并非只是一个不可行的空想——法国如果

---

[1] Arthur Willert, *Aspects of British Foreign Policy*, Yale University Press, 1928, p.19.

控制了埃及,不仅能够切断英国与印度的交通线,控制地中海以东地区,而且能以此为跳板向印度进军,而印度则是整个英帝国防卫的重中之重。任何一个英国政治家,不管他属于自由党还是保守党,都不会忽视东方通道的安全。

事实上,对于印度洋海上交通线,历届英国政府从来都是高度关注的。1797年时任开普总督的马嘎尔尼勋爵,向陆军与殖民地大臣亨利·邓达斯极力强调锡兰对于印度的重要性:锡兰距印度西南海岸只有40英里,英国占领锡兰就可以直接保卫印度,而如果锡兰掌握"在一个强大的敌人手中,就可能动摇、颠覆和摧毁我们东方的繁荣和统治结构的基础"[1]。

为了印度航线的安全,英国必须排除一切潜在的和实际的威胁,以确保对印度洋的完全控制。拿破仑战争以后,对于法国可能的卷土重来,英国始终保持高度的戒备。

在英国人眼中,法国人一直抱有洗刷耻辱东山再起的野心,因此,法国对欧洲均势构成的威胁要比俄国更大,只要法国在地中海、红海与印度洋附近一有动作,就会立即引起英国人的警觉。

法国在地中海的势力原本并不强,仅占有科西嘉岛,但1830年法国占领了阿尔及尔,1834年宣布阿尔及利亚为法国属地,同时大力加强法国海军以及土伦港的海军基地建设,一下子使法国进入地中海强国行列。在1828—1829年俄土战争中,法国曾极力拉拢俄国,企图与俄国瓜分土耳其,由法国占领埃及。[2]之后又支持埃及帕夏·穆罕默德·阿里(Mohammed Ali 1769—1849),帮助埃及训练

---

[1] Gerald S. Graham, *The Politics of the Naval Supremacy*, Cambridge, 1965, p.47.
[2] 王绳组主编:《国际关系史》(上册),武汉大学出版社1984年版,第62页。

陆军，加强海军，建设兵工厂以及军事要塞，在土耳其与埃及的冲突中持亲埃立场，从而使法国势力进入埃及。

埃及虽然仍是土耳其帝国的藩属，但从19世纪20年代起已经日渐强悍，扩张野心也在迅速膨胀。在1831—1833年第一次土埃战争中，埃及从土耳其手中获得叙利亚、克里特岛等地，此后，还在法国积极支持下出兵阿拉伯半岛，其锋芒直指红海岸边的也门，甚至到达了波斯湾上的巴林岛。①

法国在地中海地区尤其是在埃及影响的扩大，以及埃及帕夏·阿里的扩张野心，直接刺激着英国人的神经。在驻孟买的英国总督罗伯特·格兰特爵士（Sir Robert Grant 1779—1838）眼里，"世界上没有其他事情比法国的这种势头更具威胁性了"②。1838年3月，在给英国外交部的一份备忘录中，格兰特写道："法国正经由埃及逐渐向印度进逼，伴随着与此同时俄国途径波斯向印度的进逼，对此决不能等闲视之。"③

外交大臣帕默斯顿更是清楚地看到法国的外交目标与埃及扩张野心之间的关系，认为"穆罕默德·阿里的计划是建立一个由叙利亚、埃及和阿拉伯半岛组成的独立国家，而坚定地站在阿里背后的是法国政府，一旦这一计划实现，突尼斯（Tunis）和的黎波里（Tripoli）也将被挤压进这个体系，法国就会成为地中海事实上的主人"④。因此，他多次表示必须对穆罕默德·阿里坚决遏制："我越思考这些事情就越确信，如果不使穆罕默德撤回他的埃及原始边界，

---

① 埃及军队在英国占领亚丁之后，挥师东进直至波斯湾，要求巴林统治者投降。
② 布莱恩·拉平：《帝国斜阳》，第339页。
③ Gerald S. Graham, *The Politics of the Naval Supremacy*, Cambridge, 1965, p.74.
④ Ibid., p.69.

就没有一个永久解决(土埃冲突)的可能性。"①

面对法国和埃及共同构成的威胁,英国迫切需要在红海与波斯湾地区占领一些据点,以保卫印度。最初英国人打算以购买方式从土著统治者手中获得亚丁,但谈判未成,而时间又不允许等待,英国必须在穆罕默德·阿里的军队抵达亚丁附近之前采取行动。

1839年1月,英国从印度孟买派遣一支700人的舰队,以伤亡15人的代价攻占了位于红海与阿拉伯海汇合处的亚丁(Aden),不久即与亚丁苏丹签订协议:英国每年支付津贴6 500马丽亚·特利萨元②,而苏丹同意接受英国的保护,并允诺不与其他外国发生关系。

此后,英国人继续采用这种手法,先后与几十个土著人首领签订了类似协议,排挤了也门统治者对亚丁的控制权,使亚丁逐渐成为英国的保护地。

英国对亚丁的占领,既有保卫印度的需要,也有利用陆上通道、缩短东方交通线的考虑。

自从达·迦马开辟了沿非洲海岸绕过好望角进入印度洋的航线后,开普一直是欧洲人与东方贸易交通线上的重要中转站,这条交通线虽然避开了奥斯曼帝国,但要比地中海经中东的陆上交通几乎延长了4 000英里,等于绕了半个地球,中途还需要等待印度洋上的西南季风,在帆船时代,从欧洲到印度整个航程需要花上六个月。③

几个世纪里,葡萄牙、西班牙、荷兰这些最早的海上强国相继衰

---

① W. Baring Pemberton, *Lord Palmerston*, The Batchworth Press, 1954, p.98.
② 18世纪末期至19世纪初期中东地区贸易用银币,上面有奥地利女皇马丽亚·特利萨的头像。
③ George Macaulay Trevelyan, *History of England*, London, 1947, p.672.

落,而英国则在18世纪掌握了海上霸权,不仅在印度站稳了脚跟,而且将法国的势力赶出印度。随着印度在帝国海外属地中地位的日益重要,英国人对于从地中海穿越埃及,再从红海进入印度洋的交通线一直念念不忘。

早在法国的影响进入埃及之前,英国国内就有人试图将亚丁作为蒸汽船从红海到印度航线上理想的中途加煤站。1829年,在先用帆船把煤运到亚丁之后,一艘蒸汽船作了首次从苏伊士到孟买的试验航行,结果试航获得成功。从那以后,英国一直期盼着占领这个最佳的港口和加煤站,埃及在法国支持下对也门的野心,正好为英国人提供了直接采取军事行动的强有力借口。

19世纪40年代是蒸汽船加速发展并逐渐超越帆船的时代,1840年英国的蒸汽船已占世界蒸汽船总吨位的1/4,十年后又猛增到1/3以上。[①]因此,亚丁被英国占领后,很快成了英国到印度和澳大利亚蒸汽船航线的常规加煤站,从地中海到印度的水陆联运交通线因此变得更为重要。

1851年,英国一位政治评论家写道:"在我们遍布世界的属地中,在重要性和范围上,最强大的无疑是我们的印度帝国。……然而,为了与印度的联系,在一种情形下不列颠要绕地球半圈,而另一种情形就是穿越埃及。"[②]

沙漠覆盖的苏伊士地峡大约长90英里,它堵住了地中海通向红海的水路,否则蒸汽轮船可以从朴茨茅斯一直航行到孟买,且只需六个星期左右。1835年,英国成立了一家"陆路邮递公司"

---

① 霍布斯鲍姆:《资本的年代1848—1875》,第70页。
② Gerald S. Graham, *The Politics of the Naval Supremacy*, Cambridge, 1965, p.66.

(Overland Mail),两年后,东印度公司正式将邮递业务交给这家公司经办。

虽然地中海与红海的交通有了联系,伦敦与加尔各答的距离由于这条水陆联运线路的开通而缩短,但邮件和货物通过埃及的运输是一条艰辛的旅途:在亚历山大港上岸后,将邮件和货物运至马哈茂迪耶运河(Mahmoudie Canal),用运河船或驳船运到尼罗河,然后沿尼罗河而上至开罗,最后是在贝督因人的骆驼队和一两个向导指引下,穿过沙漠抵达红海岸边。一艘蒸汽船所装载的价值40万英镑的货物,有时至少需要3 000只骆驼来运送,而且途中没有任何的保护。艰辛曲折的旅程则使英国到印度的邮件代价昂贵,一封信的邮资甚至高达5先令5便士。[①]

1869年苏伊士运河开通后,英国成了最大的得益者,不仅与印度的交通和通讯时间大大缩短,而且使亚丁殖民地的商业得到了发展的机会,从欧洲经苏伊士运河到印度洋和太平洋各港口的船只,几乎都要在亚丁港加煤和补充给养,亚丁因此迅速繁荣起来。而作为皇家海军的基地,亚丁的战略价值更为突出,扼红海入阿拉伯海咽喉的地理位置,使它成为近东的马耳他,一旦从红海到印度的交通线受到威胁,英国就可以在亚丁迅速进行大规模的海军集结。

除亚丁之外,英国还同时将势力打进了波斯湾,1820年英国与波斯湾上的巴林(Bahrain)订立了商约,1861年巴林再次与英国签约,成为英国的保护国。通过亚丁和巴林这两个战略要地,英国牢牢地控制了红海到印度、波斯湾到印度的贸易交通线。

[①] Denis Judd, *Empire: the British Imperial Experience from 1765 to the Present*, Fontana Press, 1996, p.93.

在东印度，占领新加坡之后，英国不顾 1824 年《英荷伦敦条约》将婆罗洲划为荷兰人势力范围的规定，开始渴望在北婆罗洲建立一个海军基地。因为从马六甲海峡到南中国，航程将近 1 500 英里，其间英国却没有一个港口，用于商船避风和皇家海军驻扎的基地，以及对付海盗和荷兰人的竞争。

东印度公司的退役军官詹姆士·布鲁克（James Brook 1803—1868，Rajah of Sarawak）在 1841 年已被文莱苏丹授予沙捞越统治者称号。1846 年，当新的文莱苏丹试图收回沙捞越时，英国积极支持詹姆士·布鲁克对文莱的进攻。布鲁克迅速在当年攻陷文莱首都，迫使文莱苏丹确认他对沙捞越的统治权及后代的继承权，同时将拉布安岛及其附近岛屿割让给英国。

拉布安岛位于北婆罗洲的北面，是个深水良港，又有丰富的煤炭资源，是最理想的海军基地。由此，英国便在从马六甲到中国的贸易航道上有了一个重要的立足点。凭借沙捞越和拉布安岛，英国人控制了通往中国市场最短、最好的道路，既可有效地镇压航线上的海盗活动，也有助于建立针对东印度荷兰人的商业优势。

从 18 世纪末到 19 世纪中期，由于英国集中夺取、占领、控制了一大批地中海、红海、波斯湾、印度洋、太平洋上的战略要地，作为英国皇家海军的基地或给养供应站，并形成了战略上的防卫链条，所以，直到 19 世纪末，帝国通往印度和中国的海上通道始终保持通畅，从未受到过真正的海军袭击威胁。

虽然，其他欧洲国家继续维持着各自在东方残存的殖民地，甚至进行了新的殖民征服，例如葡萄牙人仍占有莫桑比克以及印度的果阿，荷兰人逐渐征服了除北婆罗洲以外的东印度群岛，法国人占领了东非海岸的马达加斯加岛，并最终征服了印度支那，但他们的存在并未影响到英国对印度洋的控制权。

这不光是因为英国皇家海军牢牢掌握着海上霸权,更因为帝国苦心建立经营起来的战略防卫体系,从地中海、红海、阿拉伯海到波斯湾,从大西洋、印度洋到太平洋,从开普到广州,从直布罗陀到孟买,帝国贸易通道上所有的战略要地都有英国米字旗在飘扬。1850年约翰·罗素勋爵指出:"每一个人都将承认,帝国渗透到全球每一个角落的商业价值,许多殖民地为帝国贸易提供了港口和安全,它们在和平时期是最有用的,而在战时则是绝对必须的。"[1]

这些遍布世界的军事基地,为英帝国在全球范围内快速调动、派遣、集结海军力量,为19世纪英国"炮舰政策"的实施,为帝国商业向全世界范围的迅速扩张,提供了最好的保障。

19世纪的世界历史已经证明,对于夺取、占领各主要交通线上的重要据点,英帝国的政治家们从来都是不含糊的,所谓的"心不在焉"或者"漫不经心",并不表现在对贸易通道的控制上。相反,为了确保帝国贸易通道的绝对安全,他们是积极主动、全力以赴,甚至可以说是殚精竭虑的。因为,贸易从来就是英国的立国之本,而走向自由贸易时代的英帝国,海外贸易更是上升到头等重要的位置,贸易的交通线也就成了不列颠帝国的生命线。当帕默斯顿说"使一个国家的利益成为这个国家的指导原则"就叫做"国家政策"[2],"任何一个英国政府都将在公众舆论支持下以战争来抵御"法国势力进入

---

[1] Bernard Porter, *The Lion's Share: A Short History of British Imperialism 1850—1983*, Longman, 1985, p.14.

[2] W. Baring Pemberton, *Lord Palmerston*, The Batchworth Press, London, 1954, p.289.

埃及并切断帝国通往印度道路的威胁时①,他实际上是把英国的国家利益与帝国海外贸易交通线的安全画上了等号。

三、印度与大英帝国

关于19世纪70年代以前英帝国的扩张,著名帝国史学家P. J. 马歇尔曾经作过十分尖锐同时也很客观的评价,他认为:"英国政府在限制未经授权的领土征服方面也许确有困难,但它通常总是倾向于接受在没有它特许情况下所做的一切。除了一些在南部非洲的例子,征服的领土从不被放弃,在主动精神驱使下进行征服战争的殖民地总督或印度总督,极少被责备或召回。不管官方的词藻多么华丽,绝大多数英国政治家似乎默许地接受了这样的立场——帝国不能停滞不前,保存帝国几乎不可避免地意味着允许帝国的扩张。"②不列颠在印度的历史正是这一评价的最好注脚。

征服和统治印度对于大英帝国的意义,可以说无论怎样评价都不过分。作为帝国在遥远东方最大的属地,印度一向被描述成"帝国王冠上最珍贵的宝石"③。

《英帝国与英联邦简史》的作者马丁·基钦(Martin Kitchen)认为,"不同时代英国人对印度的态度是复杂的、困惑的、不断变化

---

① Gerald S. Graham, *The Politics of the Naval Supremacy*, Cambridge, 1965, p.70.
② P. J. Marshall, *The Cambridge Illustrated History of the British Empire*, Cambridge, 1996, p.32
③ 肯尼斯·摩根主编:《牛津英国通史》,第523页。

的。"①但我们看到,在一个问题上,英国人的态度从未改变。从18世纪末到19世纪中期,不管是托利党还是辉格党,不管是殖民地改革家还是自由贸易论者,不管是帝国政策决定者还是报刊舆论,不管是自由主义思想家还是社会各阶层民众,英国人从来都没有怀疑过印度对于帝国的价值。

小皮特认为:印度是"帝国考虑中最伟大的目标"②。1833年,马考莱在议会下院讨论印度帝国时说道:"一小批来自大西洋一个岛国的冒险家,已经征服了一个距他们的出生地半个地球之遥的地域辽阔的国家,我们将统治这块领土,它的范围与人口要比法国、西班牙、意大利以及德国的总和还要大、还要多。这是一块由在种族、肤色、语言、举止、道德、宗教上都不同于我们的人居住的地方。"③

1868年,维多利亚中期的著名激进自由主义者查尔斯·迪尔克(Charles Dilke 1789—1864)在其引起极大轰动的《更大不列颠》(Greater Britain)一书中写道:"从更广阔的英帝国观点来看,丧失印度将是对帝国贸易的粉碎性打击。……而且,它还会极大地鼓励帝国在世界各地的敌人,以至于我们可能在加拿大、南非和澳大利亚看到分离主义者的情绪会迅速增长,可能看到对英帝国势力的总破坏。"④

---

① Martin Kitchen, *The British Empire and Commonwealth: A Short History*, Macmillan, 1996, p.29.
② J. Rose & A. Newton, E. Benians (eds.), *The Cambridge History of the British Empire*, Vol.II, Cambridge, 1940, p.5.
③ Klaus E. Knorr, *British Colonial Theories: 1570—1850*, Frank Cass & Co. Ltd., 1963, p.364.
④ Andrew Porter (ed.), *The Oxford History of the British Empire*, Vol.III, *The Nineteenth Century*, Oxford, 1999, p.6.

1869—1872的英印总督、印度副王梅奥伯爵（The sixth Earl of Mayo）坚定地表示："只要太阳还在天空照耀，我们就决心保有印度。我们民族的性格和我们的商业都要求这样做。"①

到了19世纪末期，随着列强之间抢夺殖民地的斗争进入高潮，印度对于英国的意义及其在帝国中的地位更是空前提升。在所有帝国政治家中，寇松勋爵（George Curzon 1859—1925, 1st Marquess Curzon of Kedleston, 1899—1905年任英印总督及印度副王）的立场无疑是最有代表性的。1901年，寇松宣称："只要我们统治印度，我们就是世界上最强大的国家；而如果我们丢掉了印度，我们的地位就将一落千丈，只能降为一个三流国家。"②

印度对于英帝国的价值，首先突出表现在贸易和商业上。印度是英帝国财富的最大来源，这一结论是任何一个英帝国史研究者所无法回避的，不管他对英国在印度的统治总体上抱有何种看法。正如英国当代著名历史学家尼尔·弗格森2003年在其《帝国》一书中一针见血所指出的："在1815年之前，除了短暂的喘息之外，英法的世界霸权之争无休无止。但是七年战争不可逆转地决定了一个事实，那就是，印度被英国而非法国收入囊中。在此后近200年的时间里，英国贸易有了巨大的市场，英国的军队有了取之不尽的资源。印度不仅仅是'皇冠上的明珠'，你更可以把它比作一个巨大的钻石矿，或许它确实是一个名副其实的钻石矿。"③

---

① Ronald Hyam, *Britain's Imperial Century: A Study of Empire and Expansion*, Macmillan, 1993, p.35.
② Lawrence James, *The Rise and Fall of the British Empire*, Little, Brown and Company, London, 1994, p.204.
③ 尼尔·弗格森：《帝国》，中信出版社2012年版，第31页。

在 18 世纪的领土征服时代,东印度公司军队和职员在印度的公开抢劫与掠夺是臭名昭著、人所共知的。但真正从根本上榨取印度的财富,却是殖民者在征服后对印度的大肆掠夺与搜刮,其手段和途径多种多样、五花八门。例如:采用欺诈蒙骗等方式向印度土邦王公放高利贷;利用殖民者的行政治理权力排挤打击印度的商人、金融家;推行强买强卖并强迫手工业者为公司生产,以垄断印度国内的市场和贸易;以国家身份征收高额土地税,最大限度地榨取印度人民的血汗,等等。所有这些有效的剥削手段,使印度的农业、手工业、商业遭受极大破坏,而英国人却从中大发其财,从 1757 年征服孟加拉到拿破仑战争结束,东印度公司从印度掠夺的财富高达 10 亿英镑。①

从 18 世纪末 19 世纪初开始,英国进一步将印度作为英国的原料产地、工业品市场以及资本输出场所。在殖民当局政策的强力引导下,印度的农民"被迫从种植谷物和其他粮食作物转向种植鸦片、蔗糖、蓝靛和茶叶,用于向英国的出口"②。在 19 世纪中期,所有英国人消费的茶都来自中国,但到了 1900 年,大部分都已来自印度。③

英国的工业品大举进攻印度并最终占领全部市场,从而彻底摧毁印度原有十分发达的手工业,也许是英国殖民统治中最为典型、也最为成功的例子。

1813 年起,英国商品对印度的输出额直线上升,首当其冲的是英国的机器棉纺织品。费尔南·布罗代尔曾分析过印度市场与英

---

① 林承节主编:《殖民主义史》(南亚卷),第 104 页。
② Dorothy Thompson, *The British People 1760—1902*, London, 1981, p.173.
③ Ronald Hyam, *Britain's Imperial Century: A Study of Empire and Expansion*, Macmillan, 1993, p.35.

国棉纺织业长期繁荣之间的关系:"英国的棉纺繁荣之所以在很大的范围内,在很长时间里存在着,那是因为其发动机不断地被新开辟的市场启动着。这些新开的市场是葡属美洲、西属美洲、土耳其帝国、印度。"①1814—1835年间,英国输往印度的棉布增长了60多倍。到1857年,英国棉纺织品输入印度的总值又比1832年增长了14倍。②

对于英国商品长驱直入整个印度使印度手工纺织业被逐渐摧毁的历史过程,马克思曾经作过清晰准确的观察与评论:"不列颠侵略者打碎了印度的手织机,毁掉了它的手纺车。英国起先是把印度的棉织品挤出了欧洲市场,然后是向印度斯坦输入棉纱,最后就使这个棉织品的祖国充满了英国的棉织品。从1818年到1836年,大不列颠向印度输入的棉纱增长的比例是1∶5 200。在1824年,输入印度的英国细棉布不过100万码,而到1837年就超过了6 400万码。"③

印度的民族手工业尤其是纺织业在18世纪曾经世界闻名,东印度公司之所以能在几十年里就将它彻底毁掉,依靠的并不仅仅是机器棉纺织品的廉价,而是同时采用了堪称极端自私恶劣的差别关税制度。英国政府对印度输入英国的纺织品征收高额的保护性关税,与此同时英印殖民当局却对进入印度的英国纺织品征收极低的进口税,前者在37.5%—67.5%之间(1824年),而后者则在2%—3.5%之间(1836年)。④税率差距悬殊之大让人惊诧!即便以后英国

---

① 费尔南·布罗代尔:《资本主义的动力》,杨起译,三联书店1997年版,第75页。
② 林承节主编:《殖民主义史》(南亚卷),第146、147页。
③《马克思恩格斯选集》(第2卷),人民出版社1975年版,第65页。
④ 林承节主编:《殖民主义史》(南亚卷),第147页。

对印度纺织品的进口税有所下调,棉织品降为 10％,丝织品降为 20％,毛织品降为 30％①,也依然比英国产品进入印度的入境关税高出许多。

除此之外,殖民当局还分别对英国货物和印度货物征收不同的内地过境税,对英国布匹只征收价格的 5％,而对印度布匹则征收 20％。这样一种围追堵截似的压制政策收到了显著效果,印度的手工纺织业遭受沉重打击,1814 年印度输往英国的棉布尚有 125 万匹,到 1835 年已降至 30.6 万匹,1844 年又继续下降到 6.3 万匹。②

有不少帝国史的研究者都指出了英国在走向自由贸易的同时,却对印度大搞保护关税的矛盾现象,例如 A. J. 克里斯托佛(Christopher)就尖锐指出:"这也许是殖民主义的一个悖论——建立在自由贸易、自由放任,以及最小政府干预基础上的大不列颠,却依赖于对其殖民地实行高度集中的管理与控制。"③

其实,这种看上去相互冲突背离的现象也不难解释。19 世纪中期的英国主动实行自由贸易,是因为英国既需要从国外进口食品与原料,以供养国内众多的人口,满足大工业发展的需求,也需要为工业革命产生的巨大生产能力寻找更广阔的市场,因此自由贸易的实现无疑是工业革命最终的后果,是 19 世纪英国历史发展的必然选择。

作为古典经济自由主义的核心理论,自由贸易的概念并不必然包括残酷的殖民掠夺与剥削,但在实践上,它明确代表了不列颠民

---

① 李文业:《印度史——从莫卧尔帝国到印度独立》,第 94 页。
② 同上书,第 86 页。
③ A. J. Christopher, *The British Empire at its Zenith*, London, 1988, p.224.

族的国家利益,代表着第一个工业化国家对商业贸易权利的追求。因此,19世纪英国人心中的"贸易自由",实质上首先是一种特权,是英国人理直气壮地期盼最大限度获得商业利益的特权,是英国商品能够自由进入世界各国市场的特权,而不仅仅是一个包含有平等意味与前提的贸易原则。

这样一种含义的"贸易自由",当然是有特定范围与对象的,它主要指欧洲、美国以及英帝国各移民殖民地,也包括拉丁美洲和亚洲所有英国势力、商品、资本进入与渗透的地区,即大不列颠的"非正式帝国",但印度却不在其内。

这是因为,无论是在19世纪英国人眼里,还是20世纪帝国历史学家的著作中,印度都具有明显的特殊性,在英帝国的三大组成部分里,印度是独特的一份。按照狭义的殖民地定义,印度并不是帝国的"殖民地"(colony),而只是通过武力征服得来的"属地"(possession)。约翰·西利爵士就持这种观点,在《英格兰的扩张》中他用了近一半的篇幅专门论述印度,认为"现代英国的历史被分成两个重大问题:殖民地问题和印度问题"[①]。

对于征服得来的印度帝国,对一个野蛮的不开化的国家,英国人显然从不认为有实行自由贸易原则的必要,就如同从不认为印度人有资格实行责任制政府,只能给予"仁慈的专制"(benevolent despotism)一样。而这,恐怕是整个问题的关键。

旁遮普被英国兼并后担任专员的赫伯特·爱德华兹爵士(Herbert Benjamin Edwardes 1819—1868)的一番话,表达了英国殖民者当时的普遍心态:"这里不存在法律,统治者必须凭自己的意愿

---

① John Seeley, *The Expansion of England*, Roberts Brothers, Boston, 1883, p.175.

进行统治,如果他的意愿是邪恶的,那么人民将比其他地方的人要更加悲惨;但如果他的意愿是好的、强大的,人民就会得到幸福。所以(在这里),仁慈的专制就是所有政府中最好的政府。"①

对于统治印度,英国人甚至从未表现出些许理论上或道义上的困惑,相反,却把经济上的无情掠夺与文明开化使命一样看作天经地义,因而心安理得地榨取印度的财富,肆无忌惮地毁灭印度的手工业,毫不留情地破坏印度自给自足的农业,在打开印度市场谋取自身最大利益的同时,将印度强行拉进了以英国为中心的世界资本主义市场体系。

和鸦片战争后被英帝国强行打开国门的中国相比,印度对于英国的价值就更加清晰。英国人最初以为,可以获得一个无比广阔的东方市场,但中国强大的自然经济基础并没有、也很难崩溃,英国的商品和资本进入中国,远没有英国人预想的那样迅速顺利。

在第二次鸦片战争爆发前夕,额尔金伯爵被帕默斯顿派往中国任高级专员和全权大使,他看到了英国人打开中国市场的雄心与现实之间的巨大差距:"在上一次战争(1842)结束时,不列颠的工厂主们被告知,一个新的向他们的贸易开放的世界是如此之大,以至于兰开郡所有的工厂生产的产品,也不能满足中国一个省的需要,但他们对中国市场抱有的期望却并没有实现。"②

曾经长期担任中国海关总监的英国人赫德爵士(Sir Robert Hart 1835—1911),在了解了中国的国情后,对此有过一段较客观的

---

① Lawrence James, *The Rise and Fall of the British Empire*, Little, Brown and Company, London,1994, p.219.
② Ronald Hyam, *Britain's Imperial Century: A Study of Empire and Expansion*, Macmillan, 1993, p.131.

分析:"中国人有世界上最好的食物——稻米;有最好的饮料——茶叶;有最好的衣服——棉、丝、皮毛。拥有这些大宗出产物,以及无数当地的附属产品,他们不需要在世界其他地方购买一便士的东西。"①

加拉盖尔与罗宾逊在著名的《自由贸易的帝国主义》一文中,将这一情况看作是英国虽得到了政治霸权但商业渗透并不成功的例子,指出:英国对中国的政治控制,没能摧毁自给自足的中国经济。"1840年的鸦片战争,1857年战争的重启……从英国人的观点来看,它们的主要结果是不幸的。"②

而英国人在印度的情形则完全不同。东印度公司既是印度的征服者,又是英属印度的统治者,是印度各土邦王公的太上皇,握有对整个南亚次大陆的最高权力。英国人不仅制定掠夺印度的规则,而且亲自实施对印度的搜刮和掠夺,几乎可以随心所欲地支配印度的所有资源,将古老印度原有的社会结构和经济结构彻底冲垮,使之纳入西方资本主义的漩涡与大潮。

这种正式帝国与非正式帝国之间的显著区别,使英国人更加切身感受到印度对于大英帝国的巨大价值与不可或缺。对此,P. J. 马歇尔曾经评述道:"即使在遭受炮舰的打击之后,中国和日本对英国商业渗透不妥协的例子,在那个时代的英国人心中没有留下什么怀疑。英国与中国贸易的价值,根本无法同与印度的贸易相比。"③

---

① Michael Greenberg, *British Trade and the Opening of China*, Cambridge, 1951, p.5.
② Anil Seal (ed.), *The Decline, Revival and Fall of the British Empire*, Cambridge, 1982, p.12.
③ P. J. Marshall, *The Cambridge Illustrated History of the British Empire*, Cambridge, 1996, p.26.

不仅是帝国版图之外像中国、日本这样被迫向英国开放贸易的国家,没有如英国人所希望的那样成为吸纳英国商品的广阔市场,就是在帝国之内,英国也开始面临移民殖民地对英国工业品的拒绝。1859年,加拿大为了保护自己的工业,宣布对进口机器制造品征收高关税,而英国只有无奈地接受这一事实,放弃对移民殖民地贸易政策的决定权。

随着1861年美国南北战争的爆发,英国传统的棉花供应来源突然中断,兰开郡出现了棉荒,极大地刺激了印度棉花种植业的发展。1860年,印度棉花在英国棉花进口总量中所占的比重为12.25%,短短几年里迅速扩大,到1868年已上升至41.69%[①],印度已经取代美国南方,成为英国纺织工业主要的棉花产地。

所有这些因素,使帝国拥有东方属地印度的意义不断得到提升,印度与英国之间的贸易也得到极大增长,至1854年印度对英国进出口贸易总额达2030万英镑,在英国与帝国各殖民地的贸易中高居榜首。[②]

为了更有效地治理印度,更深入地开发印度市场,英印殖民当局不仅陆续废除了印度内部的过境关税,从而打破印度社会经济原有的封闭格局,还从19世纪中期起,加快了对印度的邮政、通讯、交通等基础设施的投资建设与改进。

在1857年民族起义之前,印度已架设了各大城市相连的电报线,建立了统一的近代邮政系统,开辟了汽船航运线路,开始兴办公路、运河、港口建筑工程,并有了最初的几条铁路。

---

① 林承节主编:《殖民主义史》(南亚卷),第151页。
② T. O. Lloyd, *The British Empire: 1558—1983*, Oxford, 1984, p.401.

1858年以后,印度兴起铁路建设的高潮,到1871年,从内地到各口岸的铁路系统已经基本建成,铁路线长达两万多公里。苏伊士运河开通后,英国与印度之间的交通和贸易更加便利。印度在被动地走向现代化的历史过程中,与大英帝国、与资本主义世界市场,终于紧密地联系在了一起。

除了商业上的价值,印度对于英帝国的扩张来说,其军事上的意义也同样不容忽视。

约翰·西利爵士曾敏锐指出过英国与印度这种特殊的关系:"欧洲战争给英国带来无力偿还的债务,而征服印度却没有使国债膨胀。"[1]其原因是:英国人用主要由印度人组成的军队完成了对印度的征服,而这支印度土兵队伍的开支费用并非出自英国国内,而是出自印度人自己。西利因此提出:印度只是被一支英国人平均仅占其中1/5的军队征服,而不是被不列颠民族征服的。[2]问题是:没有东印度公司在印度殖民统治的建立,又何来印度土兵(Sepoy)?

这种以战养战,靠构成军队主力的印度土著士兵来征服印度的政策与现象,在大英帝国内部是绝无仅有的。

东印度公司最早雇用印度人作战可追溯到17世纪中期,但真正开始按照欧洲的纪律、武器与战术来招募、训练土著印度人,则是在1748年。[3]这一年,东印度公司仿照法国人的做法,在马德拉斯招募了一小支土著人队伍用于殖民点的保卫,同时也招募了一小支由商船水手和走私者组成的欧洲人队伍,从而建立了最初的英印军队。

---

[1] John Seeley, *The Expansion of England*, Roberts Brothers, Boston, 1883, p.199.
[2] Ibid., p.202.
[3] J. Olson & R. Shadle (eds.), *Historical Dictionary of the British Empire*, Greenwood Press, 1996, p.995.

随着英属印度范围的不断扩大，印度土兵的人数也在增加，到19世纪20年代已超过了20万，按照不同宗教、种姓与管区分别被划分为马德拉斯军、孟加拉军和孟买军，而同时期军队中的英籍军人总共只有三四万人。[①]此后，直到1857年印度民族起义爆发，印度土兵大抵保持着这一数量与比例。正是这支队伍，为东印度公司对印度以及周边亚洲国家的扩张与侵略立下了汗马功劳。

一支主要由土著印度人组成的英印军队，之所以能够在征服中起到至关重要的作用，这与当时印度缺乏一个强有力的中央政权密切相关。当18世纪英国人的势力大举进入印度时，印度已不是一个统一国家，而仅仅是一个地理上的概念。

兴起于16世纪初的莫卧儿帝国，到18世纪初期已经开始解体，印度实际上处于政治上分崩离析、四分五裂的混乱状态，几百个大小、强弱不等的土邦王公首领从对朝廷的反叛起，成为独立或半独立的封建国家，莫卧儿皇室与朝廷事实上只剩下一个躯壳，各强邦之间为争夺优势地位彼此征战不已，不同宗教、种族、部落、种姓之间，也存在着复杂的矛盾与敌意。

所有这些为东印度公司采取各个击破手法，对那些较强大的土邦国家进行逐个征服与控制，提供了最有利的条件。马克思曾经生动地描述过这一历史过程："大莫卧儿的无限权力被他的总督们打倒，总督们的权力被马拉特人打倒，马拉特人的权力被阿富汗人打倒，而在大家这样混战的时候，不列颠人闯了进来，把所有的人都征

[①] 一说1830年印度土兵达23万，英籍军人大约只有2万人。见李文业《印度史》，第87页。

服了。"①

18世纪中期以后较为强大的印度土邦，主要有马拉特联盟（Maratha）、旁遮普（Punjab）、迈索尔（Mysore）、孟加拉（Bengal）、信德（Sind）、奥德（Oudh 或 Awadh）、海得拉巴（Hyderabad）、卡纳塔克（Karnataka）、马德拉斯（Madras）等，其中马拉特和迈索尔势力最强，是当时抗击英国人的主力。

1757年普拉西战役中英国人的胜利，揭开了东印度公司以各种手段征服印度的帷幕，也为英国将法国殖民势力赶出印度奠定了基础。经过几十年的征战，到19世纪初年，公司不仅拥有孟加拉的全部统治权，占领了马德拉斯，兼并了迈索尔大部分领土，重创了马拉特联盟，还采用订立条约、驻扎军队的方法，使卡纳塔克、奥德、海得拉巴以及一大批弱小土邦成为自己的附属国。

拿破仑战争之后，东印度公司通过1817—1818年的第三次马拉特战争，最终摧毁了最强硬的对手马拉特联盟，使联盟各王公首领归顺了东印度公司。此后几年中，英国人在印度势力的增长势如破竹，一大批小土邦主动就范，与英国人订立藩属条约，接受英国保护，每年向公司缴纳高额的贡赋。到1823年，除了印度西北部的信德和北部的旁遮普还保有独立地位，整个次大陆都已在英国人掌握之中。

又经过十几年的准备，东印度公司发起最后的冲击，最终在1843年兼并了信德，1849年兼并了旁遮普。通过武力和政治两种手段，英国人建立起直接和间接两种统治形式，完成了对整个印度大陆的征服。

---

① 《马克思恩格斯选集》（第2卷），人民出版社1972年版，第69页。

对善于计算、理性务实的英国人来说，拥有印度土兵这样一支帮助英国人打下了南亚次大陆大半壁江山，却不需要英国出钱供养的军队，无疑是一个天大的便宜。

在传统上，英国常备军的力量从来不强，自 18 世纪初年马尔巴罗公爵在西班牙王位继承战争中取得胜利之后，英国政府始终舍不得在维持陆军上花钱，直到 1808—1814 年的半岛战争（Peninsular War）①，才再次动员起一支较大的武装力量，此后又恢复了老样子。在英国，士兵的声誉也不好，以至于如果一个诚实的工人去应征入伍，会被认为是一件丢脸的事。② 1848 年时英国全部的陆军常备武装只有 13 万人，其中约 4 万人需要驻守在印度以外帝国各殖民地和属地的军事要塞。③

而 19 世纪中期，正是英国社会舆论对帝国的防卫开支最为敏感的时期，政治家、理论家以及普通大众，都将殖民地的开销与英国人的税收负担挂起钩来，一位叫艾利逊（Alison）的人 1850 年撰文称自己所处的"是一个痛恨税收的时代"④。因此，东印度公司庞大的英印军队无疑就像是一笔无本万利的大买卖，在帝国的扩张史上扮演了极为重要的角色。

纵观上下几千年的世界历史，像英国这样基本依靠当地人成功征服半个大陆的例子，也是极为罕见的。英国人的精明之处，就在

---

① 即英国、西班牙、葡萄牙联合反对拿破仑军队占领和征服西班牙的战争。
② Herbert L. Peacock, *A History of Modern Britain: 1815—1981*, Heinemann, London, 1982, p.11.
③ P. J. Marshall, *The Cambridge Illustrated History of the British Empire*, Cambridge, 1996, p.26.
④ Klaus E. Knorr, *British Colonial Theories: 1570—1850*, Frank Cass & Co. Ltd., 1963, p.351.

于利用公司与印度土邦王公订立的条约,将20多万英印军队的军费开支,转嫁到各附属土邦的头上。所有公司与附属土邦订立的盟约、条约,几乎无一例外地规定公司向该邦派出驻扎官和军队,而驻军的费用则由当地支付。

用印度人来打印度人,用印度的财富来供养公司的英印军队,英国人就这样巧妙地解决了维持一支庞大军队通常要面临的给养难题。

凭借这支强大的英印军队,帝国不仅牢固地建立起在印度的殖民统治,还实施了对印度周边国家与地区的侵略:1815年征服锡兰全岛;1814年对尼泊尔发动战争,至1816年订立条约,不仅获得尼泊尔1/3以上国土及很大一部分主权,还得以雇用尼泊尔骁勇善战的廓尔喀人补充英印军队;1826、1852、1885年发动三次印缅战争,占领了整个缅甸;19世纪40年代—50年代发动对中国的两次鸦片战争;19世纪30年代起不断蚕食不丹与印度边境的山口,1864年进攻不丹,次年签订条约,不丹被迫割让全部边境山口;1850年武力吞并锡金大片土地,1861年进攻锡金并占领其首都,通过签订条约取得对锡金的控制。

英帝国史的研究者们都看到了英印军队以及印度对于帝国的巨大价值,罗拉尔德·海姆(Ronald Hyam)指出:"从军事角度,正是这支英印军队,才使不列颠成为一个伟大的帝国。"[①] P. j. 马歇尔则评述道:"殖民地的防卫一直是不列颠资源与财政的流失通道,只有印度是个显著的例外。在印度几乎能够征招无限的军队,而且这

---

① Ronald Hyam, *Britain's Imperial Century: A Study of Empire and Expansion*, Macmillan, 1993, p. 37.

种军队主要花印度人的钱,而不是英国纳税人的钱。此外,英印军队还能服务于帝国从红海到中国的军事目的,而同时期帝国从魁北克到悉尼的殖民地却要靠英国士兵来防卫。"[1]

印度在帝国内的特殊地位,是其他殖民地所无法比拟的。辽阔的地域、巨大的人口、丰富的资源、广阔的市场,使印度就像是一个取之不尽用之不竭的宝藏,源源不断地为大英帝国提供所需要的一切。在19世纪同时代的英国人看来,印度不仅是帝国财富与利益的所在,更是帝国力量与伟大的象征。

四、帝国利益与帝国防卫

拥有印度帝国和独享海上霸权,构成了19世纪英国人帝国信念与荣耀感的两大支柱。1877年,维多利亚女王加冕为"印度女皇",两年后,她在给迪斯雷利的信中写道:"如果要维持我们作为一流强国的地位,我们就必须和我们的印度帝国以及大的殖民地一起,始终准备在这里或那里遭受攻击和战争。"[2]

印度在英帝国内所具有的特殊地位,使它理所当然地成为整个帝国防卫战略的中心。事实上,从拿破仑大胆进军埃及与叙利亚起,来自中东或近东地区对印度的威胁,就一直在帝国政治家们的心中警钟长鸣。19世纪以来英国全部的对外政策与帝国防卫政策,

---

[1] P. J. Marshall, *The Cambridge Illustrated History of the British Empire*, Cambridge, 1996, p.26.
[2] L. C. B. Seaman, *Victorian England: Aspects of English and Imperial History*, Methuen, London, 1982, p.206.

几乎都是围绕着印度以及通往印度贸易通道的安全。

在19世纪大部分时间里,法国、美国、俄国始终是英国密切关注高度警觉的主要敌手。

对法国的警惕主要集中在欧洲。英国采取的是传统外交策略,即通过维持欧洲的均势来孤立法国,防止法国势力的东山再起。但拿破仑战争以后几十年的欧洲历史证明,尽管存在着法国人的野心与势力的上升,法国再没有强大到足以挑战英国霸权、打破维也纳体系、重建欧洲新格局的地步,而英国在克里米亚战争中甚至与法国携手作战,以遏制俄国的扩张。

对美国的戒备与防范来自对英属北美殖民地安全的考虑。直到1867年加拿大自治领建立,英国人从不敢放松警惕,加拿大有一天可能被美国兼并的前景,就像石头一样压在帝国政治家和外交家的心头,但历史最终表明,帝国在北美受到的威胁实际上是有惊无险,外交谈判与妥协让步解决了彼此间的争端,加拿大与其强大邻居维持了正常的关系。因此,尽管美国和俄国都以迅猛的大陆领土扩张引起世人瞩目,但事实上只有俄国才自始至终是大英帝国真正的对手。

俄国的国家利益与扩张战略,注定了它必然要在19世纪与英帝国的利益发生尖锐冲突。几个世纪以来,历代俄国沙皇都把获得南北两个出海口作为首要的战略目标。在18世纪初夺取波罗的海出海口之后,通过18世纪下半期的两次俄土战争,俄国已将版图推进至黑海岸边。著名国际关系史学家路德维格·迪哈沃(Ludwig Dehio),曾在其名著《不稳定的均衡》一书中对英俄之间冲突的产生作过深入的分析,他指出:"在法国大革命之前,英俄之间的敌意就已达到战争的边缘,只是由于对共同敌人拿破仑的恐惧,才使相互间的敌意降至次要地位,而拿破仑的崩溃则使敌意再次显现。"①

但俄国所有在欧洲取得的进展,并没有使俄国的扩张势力进入英国的海上利益范围,换句话说,俄国人尚未得到进入地中海、北海以及大西洋的通行证,因此在欧洲,"这个巨人还没有立即构成对不列颠帝国的直接威胁"。而在亚洲也同样如此,俄罗斯帝国的南部疆界虽然已经触到了英国海上利益范围的最北端,使双方冲突与摩擦的产生有了广阔空间,但毕竟当时的陆路交通极为落后,紧张局势还不大可能一下子产生。所以,进入19世纪以后,"虽然英国和俄国都把对方看作自己天然的敌人,但双方仍处于疑心重重的相互观察、相互探询以及含混茫然的争斗阶段"②。

然而,拿破仑战争结束以后,情形便明显不同了。俄国向欧洲中部的领土扩张已经停止,开始重点瞄准两个新的战略目标:一个是向近东的扩张,另一个是向中亚的扩张。而无论俄国实施哪一个目标,其锋芒都必然指向奥斯曼土耳其帝国,这就会破坏欧洲列强原有的均势结构,并构成对大英帝国东方贸易通道以及印度安全的直接威胁。

因此,19世纪英国与俄国之间的关系,很快就从过去那种相互怀疑、试探、提防、戒备的状态,进入实质性的冲突对抗阶段。这场英俄间的争夺与较量,对俄国人来说,是要从黑海进入地中海,建立俄罗斯帝国的欧洲霸权,并将版图与势力范围扩展到近东、中东以及中亚地区;而对英国人来说,是要阻止俄国出黑海,阻止俄国通过打击土耳其而进一步向东扩张,其实质就是保卫印度和帝国贸易通

---

① Ludwig Dehio, *The Precarious Balance: the Politics of Power in Europe 1495—1945*, Chatto & Windus, London, 1963, p.177.
② Ibid., p.179.

道的斗争。

事实上,整个19世纪里,觊觎奥斯曼帝国的领土,对巴尔干和近东、中东地区抱有野心的并不止俄国一家,在19世纪中期以前有法国、奥地利,普鲁士统一德国以后不久也加入进来。列强根据自身的利益彼此勾心斗角、时分时合,围绕东方问题上演了一幕又一幕近代外交史上的大剧。

但是,从19世纪大部分时间列强各自所追求的目标来看,真正对英帝国利益构成严重威胁的还是俄国。因为奥地利的领土野心在巴尔干半岛;法国的领土野心虽然在埃及,并确实引起英国人的高度关注,但法国毕竟实力有限,而且面临自拿破仑战争以来欧洲大陆联盟的打压;德国的势力虽然从1878年柏林会议之后也开始向奥斯曼帝国渗透,但真正全力向东方的扩张,是在俾斯麦1890年下台之后;只有沙皇俄国既有强大的军事实力,又有由来已久的扩张野心,更主要的是,俄国从未放弃占领君士坦丁堡、瓜分奥斯曼帝国的图谋,甚至试图通过引诱英国共同参与瓜分来实现自己的战略目标。1853年初,沙皇尼古拉一世曾毫不掩饰地对英国驻彼得堡大使说:"我们手上掌握着一个病夫,一个真正的病夫。如果它在必要的安排采取之前从我们手中溜走,那将是一个大不幸。"[1]

然而,对英国来说,只有维持奥斯曼帝国的独立与领土完整,才最符合大英帝国的利益,任何对现状的破坏都是英国人所不愿看到的。外交大臣帕默斯顿甚至认为,不列颠的利益需要一个强大的土耳其。1839年,帕默斯顿指出:"至于土耳其帝国,如果我们能够在

---

[1] William Edwards, *British Foreign Policy: from* 1815 *to* 1933, Methuen, London, 1934, p.44.

五大国的联合保护下使它得到十年的和平,如果这些年被充分用来重组它的内部体系,就没有任何理由不相信它会再次变成一个受尊敬的强国。"①

因此,长期以来,俄国向东方的扩张野心与势头始终是英国政治家的一块心病。历史学家们甚至评论说,维多利亚时代帝国政策的决定者们都患上了模糊不清的"恐俄症"②。1836年,约瑟夫·休漠(Joseph Hume 1777—1855)在议会下院辩论海军预算时评论道:"白厅和唐宁街尊敬的绅士们谈论俄国是如此之多,以至于他们害怕这个被自己创造出来的怪物。"③ 1850年,自由党首相约翰·罗素指出:"如果我们不在多瑙河阻住俄国人,那么我们就不得不在印度河阻住他们。"④

从乔治·坎宁到帕默斯顿,历任英国外交大臣无不把抑制俄国的扩张作为头等大事,其中帕默斯顿对俄国人的敌意和抵制俄国扩张的立场最为强硬。1851年,当他因承认拿破仑三世招致国内反对而辞职时,仍然念念不忘提醒人们注意俄国的野心。他写信给墨尔本伯爵,提出利用舆论来遏制俄国人的建议:"由于没有人关注和懂得俄国正在做着什么,俄国人已经取得特别的进展。将它的计划揭露出来,就等于将其打败了一半;而唤起公众舆论对俄国人的不满,就可使他们的困难增加一倍。我完全赞成制造一场反对俄国的喧

---

① W. Baring Pemberton, *Lord Palmerston*, The Batchworth Press, 1954, p.99.
② Ronald Hyam, *Britain's Imperial Century: A Study of Empire and Expansion*, Macmillan, 1993, p.33.
③ Gerald Graham, *The Politics of Naval Supremacy*, Cambridge, 1965, p.89.
④ William Edwards, *British Foreign Policy: from 1815 to 1933*, Methuen, London, 1934, p.43.

器,那是我们避免与俄国直接作战的最好办法。"①

整个一部 19 世纪初到中期的欧洲外交史,基本上就是英俄两家斗法的历史,是英国运用各种手段阻止俄国自由进入地中海,夺取奥斯曼属地,并向东方扩张的历史。

从 19 世纪初到 20 世纪初,英俄之间的尖锐冲突与争斗,持续了近一个世纪。从战略上看,帝国政治家们遏制俄国扩张野心的目标,主要集中在两条战线,一条是以保持奥斯曼帝国领土完整的方式,阻止俄国在近东、中东地区的扩张,以保证地中海经红海以及经波斯湾到印度陆上通道的安全;另一条是从印度向西北、东北方向进行领土与势力推进,建立一个阻断俄国南下势力的缓冲地区,以保证印度北方边境的安全。

19 世纪 20 年代初开始的希腊独立运动,掀起了这场英俄大角逐的序幕。进入 19 世纪的奥斯曼土耳其帝国虽然早已衰朽不堪,但其拥有的属地仍然横跨欧亚非,按地域可分为北非部分、亚洲部分、欧洲部分三大块,希腊即属于土耳其的欧洲属地。

1821 年,希腊爆发反对土耳其苏丹统治的起义,次年宣布脱离土耳其独立。1823 年英国再次与俄奥普为主的神圣同盟唱对台戏,宣布承认希腊和土耳其为交战国,公开站在希腊起义者一边。但英国不愿俄国从打击土耳其中得好处过多,于是采用与俄国共同出面支持希腊的行动,1826 年,英、俄签订《彼得堡议定书》(Protocol of St. Petersburg),同意希腊在保留土耳其宗主权情况下获得自治。

1827 年,英、俄又联合法国在伦敦签订《伦敦条约》,以进行三国

---

① L. C. B. Seaman, *Victorian England: Aspects of English and Imperial History*, Methuen, London,1982, p.128.

海军武装干涉的威胁手段，要求土耳其和希腊双方停火、撤军。土耳其苏丹依仗有名义藩属埃及强大陆海军的援助，决心扑灭希腊人的起义，拒不接受建议，遂有 1827 年 10 月的纳瓦里诺海战（Navarino Bay），结果，土耳其与埃及的联合舰队遭受重创，几乎全军覆没。

由于英法都担心俄国坐收渔翁之利，不想继续与土作战，而土耳其苏丹利用三国间的分歧拒不承认希腊自治，这倒反而给了沙皇俄国向土耳其宣战的借口。1828 年，19 世纪的第一次俄土战争爆发，俄军一路猛攻，迅速进逼君士坦丁堡，土耳其被迫要求媾和。1829 年，俄、土双方签订《亚得里亚堡和约》(Treaty of Adrianople)，土耳其承认希腊独立，同意多瑙河沿岸的公国塞尔维亚（Serbia）、瓦拉几亚（Wallachia）、摩尔达维亚（Moldavia）实行自治。俄国不仅得到土耳其在北高加索和亚美尼亚的部分领土，而且获得了对这几个自治公国的保护权。

如果说在希腊独立事件和 1828—1829 年俄土战争中，英国与俄国的利益分歧还为表面上的合作所掩盖的话①，几年之后的土埃战争则使双方在东方问题上的严重对立得以充分暴露。

1831 年，埃及向土耳其要求获得叙利亚，作为出兵援助土耳其镇压希腊起义的报酬，在遭到拒绝后向土耳其开战，土军大败，首都君士坦丁堡面临威胁。土耳其苏丹先向英国求助，外交大臣帕默斯顿本欲给予支持，但英国国内此时正值议会改革运动，国际上则正

---

① 英俄合作的目的各有不同，英国一方面是出于支持欧洲弱国小国的外交传统，另一方面是为了削弱神圣同盟，而俄国则无疑是乘机进入巴尔干。此外也与 1825 年新继位的尼古拉一世态度亲英有关。

处于比利时危机之中,因此内阁不愿批准对近东的干预行动,土耳其只得像一个将要淹死的人那样不顾一切地转向俄国。

俄国立即抓住这一良机,于1833年派出黑海舰队及一万多人的陆军在土耳其登陆。俄军的援助使埃及被迫同意媾和撤兵,而俄国则在撤军之前以保护者的身份与土耳其签订了《温卡尔—伊斯凯莱西条约》(Treaty of Hünkâr İskelesi)。① 这是一个类似军事同盟的条约,条约的要害在于规定遇第三国进攻时,俄国向土耳其提供陆海军军事援助,土耳其则封锁达达尼尔海峡,不许其他国家的军舰通过。这样,就使俄国军舰获得了自由出入黑海海峡的特权。条约签订后,奥斯曼帝国几乎成了俄国的保护国。帕默斯顿曾不满地评论道:"俄国大使现在已成为土耳其苏丹的首席内阁大臣。"②

对于俄国人轻而易举地打破欧洲均势,在土耳其确立的优势地位,英国是无论如何不能安然接受的。1839年穆罕默德·阿里在法国支持下再次向土耳其苏丹发起挑战,要求承认其对埃及的世袭统治权,土埃之间爆发第二次战争。土军再次不敌埃及军队,只能让步求和,东方危机再起。

英国决心抓住这个机会,达到既打击法国和埃及的扩张势头,又削弱俄国在土耳其优势地位的目的。在外交大臣帕默斯顿的积极周旋下,英、俄、奥、普四国各自抱着小算盘,决定援助土耳其,对埃及进行武装干涉。1840年,四国与土耳其签订《伦敦条约》,宣布共同保证奥斯曼帝国的完整与独立。雄心勃勃的穆罕默德·阿里拒绝了《伦敦条约》中埃及必须承认土耳其苏丹最高统治权的条款,

---

① 另一译名为《安吉阿尔—斯凯莱西条约》(Treaty of Unkiar Skelessi)。
② K. B. Smellie, *Great Britain since 1688: A Modern History*, The University of Michigan Press, 1962, p.195.

英国遂派出海军与陆军对埃及实施军事行动，迫使埃及承认自己仍是土耳其藩属，并放弃对叙利亚的要求以换取对埃及的世袭统治权。①

英国这种撇开法国、孤立法国的做法引起法国人的强烈不满，但帕默斯顿很善于运筹帷幄，很快与新上台的法国基佐内阁达成谅解，将法国拉了进来，五国和土耳其于1841年在伦敦再签《海峡公约》(Straits Convention)。公约规定，土耳其在和平时期禁止所有外国军舰通过黑海的两个海峡。这样，就巧妙地废止了《温卡尔—伊斯凯莱西条约》的有关规定，改变了俄国已获得的土耳其保护人地位，将土耳其特别是黑海海峡置于欧洲列强的共同监督之下。换句话说，英国终于将俄国人在土耳其以及黑海海峡的优势地位扳了过来。

英国对1828年、1839—1840年东方危机作出的反应，均是由对帝国东方通道安全的担心所致。换言之，如果不存在通向印度的陆路，英国对近东地区就不会那么敏感。正如英国学者克劳利(C. Crawley)在《1815—1840年英俄关系》一文中所分析的："如果英国人与印度的联系只有通过开普一条路，那么他们对俄国人在巴尔干做什么的关注就会大大减少。"②

英国运用外交手段剥夺了俄国对黑海海峡的控制权，俄国人对此始终耿耿于怀。1848年欧洲革命中，沙皇俄国由于充当了欧洲宪兵而野心迅速膨胀，急于寻找突破口，将势力进一步打入土耳其帝

---

① 第一次土埃战争结束时签订的条约将叙利亚、克里特岛、阿达纳交给了埃及，但埃及仍然臣属于土耳其。
② Gerald Graham, *The Politics of Naval Supremacy*, Cambridge, 1965, p.84.

国。俄国选择的策略是拉拢英国,诱使英国与俄国两家共同瓜分土耳其的属地,前述尼古拉一世对英国驻俄大使的谈话,正是在这样的背景下产生的。尼古拉一世瞄准埃及对英帝国东方贸易通道以及印度的重要性,直截了当地将埃及甚至克里特作为诱饵抛给英国:"在土耳其帝国崩溃后瓜分奥斯曼的遗产时,你们取得埃及,我是不会反对的。至于克里特岛我认为也是这样。"①

但这毕竟只是俄国的如意算盘,不仅英国的帝国安全战略反对任何肢解土耳其、破坏欧洲平衡的图谋,就是其他欧洲强国也不愿俄国人在土耳其得手。

奥地利对巴尔干有领土野心,但同时又不愿奥斯曼帝国的欧洲属地天下大乱,唯恐会殃及自身对境内各被压迫少数民族的统治,这就决定了它宁愿维持现状的基本立场。而法国新上台的路易·波拿巴,一方面急于树立自己的形象与威望,另一方面要设法拆散因拿破仑战争而建立起来的大陆同盟,重新建立法国在欧洲的霸权地位。于是,从1850年起法国借耶路撒冷"圣地保护权"问题发难,并成功地利用英俄之间的根本利害冲突,与俄国展开了争夺。

拿破仑三世与尼古拉一世的较量,最终演变成1853—1856年英、法、土、撒(丁)联合对俄的克里米亚战争。这场战争是英法两国"自克伦威尔时代以来首次对一个共同敌人作战"②,也是维也纳体系建立以后的第一次欧洲大战。

英国人其实对拿破仑三世并不信任。为了阻止法国影响与势力在埃及的扩展,当1854年埃及与法国人勒塞普订立租让合同,同

---

① 王绳祖主编:《国际关系史》(上),第72页。
② William Edwards, *British Foreign Policy: from 1815 to 1933*, Methuen, London, 1934, p. x.

意法国成立运河公司开挖苏伊士运河时,帕默斯顿曾经极力阻挠反对。①

但他们同样不信任尼古拉一世。尽管尼古拉一世急切地表现出要与英国修好的愿望,但目的是为了让英国在未来可能的危机中至少保持中立,以便自己抓住这次冲突的机会夺取土耳其帝国的遗产,而这一点恰恰是英国人最不放心并要坚决反对的。

在克里米亚战争爆发之前,英国人普遍对俄国的野心满腹狐疑,《曼彻斯特卫报》(Manchester Guardian)称尼古拉一世是"一个寡廉鲜耻的绅士",一些人相信俄国人打算夺取英吉利海峡的岛屿并进攻比利时,另一些人甚至担心尼古拉一世想要作为罗马教皇的代表入侵英格兰。②在阿伯丁(4th Earl of Aberdeen 1784—1860)内阁中,外交大臣帕默斯顿是最激烈的主战派,约翰·罗素也认为战争不可避免。1853年11月,土耳其舰队在宣战不久即被俄国舰队消灭,英法两国群情激昂,拿破仑三世提议立即向黑海派出联合舰队,《泰晤士报》为向俄国人开战推波助澜,英国驻土耳其大使斯特拉特福德·坎宁(Stratford Canning 1786—1880, 1st Viscount Stratford de Redcliffe)欢呼"感谢上帝!战争终于来了"③!帕默斯顿甚至因为阿伯丁首相迟迟不采取行动愤而辞职。④

历史证明,克里米亚战争对于俄国是一场大灾难。1854年初,英法联合舰队进入黑海,向俄国发出最后通牒,要求俄国退出多瑙

---

① Gerald Graham, *The Politics of Naval Supremacy*, Cambridge, 1965, p.91.
② William Edwards, *British Foreign Policy: from 1815 to 1933*, Methuen, London, 1934, p.44.
③ Ibid., p.48.
④ 帕默斯顿的辞职只持续了10天(1853年12月14日—24日),阿伯丁内阁就在巨大压力下批准派出舰队。

河两公国,遭到俄国拒绝后英、法向俄宣战,同时宣布与土耳其结成同盟。撒丁王国为将来与奥地利作战时得到拿破仑三世的支持,于 1855 年初与法结盟,并派出军队支援英、法。奥地利因为俄国占领多瑙河两公国损害了自身利益,不仅拒绝支持俄国,而且以大军相威胁,要求俄军从两公国撤退。普鲁士此前已与奥地利结盟,因此也站在奥地利一边。这样,俄国陷入外交上的绝对孤立,自然逃脱不了惨败的命运。1855 年,绝望的尼古拉一世自杀身亡,继任者亚历山大二世准备媾和,1856 年,作战双方经谈判签订了《巴黎和约》。

《巴黎和约》大大遏制了俄国的扩张野心。其核心内容首先是宣布列强共同保证土耳其帝国的独立与完整;其次是决定黑海中立化,只对商船开放,除土耳其自己的军舰外,禁止各国军舰通过黑海海峡。前者使俄国难以继续推行瓜分土耳其属地的战略,后者则完全堵住了俄国军舰从黑海进入地中海的可能。

俄国本来意欲通过圣地保护权的争执进一步确立自己在土耳其帝国的优势,现在不得不宣布放弃对土境内所有东正教徒的保护;本来意欲通过占领和控制多瑙河两公国,扩大自己在巴尔干的地盘,现在却不得不割让部分领土,摩尔达维亚和瓦拉几亚虽获得了自治,但却是由列强共同保证;本来意欲乘机颠覆 1841 年《海峡公约》对俄国军舰的限制,重新获得在博斯普鲁斯海峡出入的自由,扩大对黑海的控制,但现在却连在黑海沿岸保留兵工厂的权利也丧失了。

英国成功阻止了俄国在近东的扩张,进一步加强了自己在欧洲大陆的声威,无疑是克里米亚战争的最大赢家。但这场战争给帝国安全带来的新问题,却是谁也没有料到的:俄国向西南方向的扩张受阻后,转而在中东以及中亚地区采取更加积极的扩张政策,俄国的扩张野心与势头,就像是一把悬在帝国东方通道上的"达摩克利斯剑",使印度的安全面临更直接的威胁。英俄之间自19世纪初期以来在该地区博弈的"大棋局"(Great Game)①,也由此进入更尖锐的对峙。

英国人其实早就注意到,俄国人对帝国安全的威胁集中在中东地区,只要俄国势力进入两河流域,就能在波斯湾建立永久的海军和商业基地。

接替坎宁担任外交大臣的威灵顿公爵对1829年的俄土《亚得里亚堡条约》一直就强烈不满,除了认为独立后的希腊无疑将倒向俄国外,最担心的是俄国能以在小亚细亚占领的地盘为基地,将势力扩张到幼发拉底河流域,而这种扩张显然最终会对英属印度构成严重威胁。

1834年英国议会成立特别委员会,调查通往印度的蒸汽船航行事宜。一个叫皮科克(T. Peacock)的人在委员会作证时说:"在警戒俄国人方面,我们所有的政治利益在波斯湾,而不完全是在红海,在那里,我们并没有政治或商业上的重要性。"②

此后,英国便决心要在中东开辟一条陆上通道,以阻止俄国侵入波斯湾的企图。这条通道由骆驼运输队从巴格达到大马士革,再到地中海岸边的贝鲁特,从那里与来自亚历山大港的汽船相连。在

---

① Great Game 是英俄争夺中亚地区特别是伊朗、阿富汗的代名词,1842年由英印政府的中亚专家亚瑟·康纳利上尉(Arthur Conolly)首次使用。
② *Parl. Papers*, 1834, XIV, p. 11, from Gerald Graham, *The Politics of Naval Supremacy*, Cambridge, 1965, p.87.

波斯湾一边,则由印度海军从巴士拉(Basrah)沿幼发拉底河进行航道探查。1842年航道探查任务完成之后,英国依然在那里保留一艘武装蒸汽船,以保护英国在巴格达的利益。

俄国扩张方向与重点的东移,促使英国将波斯湾的安全提到新的战略高度。为了遏制俄国的扩张,英国必须扶持土耳其帝国,保证它的独立与领土完整,而为了保卫印度,英国同样必须保证波斯湾的安全,保证伊朗的领土完整。因为,波斯湾是印度海上边界的一部分,帝国对波斯湾控制的任何放松,或俄国对中东地区的军事渗透,都可能危害这条经阿拉伯半岛通向印度的陆路交通,甚至直接危害到英属印度的政治稳定。

英国和俄国在伊朗的争夺开始于19世纪初。伊朗在地域上东起帕米尔高原,西至两河流域,北靠里海沿岸,南临波斯湾及阿曼海,北面、东面和南面分别与俄国、阿富汗和印度接壤,对"大棋局"的双方来说战略地位都极为重要。

俄国首先于1801年吞并格鲁吉亚,又通过1804—1813年第一次对伊朗的战争,夺取伊朗外高加索阿塞拜疆地区,并取得在里海建立海军的权利,以及在伊朗的贸易特权。1827—1828年,俄国发动第二次对伊朗的战争,伊朗被迫承认俄国占领亚美尼亚,在经济上也进一步依附俄国。

英国则主要采取签订条约以及在俄国侵伊战争中支持伊朗的方式,取得了在伊朗的贸易特权。因此,俄国在19世纪初期的争夺中显然占了上风。

1838年,伊朗统治者在俄国人支持下试图占领阿富汗西部的汗国赫拉特(Herat)。英国人立即表示强烈反对,因为赫拉特在地理上被认为是通向印度的大门。帕默斯顿派出东印度公司的英印军队,于 1839 年占领了波斯湾的哈尔克岛(Kharak)①,为避免与英国的战争,伊朗只得作出让步,放弃对赫拉特的围攻。但是伊朗并未放弃其目标,于 1856 年再次进攻并占领了赫拉特。英国立即向伊朗宣战,从南部攻入伊朗,但很快英国因处于第二次鸦片战争,无力两头兼顾,遂于 1857 年与伊朗签订和约。伊朗同意放弃对赫拉特汗国的要求,并表示将来再发生冲突时请英国人出面调停。

从这一回合来看,英国人明显占据了优势。此后英国加紧对伊朗的经济渗透,19 世纪 60 年代成功地取得在伊朗架设电报线、开办电报局的特权。至 19 世纪末 20 世纪初,又先后获得开办银行、开采石油的特权,将伊朗南部变为英国的势力范围。

与此同时,俄国从北部加强了对伊朗的政治控制与资本渗透,其手法也与英国大致相同。但总体上,无论是政治还是经济,俄国在伊朗的影响都要超过英国。英、俄对伊朗的争夺愈演愈烈,直到 1907 年双方签订《英俄协定》,划分各自势力范围并设定中立地带,才算告一段落。如果说为了印度以及帝国阿拉伯半岛陆路交通的安全,英国与俄国在伊朗和波斯湾地区一个世纪的争夺基本算打了个平手的话,那么,英国为构筑印度北方边境安全屏障所作的努力却没有如此幸运。正是在中亚的阿富汗,英国经历了"在东方直到 1942 年以前英国陆军历史上最严重的一次失败"②。

阿富汗与印度的西北部接壤,和波斯湾的伊朗相比,它是一个更加敏感的地区,被同时代的英国人称作"印度花园的围墙"③。由

---

① 一译为哈格岛,靠近伊朗西南海岸。英国两年后撤离该岛。
② Gerald Graham, *The Politics of Naval Supremacy*, Cambridge, 1965, p.88.
③ Bernard Porter, *The Lion's Share: A Short History of British Imperialism 1850—1983*, Longman, 1985, p.84.

于俄国一直在中亚积极扩张,英国政治家从不敢掉以轻心,为了印度的安全,在战略上英国显然必须控制阿富汗,以阻止俄国势力的南下。

19世纪上半期的阿富汗内部分裂成三个独立汗国,其中喀布尔(Kabul)的统治者为多斯特·穆罕默德汗(Dost Muhammad Khan 1793—1863),坎大哈(Kandahar)的统治者是穆罕默德的弟弟,赫拉特的统治者则是这两兄弟的对头。对此,英国首先采取扶植亲英分子上台的策略,1838年英军进入阿富汗,将立场亲俄的穆罕默德汗从王位上赶下台,用已被放逐30年的苏贾汗(Shāh Shujā)①取代他,并向喀布尔派遣一支6 000人的军队,以支持新国王上台。1839年英军先后占领坎大哈和喀布尔,但被推翻的穆罕默德及其支持者进行了顽强抵抗,战争一直持续到1842年,最终竟然以英军撤出喀布尔时的全军覆没而告结束。

在四年的侵略阿富汗战争中,英国共损失兵力1.8万人,军费1500万镑,这样的惨败在帝国扩张史上是从未有过的,同时代的英国人曾哀叹"光荣、旗帜和我们的军队都在阿富汗丧失了"②。

但19世纪的英国著名历史学家乔治·马考莱·特里威廉对此却有另一种说法。他认为,"这也许最终对英国人倒是一种赐福",因为,此后英国对阿富汗执行了新的政策——让阿富汗成为在俄国亚洲属地和不列颠之间的一个缓冲国,"正是由于独立的阿富汗的存在,我们从未与俄国的亚洲部分发生武装冲突"③。

---

① 另一写法为Shah Sujah,先后两次为阿富汗国王(1803—1809)、(1839—1842)
② 黄鸿钊主编:《百年国际风云》,南京大学出版社1990年版,第60页。
③ George Macaulay Trevelyan, *History of England,* London, 1947, p.673.

特里威廉的评述不无道理,因为重新上台的穆罕默德汗试图借助英国的支持实现了阿富汗的政治统一。1855年,他与英国人签订条约,英国承认坎大哈为阿富汗领土,穆罕默德汗则保证与英国保持友好。1863年,穆罕默德汗去世,其子谢尔·阿里(Sher Ali Khan 1825—1879)继位,因政权不稳需要英国人金钱支持,与英国的关系更加密切。英国不仅向他提供军火援助,还派出军官帮助训练阿富汗军队。至此,英国人似乎取得了几年侵略战争所没有得到的东西。

然而,英国控制阿富汗的目的是保卫印度,只要俄国人在中亚的扩张不止步,英国人实际上就永无宁日,因为印度的安全对于英帝国是利害攸关的。

19世纪中期正是俄国在中亚大踏步前进的时刻,从60年代起至70年代初,俄国先后攻占里海东岸的浩罕、布哈拉、希瓦三个汗国①,将其合并为"突厥斯坦"(Turkestan),与印度的地理距离更为接近,这当然是英国人不能等闲视之的。

第一次侵略阿富汗战争失败之后,英国在防卫上采取的一个重要措施,就是将东印度公司直接占领地区向西北方向推进。1843年,英国首先用武力公开兼并了印度的独立土邦信德。此后又经过两次战争,打败了强悍的锡克人,于1849年兼并邻近信德的旁遮普,大大加强了印度西北边境的防卫。

由于俄国在中亚的迅速进逼,阿富汗对印度安全的地位显得更加重要,而此时阿富汗统治者却因与英印政府产生矛盾开始向俄国人靠拢。因此,整个19世纪70年代—80年代,英俄之间冲突频频

---

① "希瓦"又译为"基发"。

发生,争夺进入了白热化阶段。

1878—1880年,为了一劳永逸地解决问题,英国借机对阿富汗发动第二次侵略战争。根据《甘达马克条约》(Treaty of Gandamak),阿富汗建立起亲英政权,接受英国保护,并不得与其他外国有直接政治关系,成为英国事实上的附属国。这样,英国终于在俄国和印度之间建立了一个由英国控制的缓冲区,为印度帝国的安全构筑起一道可靠的保护屏障。尽管此后俄国人并不甘心,两国在阿富汗的争夺依然尖锐,但英国的优势地位已经基本奠定下来。印度总督寇松因此踌躇满志地说:"阿富汗、里海以南的地区、波斯……对我说来是一局正在下的棋盘上的方格,这盘棋的赌注是世界统治。"[1]

但是,斗转星移,物是人非。随着19世纪末德国势力向土耳其和伊朗迅速渗透,以及其他因素的改变,德国成为英、俄两国共同的敌人。在1907年《英俄协定》中,俄国承认阿富汗是英国的势力范围,允诺不向阿富汗派遣代理人,在政治上不直接与阿富汗人打交道;而英国则保证不兼并阿富汗的领土,不干预阿富汗的内部行政事务。至此,英俄两国在中亚地区近一个世纪的"大棋局"最终结束。

---

[1] 王绳祖主编:《国际关系史》(上),第167—168页。

结语:所谓"自由主义帝国"

1837年,英国议会下院委员会在一份报告中指出:帝国的目标就是让不列颠为世界各地的人民提供"成为西方文明、商业贸易、科学知识以及基督教信仰参与者的机会,这种信仰使慈祥的上帝一直保佑着我们自己的国家"[①]。

如此自信的表述,反映了19世纪英国人所特有的种族优越感或文明超人感,代表了英国人那种以肩负文明使命而自诩的主流帝国观。他们以为:英国是文明的中心,代表着人类的未来,英国的利益就是人类的利益,而英国的商业、资本、影响以及势力范围向全球的扩张,既是上帝对英吉利人的庇护,也是英国人对世界文明进步的贡献。正是这种强烈的使命感,使英国人将整个世界都看作是自家的后花园。

1871年,曾担任殖民部常务次官12年之久,卸任后又成为牛津大学政治经济学教授的赫尔曼·梅里维尔,不无自豪地概括19世纪英帝国的伟大成就:"通过在世界各地的实际占领;借助签订条约建立起来的准领土支配;依靠英国伟大的商业优势以及遍及全球的海

---

① Andrew Porter (ed.), *The Oxford History of the British Empire*, Vol. III, *The Nineteenth Century*, Oxford, 1999, p.102.

外贸易,我们已经在世界所有部分拥有了巨大的政治影响。"[1]梅里维尔所称颂的,正是自由帝国最典型的特征。

19世纪的英帝国,进入了它的巅峰时代。这一时代的特点是:英国人以为已不再需要无限扩大其海外版图了,因为它的工业品和商业力量已足以征服全世界,从而使整个世界都从属于英国。因此,尽管在19世纪的大部分时间里,英国并没有表现出第一帝国时期与其他欧洲列强争夺商业和海上霸权时对海外领土的强烈欲望,但帝国版图扩张的势头实际上并没有减弱。相反,在工业革命和自由贸易的冲击下,一个新的帝国扩张逻辑产生了:

英国越是需要向整个世界扩展贸易,就越是需要建立遍布全球的海陆交通线,而英国的势力范围越是扩大,帝国防卫的责任也就越多。贸易通道和印度属地的安全,成为帝国政策与战略的基本原则,成为自由英帝国扩张的永恒动力。它就像是一个永不休止的魔咒,驱使着自由主义时代的英国人在扩张的路上永不停步。

自信而傲慢的英国人,稳居世界顶端的位置整整一个世纪,如果说20世纪是美国的世纪,19世纪则毫无疑问是英国的世纪——19世纪的大不列颠是海上霸主,是头号工业强国,是世界金融中心,是日不落帝国。而所有这一切,既是英国能够称霸世界的原因,也是英帝国告别重商主义走向自由主义的前提。

自由主义帝国得以在英国实现的根本动因,无疑是其对整个世

---

[1] Bernard Porter, *The Lion's Share: A Short History of British Imperialism* 1850—1983, Longman, 1985, p.3.

界市场的需求,而自由主义的信条、人道主义的影响、托管人的信念、种族的优越感以及所谓基督教的福音,则相互融合渗透,构成了19世纪英帝国庞杂的基本理念。

这就是所谓的"自由主义帝国"。

附　录

一、地图*

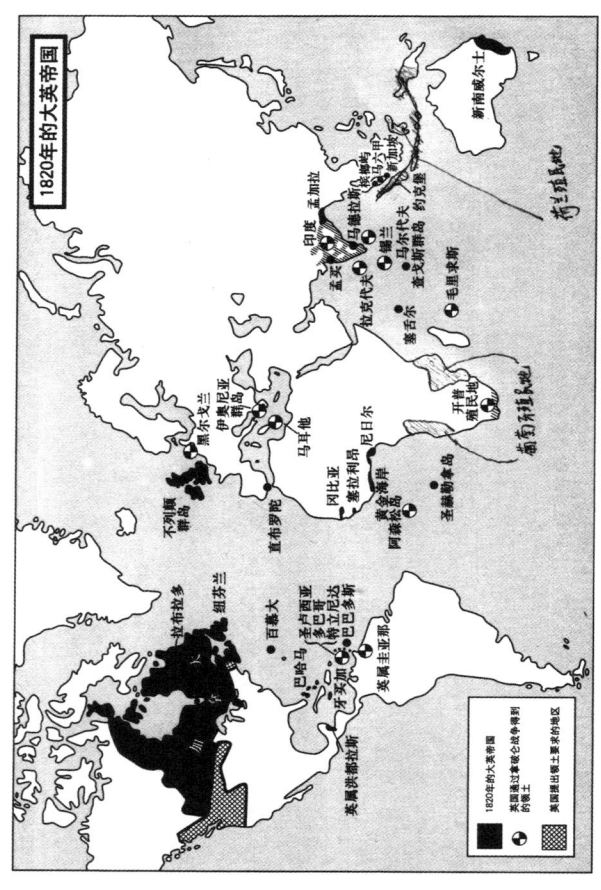

---

* 本书地图引自〔英〕马丁·吉尔伯特著《英国历史地图》(第三版),王玉菡译,中国青年出版社,2009年。

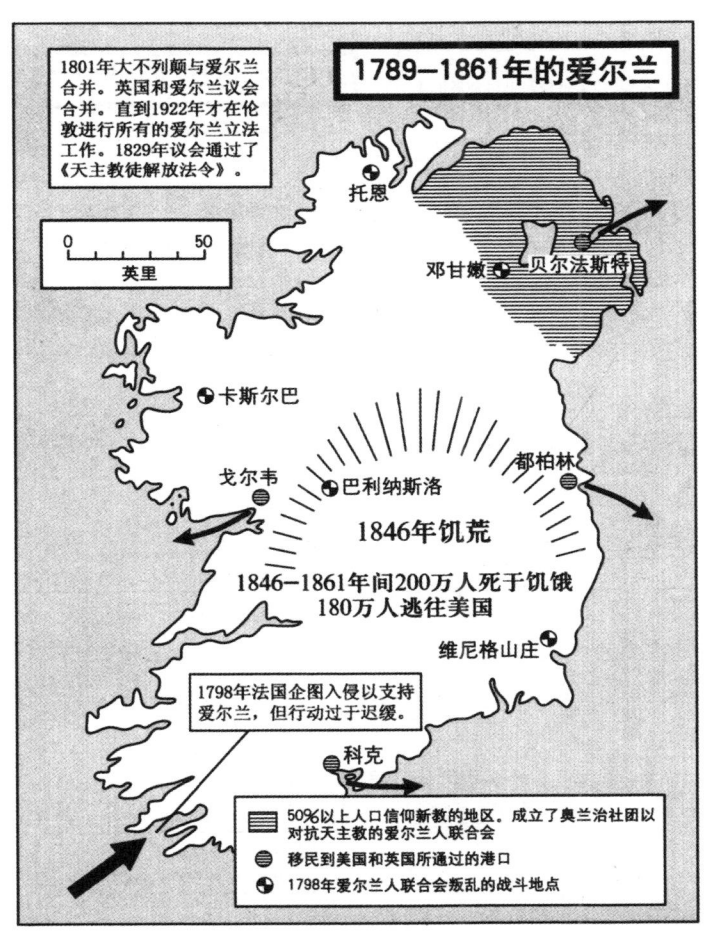

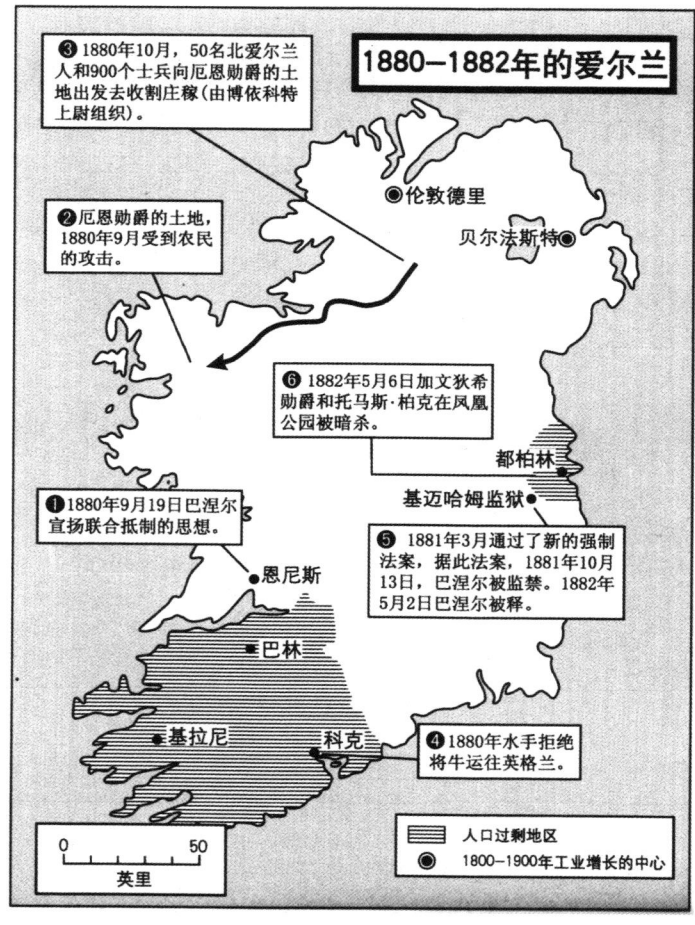

二、大事年表

1776 年	亚当·斯密发表《国民财富的性质与原因的研究》，极力倡导贸易自由，为 19 世纪中期英国实行自由贸易政策提供了重要的理论先导
1786 年	英国占领马六甲海峡北部的槟榔屿，将其作为皇家海军基地
1787 年	威尔伯福斯成立"废除奴隶贸易协会"，开始了长期的废奴运动
1796 年	英国从荷兰手中夺取开普，1801 年归还，1806 年再次占领
1796 年	英国从荷兰手中夺取锡兰
1800 年	英国从法国手中夺取马耳他岛
1807 年	英国议会终于通过禁止奴隶贸易法案。同期美国、法国、荷兰、西班牙、葡萄牙等国也陆续宣布终止奴隶贸易，但奴隶贩卖走私活动一直没有停止
1809 年	英国从法国手中夺取爱奥尼亚群岛
1810 年	英国从法国手中夺取毛里求斯岛
1813 年	英国议会取消东印度公司在印度的贸易垄断权以及对传教活动的限制
1814 年	英国从法国手中夺取塞舌尔群岛
1814 年	英国向荷兰支付 600 万英镑，将开普殖民地彻底占为己有
1814 年	英国对尼泊尔发动战争，1816 年订立条约，获得尼泊尔 1/3 以上的领土
1815 年	英国征服锡兰全岛
1815 年	英国议会通过新的《谷物法》，规定只有当国内粮价超过每夸脱 80 先令时才允许从国外进口谷物。该法令成为 19 世纪上半期英国各种社会矛盾与冲突产生的一个根源
1816 年	英国将在拿破仑战争中占领的马六甲及爪哇岛还给了荷兰
1817 年	外交大臣卡斯尔雷为维护英国海军的绝对优势，提出著名的"两强标准"
1817—1818 年	东印度公司发动第三次马拉特战争，摧毁了最强硬的马拉特联盟，使联盟各王公首领归顺了公司
1819 年	东印度公司驻明古连副总督斯坦福·莱佛士率领一支海军远征军从加尔各答出发经槟榔屿到达马来半岛最南端的新

	加坡
1823 年	英国宣布承认希腊和土耳其为交战国,公开站在希腊起义者一边
1923 年	英国在印度的势力迅速增长,一大批土邦与英国人订立藩属条约接受保护,除信德和旁遮普,整个印度次大陆都在英国人掌握之中
1823 年	英国殖民地圭亚那德梅拉拉爆发美洲历史上规模最大的黑人奴隶起义,在英国国内引起极大反响
1823 年	伦敦成立"反奴隶制协会",协会领导人巴克斯顿男爵向下院提出谴责奴隶制和渐进废除奴隶制的议案,遭到拒绝
1823 年	赫斯基森进入托利党利物浦内阁担任贸易大臣,开始着手对传统贸易保护体系进行改革
1824 年	英国与荷兰谈判签订了《英荷伦敦条约》,获得荷兰对英国占领新加坡的正式承认,并将马六甲及整个马来半岛划归自己的势力范围
1824 年	英国议会通过由赫斯基森提出的《互惠关税法案》,该法案规定对所有进入英国的货物一律征收同等关税
1825 年	赫斯基森对《航海条例》的内容再次作出重大修改,宣布向所有拥有海外殖民地的国家开放英国的殖民地贸易
1826 年	英国与俄国签订《彼得堡议定书》,同意希腊在保留土耳其宗主权的情况下获得自治
1826 年	新加坡和马六甲、槟榔屿共同组成"海峡殖民地",不再隶属印度总督,改由英国政府直接管辖
1826 年	英国占领下缅甸,1852 年正式控制下缅甸
1826,1852,1885 年	英国发动三次印缅战争,占领了整个缅甸
1827 年	英国俄国联合法国签订《伦敦条约》,要求土耳其和希腊双方停火撤军
1829,1833,1849 年	威克菲尔德分别发表《悉尼来信》《英国与美国》《殖民的艺术》,阐述其"系统殖民"的理论,对英国澳大利亚和新西兰殖民政策的制定产生了持久影响
1831 年	殖民大臣里朋制定新的《土地条例》,规定澳大利亚各殖民地不再实行土地无偿授予制,改为以每英亩最低 5 先令的拍卖方式出售,并承诺对移民实行旅费自助。该条例直接推动了英国向澳大利亚的移民
1831 年	牙买加再次爆发大规模黑人奴隶起义,直接加速了英国废奴运动的进程
1833 年	英国议会通过《奴隶制废除法令》,格雷政府宣布自 1834 年

	8月1日起帝国境内所有黑人奴隶获得解放,并决定拨出2000万英镑作为对奴隶种植园主财产损失的补偿
1833年	英国议会取消东印度公司对华贸易的垄断权,由政府向中国派出常驻商务总监。同时规定印度的行政权和立法权分别属于由国王和议会任命的总督参事会、总督立法委员会。自此,英国对印度的实际统治权已转入议会与政府手中
1835年	托马斯·马考莱作为印度立法委员会成员提出著名的《印度教育备忘录》,力主突破英国议会1813年法令的限制,在印度大力推进英语教育
1837年	英印殖民当局规定用英语取代波斯语作为官方公务语言
1837年	英国废奴主义者建立了"土著人保护协会",该组织的活动一直持续到20世纪
1837年	英属北美殖民地上、下加拿大分别发生小规模起义,成为推动殖民地政治改革的导火索
1838年	达勒姆伯爵被墨尔本政府任命为上下加拿大总督和英属北美各殖民地大总督,前往加拿大进行调查
1838年	英国议会通过《南澳大利亚殖民地条例》,规定土地售价必须在每英亩12先令以上,所有收入用于资助新移民
1838—1942年	英国发动第一次侵略阿富汗战争,将亲俄势力赶下台,扶植亲英政权,1839年英军先后占领坎大哈和喀布尔,但四年的侵略战争最终以英军的惨败而结束
1839年	理查德·科布登与约翰·布莱特在曼彻斯特成立"全国反《谷物法》同盟",积极进行自由贸易的宣传鼓动
1839年	英国从印度孟买派遣一支舰队攻占位于红海与阿拉伯海汇合处的亚丁。不久采取与土著人首领逐个签订保护协议的方式,使亚丁逐渐成为英国的保护地
1839年	帕默斯顿派出英印军队占领波斯湾的哈尔克岛
1839年	达勒姆伯爵向英国议会提交《关于英属北美事务的报告》,报告建议上下加拿大合并,并提出允许殖民地建立责任制政府等主张,引发英国政界的激烈争论
1840年	英国议会通过《联合法案》,根据该法案次年加拿大联合省成立
1840年	英国政府正式宣布废除罪犯流放制,禁止再向新南威尔士输送流放犯人
1840年	英、俄、奥、普四国与土耳其签订《伦敦条约》,宣布共同保证奥斯曼帝国的完整与独立
1840—1842年	英国发动第一次鸦片战争,初步打开闭关锁国的中国市场。

1841年	英国占领香港
1841年	东印度公司退役军官詹姆士·布鲁克被文莱苏丹授予"沙捞越统治者"
1841年	英、法、俄、奥、普五国与土耳其签订《海峡公约》，规定土耳其在和平时期禁止所有外国军舰通过黑海海峡，将俄国在土耳其及黑海海峡的优势地位扳了过来
1842年	英国议会颁布《新南威尔士与范迪门地政府条例》，给予两个殖民地一定的地方自治权
1842年	托利党皮尔内阁修改《谷物法》，进一步削减了谷物进口税率
1843年	英国武力兼并印度西北部土邦信德
1845年	皮尔进行更大规模的关税改革，废除和降低了大量商品的进口税，并取消英国全部工业品出口税
1846年	皮尔提出的废除《谷物法》议案经激烈辩论在议会终获通过
1846年	英国积极支持詹姆士·布鲁克进攻文莱，迫使文莱苏丹确认其对沙捞越的统治权以及后代的继承权，同时将拉不安岛（纳闽岛）及附近岛屿割让给英国
1848年	新斯科舍省、加拿大省建立责任制政府，爱德华王子岛、新不伦瑞克、纽芬兰也先后于1851年、1854年、1855年实现责任制政府
1849年	辉格党罗素政府宣布废除《航海条例》，英国成为世界上第一个完全实行自由贸易的国家
1849年	英国兼并印度北部土邦旁遮普
1850年	英国武力吞并锡金大片领土
1850年	英国议会通过《澳大利亚殖民地政府条例》，对澳大利亚人民的民主权利再次作出让步。该条例为澳大利亚各殖民地实现责任制政府、走向政治自治起到了重要作用
1851年	英国在伦敦"水晶宫"成功举办"万国博览会"
1851—1860年	英国逐步取消旧殖民制度下对殖民地货物的关税优惠，"帝国特惠制"寿终正寝
1852年	英国议会通过《新西兰宪法法案》，授权奥克兰、新普利茅斯、威灵顿、纳尔逊、坎特伯雷、奥他古建立省级立法机构
1853年	开普殖民地获得建立责任制政府的权利
1853年	英国取消东印度公司董事会对官员的任命权，宣布在印度实行文官考试制度
1853—1868年	新南威尔士、维多利亚、南澳大利亚、塔斯马尼亚、昆士兰、西澳大利亚陆续制定宪法，建立英国式两院制议会和责任

	制政府,最终摆脱了英国的控制,赢得了各殖民地内政自治的自由
1854 年	英国议会特别委员会提交考察报告,即著名的《伍德教育急件》,该报告成为英属印度建立公共教育制度与体系的基础,1857 年印度最早的大学分别在加尔各答、孟买和马德拉斯创办
1854—1856 年	英国联合法国并与土耳其、撒丁结盟,在克里米亚战争中大败俄国。结束战争的《巴黎和约》宣布列强共同保证土耳其帝国的独立与完整,并宣布黑海中立化,从而成功阻止了俄国在近东的扩张
1855 年	重新上台的穆罕默德汗试图借助英国支持实现阿富汗的统一,与英国签订友好条约,英国的势力得以重进阿富汗
1856 年	新西兰有了选举产生的议会和第一届责任内阁
1856 年	因俄国支持下的伊朗占领阿富汗西部汗国赫拉特,英国向伊朗宣战,次年与伊朗签订和约,伊朗同意放弃对赫拉特汗国的要求。此后英国加紧对伊朗的经济渗透,直至 1907 年的《英俄协定》,与俄国划分了在伊朗的势力范围
1856—1860 年	英国联合法国再次发动对华战争,极大地扩展了在中国的商业利益与各项特权
1857—1858 年	印度中部和北部爆发以孟加拉印度土兵为主体的民族起义,对英国在印度的殖民统治构成严重威胁
1858 年	东印度公司被英国政府宣布撤销,在内阁新设了印度事务大臣
1860 年	科布登代表英国与法国成功进行了互相削减关税的谈判,签订了被称为"科布登条约"的《英法商约》
1860—1870 年	新西兰爆发毛利人战争
1861 年	英国与波斯湾的巴林再次签约,成为其保护国
1861 年	英国进攻锡金并占领其首都,通过条约取得对锡金的控制权
1862 年	新西兰获得处理毛利人事务和出售公有土地的权利,彻底实现地方自治
1862—1873 年	英国陆续从各殖民地撤出几十万驻军
1864 年	英国进攻不丹,次年签订条约,迫使不丹割让全部边境山口
1864 年	英属北美各殖民地历经《夏洛特城会议》《魁北克会议》,达成决定殖民地未来命运的《魁北克决议》
1865 年	英国议会制定《殖民地法律有效法令》,承认北美殖民地自治政府有权制定殖民地的宪法和法律

1865 年	牙买加再次爆发起义,次年牙买加成为皇家殖民地
1866 年	英属北美各殖民地代表与英国政府代表举行伦敦会议,就殖民地防卫问题达成共识
1867 年	英国议会两院顺利通过《英属北美法案》,据此,魁北克、安大略、新斯科舍、新不伦瑞克四省正式组成"加拿大自治领",取得半独立国家的地位
1869 年	埃及苏伊士运河通航,大大缩短了英国通往印度的航线
1870 年	西北地区加入加拿大联邦
1871 年	不列颠哥伦比亚省加入加拿大联邦
1873 年	爱德华王子岛加入加拿大联邦
1876 年	维多利亚女王在印度德里加冕"印度女皇"
1878—1880 年	英国对阿富汗发动第二次侵略战争,根据《甘达马克条约》,阿富汗接受英国保护,成为英国事实上的附属国

三、参考书目

(一) 外文历史文献

Bell, Kenneth N. & Morrell, W. P., *Selected Documents on British Colonial Policy 1830—1860*, Oxford University Press, 1928.

Blakeley, Brian L. & Collins, Jacquelin (eds.), *Documents in British History*, *Vol. II, 1688 to Present*, McGraw-Hill, Inc. 1993.

Harlow, V. & Madden, F., *British Colonial Developments 1774—1834: Selected Documents*, Oxford University Press, 1953.

Keith, A. B., *Selected Speeches and Documents on British Colonial Policy 1763—1917*, *Vol. I*, London, 1933.

Young, G. M. & Handcock, W. D., *English Historical Documents*, *Vol. XII, 1833—1874*, London, 1956.

(二) 外文参考书目

Barker, Ernest, *The Ideas and Ideals of the British Empire*, Cambridge University Press, 1941.

Bowle, John, *The Imperial Achievements: The Rise and Transformation of the British Empire*, London, 1974.

Brawley, Mark R., *Liberal Leadership: Great Powers and their Challengers in Peace and War*, Cornell University Press, 1993.

Brown, George W., *Canada In the Making*, Greenwood Press, 1953.

Brown, Lucy, *The Board of Trade and the Free-Trade Movement*, Oxford, 1958.

Butler, James, *A History of England 1815—1939*, Oxford University Press, 1960.

Chamberlain, Muriel E., *'Pax Britannica'? British Foreign Policy 1789—1914*, Longman, 1988.

Carey, Hilary M., *God's Empire: Religion and Colonialism in the British World, 1801—1908*, Cambridge University Press, 2011.

Christopher, A. J., *The British Empire at its Zenith*, New York, 1988.

Clarke, P. F., *Lancashire and the New Liberalism*, Cambridge University Press, 1971.

Conrad, M., Finkel, A. & Jaenen, C., *The History of Canadian Peoples*, Vol. I, *Beginnings to 1867*, Copp Clark Pitman Ltd., Toronto, 1993.

Costin, William Conrad, *Great Britain and China 1833—1860*, Oxford, 1937.

Crowley, Frank, *Colonial Australia 1788—1840: A Documentary History of Australia*, Vol. I, Thomas Nelson Australia Pty Ltd,, 1980.

Currey, C. H., *British Colonial Policy 1783—1915*, Oxford University Press, 1924.

Dehio, Ludwig, *The Precarious Balance: the Politics of Power in Europe 1494—1945*, Chatto & Windus, London, 1963.

Dorman, Marcus R. P., *A History of the British Empire in the Nineteenth Century*, Vol. II, London, 1904.

Dutt, R. Palme, *The Crisis of Britain and the British Empire*, London, 1953.

Eccleshall, Robert, *British Liberalism: Liberal thought from the 1640s to 1980s*, Longman, 1986.

Edwards, William, *British Foreign Policy from 1815—1933*, London, 1934.

Eldridge, C. C. (ed.), *British Imperialism in the Nineteenth Century*, Macmillan, 1984.

Eldridge, C. C., *Victorian Imperialism*, Humanities Press Inc., 1978.

Evans, Eric J., *The Forging of the Modern State: Early Industrial England 1783—1870*, Longman, 1986.

Ferro, Marc, *Colonization: A Global History*, London and New York, 1997.

Fieldhouse, D. K., *The Colonial Empire: A Comparative Survey from the Eighteenth Century*, Macmillan, 1982.

Fieldhouse, D. K. (ed.), *The Theory of Capitalist Imperialism*, Longman, 1967.

Fitzpatrick, Brian, *British Imperialism and Australia 1783—1833: An Economic History of Australasia*, London, 1939.

Gamble, A., *Britain in Decline*, London, 1981.

Gordon, Donald C., *The Moment of Power: British Imperial Epoch*, New Jersey, 1970.

Graham, Gerald S., *The Politics of Naval Supremacy*, Cambridge, 1965.

Greenberg, Michael, *British Trade and the Opening China 1800—42*, Monthly Review Press, New York, London, 1951.

Greenwood, Gordon (ed.), *Australia, A Social and Political History*, London, 1977.

Headrick, Daniel R., *The Tools of Empire: Technology and European Imperialism in the Nineteenth Century*, Oxford University Press, 1981.

Hussey, W. D., *The British Empire and Commonwealth 1500—1961*, Cambridge University Press, 1963.

Hyam, Ronald, *Britain's Imperial Century 1815—1914: A Study of Empire and Expansion*, Macmillan, 1993.

Hyam, Ronald & Martin, Ged, *Reappraisals in British Imperial History*, London, 1975.

James, Lawrence, *The Rise and Fall of the British Empire*, Little, Brown and Company, London, 1994.

Jenkins, T. A., *Disraeli and Victorian Conservative*, London, 1996.

Jenkins, T. A., *The Liberal Ascendancy 1830—1886*, London, 1994.

Judd, Denis, *Empire: The British Imperial Experience from 1765 to the Present*, Fontana Press, London, 1997.

Keith, A. B., *The Sovereignty of the British Dominions*, London, 1929.

Kiernan, V. G., *Imperialism and its Contradictions*, New York, London, 1995.

Kitchen, Martin, *The British Empire and Commonwealth: A Short History*, London, 1996.

Knorr, Klaus E., *British Colonial Theories 1570—1850*, Frank Cass & Co. Ltd., 1963.

Lloyd, T. O., *The British Empire 1558—1983*, Oxford University Press, 1984.

Lowe, Peter, *Britain in the Fast East*, Longman, 1981.

Lower, Arthur R. M., *A History of Canada: Colony to Nation*, McClelland and Stewart Limited, 1977.

Marshall, P. J., *The Cambridge Illustrated History of British Empire*, Cambridge, 1996.

Martel, Gordon (ed.), *Studies in British Imperial History*, Macmillan, 1986.

Mitchell, Sally (ed.), *Victorian Britain-An Encyclopedia*, New York, London, 1988.

Morley, John, *The Life of Richard Cobden*, London, 1910.

Muir, Ramsay, *A Short History of the British Commonwealth*, *Vol. II, 1763—1919*, George Philip & Son, Ltd., London, 1927.

Olson, James S. & Shadle, Robert (eds.), *Historical Dictionary of the British Empire*, Greenwood Press, London, 1996.

Palmer, P. R. &Cotton, Joel, *A History of the Modern World Since 1815*, McGraw-Hill, Inc., 1992.

Peacock, H. L., *A History of Modern Britain 1815—1981*, Heinemann Educational Book Ltd.,1982.

Pemberton, W. Baring, *Lord Palmerston*, The Batchworth Press, London, 1954.

Philips, C. H., *The East India Company*, Manchester University Press, 1961.

Porter, Andrew (ed.), *The Oxford History of the British Empire*, *Vol. III, The Nineteenth Century*,Oxford University Press, 1999.

Porter, Andrew & Holland, Robert, *Theory and Practice in the History of European Expansions Overseas*, London, 1988.

Porter, Bernard, *The Lion's Share: A Short History of British Imperialism 1850—1983*, Longman Inc., 1984.

Porter, Bernard, Britain, *Europe and the World 1850—1982: Delusion of Grandeur*, London, 1983.

Prest, John, *Lord John Russell*, University of South Carolina Press, 1972.

Robbins, Keith, *John Bright*, London, 1979.

Rose, J. H. & Newton, A. P. Benians, E. A. (eds.), *The Cambridge History of the British Empire*, *Vol. II, The Growth of the New Empire 1783—1870*, Cambridge University Press, 1940.

Rose, J. H. & Newton, A. P., Benians, E. A. (eds.) *The Cambridge History of the British Empire*, *Vol. VII, Part I: Australia*, Cambridge University Press, 1933.

Seal, Anil (ed.), *The Decline, Revival and Fall of the British Empire*,

Cambridge University Press, 1982.

Seaman, L. C. B., *Victorian England, Aspects of English and Imperial History 1837—1901*, London, 1982.

Seeley, J. R., *The Expansion of England*, Roberts brothers, Boston, 1883.

Semmel, Bernard, *The Liberal Ideal and the Demons of Empire: Theories of Imperialism from Adam Smith to Lenin*, John Hopkins, 1993.

Smellie, K. B., *Great Britain Since 1688*, Chicago University Press, 1962.

Spear, Percival, *The Oxford History of Modern India 1740—1975*, Oxford University Press, 1992.

Temperley, Harold, *The Victorian Age in Polities, War, and Diplomacy*, Cambridge University Press, 1928.

Thornton, A. P., *The Imperial Idea and Its Enemies: A Study in British Power*, Macmillan, 1985.

Thompson, Dorothy, *The British People 1760—1902*, London, 1981.

Trevelyen, G. M., *History of England*, London, 1947.

Webb, R. K., *Modern England: from the Eighteenth Century to the Present*, Harper & Row, Publishers, New York, 1980.

Wiener, Joel H. (ed.) *Great Britain of Foreign Policy and the Span of Empire 1689—1971, Vol. IV, A Documentary History*, Chelsea House Publishers & McGraw Hill Book Co., 1972.

Willert, Arthur, *Aspects of British Foreign Policy*, Yale University Press, 1928.

Williams, Glyn. & Ramsden, John, *Ruling Britannia: A Political History of Britain 1688—1988*, London, 1990.

Williamson, James, A., *A Short History of British Expansion: The Old Colonial Empire*, London, 1965.

Wood, Anthony, *Nineteenth Century Britain 1815—1914*, McKay, 1964.

Woodcock, George, *Who Killed the British Empire? An Inquest*, London, 1974.

Wright, D. G., *Democracy and Reform: 1815—1885*, Longman, 1986.

(三) 中文参考书目

费尔南·布罗代尔:《资本主义的动力》,杨起译,三联书店1997年版。

陈其人:《殖民地经济分析史和当代殖民主义》,上海社科院出版社1992年版。

樊亢、宋则行主编:《外国经济史》(上册),人民出版社1981年版。

尼尔·弗格森:《帝国》,雨珂译,中信出版社2012年版。

格莱兹布鲁克:《加拿大简史》,山东大学翻译组译,山东人民出版社1972年版。
霍布豪斯:《自由主义》,朱曾汶译,商务印书馆1996年版。
霍布斯鲍姆:《资本的年代》,张晓华等译,江苏人民出版社1999年版。
黄鸿钊主编:《百年国际风云》,南京大学出版社1990年版。
金志霖主编:《英国十首相传》,东方出版社2001年版。
保罗·肯尼迪:《大国的兴衰》,王保存等译,求实出版社1988年版。
林承节主编:《殖民主义史》(南亚卷),北京大学出版社1999年版。
李文业:《印度史——从莫卧尔帝国到印度独立》,辽宁大学出版社1998年版。
刘蜀永:《香港的历史》,新华出版社1997年版。
梁志明主编:《殖民主义史》(东南亚卷),北京大学出版社1999年版。
戴维·罗伯茨:《英国史——1688年至今》,鲁光桓译,中山大学出版社1990年版。
布赖恩·拉平:《帝国斜阳》,钱乘旦等译,上海人民出版社1996年版。
圭多·德·拉吉罗:《欧洲自由主义史》,杨军译,吉林人民出版社2001年版。
约翰·密尔:《论自由》,许宝骙译,商务印书馆1986年版。
约翰·密尔:《代议制政府》,汪瑄译,商务印书馆1982年版。
《马克思恩格斯选集》(第1、2卷),人民出版社1975年版。
马里欧特:《现代英国》,姚曾廙译,商务印书馆1963年版。
汉斯·摩根索:《国际纵横策论》,卢明华、时殷弘译,上海译文出版社1995年版。
肯尼斯·摩根主编:《牛津英国史》,王觉非等译,商务印书馆1993年版。
R. C. 马宗达、H. C. 赖乔杜里、卡利金、卡尔·达塔:《高级印度史》,张澍霖等译,商务印书馆1986年版。
帕斯卡·萨兰:《自由贸易与保护主义》,肖云上译,商务印书馆1997年版。
钱乘旦主编:《现代文明的起源与演进》,南京大学出版社1991年版。
宋家珩:《枫叶国度——加拿大的过去与现在》,山东大学出版社1989年版。
亚当·斯密:《国民财富的性质和原因的研究》,郭大力、王亚楠译,商务印书馆1997年版。
赫伯特·斯宾塞:《社会静力学》,张雄武译,商务印书馆1996年版。
乔治·马尔科姆·汤姆森:《英国历届首相小传》,高坚、昌甫译,新华出版社1986年版。
王荣堂编著:《历代英国首相传略》,辽宁大学出版社1987年版。
王绳组主编:《国际关系史》(上册),武汉大学出版社1983年版。
王觉非主编:《近代英国史》,南京大学出版社1997年版。
阎照祥:《英国贵族史》,人民出版社2000年版。
郑寅达、费佩君:《澳大利亚史》,华东师范大学出版社1991年版。
张立平编著:《外国著名外交家列传》,世界知识出版社1998年版。

四、译名对照表

A

阿比西尼亚（Abyssinia，埃塞俄比亚旧称）
阿伯丁伯爵（Earl of Aberdeen）
阿尔伯特亲王（Prince Albert）
阿里，穆罕默德（Ali，Mohammed）
阿里，谢尔（Ali，Sher）
《爱丁堡评论》（Edinburgh Review）
"爱丁堡来信"（The Edinburgh Letter）
爱德华兹，赫伯特（Edwardes，Herbert）
爱奥尼亚群岛（Ionian Islands）
安立甘教（Anglican Church）
"安立甘派"（Anglicists）
《安吉阿尔—斯凯莱西条约》（Treaty of Unkiar Skelessi，1833）
安大略省（Ontario，加拿大）
"澳大利亚殖民地政府条例"（Australian Colonies Government Act，1850）
"澳大利亚爱国者协会"（The Australia Patriotic Association）
澳大利亚上院（Legislative Council）
澳大利亚下院（Legislative Assembly）
奥克兰（Auckland，新西兰）
奥塔戈（Otago，新西兰）
奥德（Oudh，印度）

B

伯克，爱德蒙（Burke，Edmund）
本廷克勋爵，威廉·卡文迪什（Lord Bentinck）
波尔克爵士，理查德（Sir Bourke，Richard）
巴戈特爵士（Sir Bagot）
鲍德温，罗伯特（Baldwin，Robert）
巴士拉（Basrah 伊拉克）
巴林（Bahrain，波斯湾岛国）
巴克斯顿男爵（Baron Buxton，Thomas）
北婆罗洲（North Borneo，马来西亚）
《彼得堡议定书》（Protocol of St. Petersburg，1826）
边沁，杰里米（Bentham，Jeremy）
槟榔屿（Penang，马来西亚）
布思，亨利（Booth，Henry）
布鲁克，詹姆士（Brook，James）
"不列颠治下的和平"（Pax Britannica）
不列颠哥伦比亚省（British Columbia）
布莱克福德勋爵（Lord Blachford）
布赖特，约翰（Bright，John）
布勒，查尔斯（Buller，Charles）
"不在业主"（Non-resident proprietors）

C

"铲除贫民"（The shoveling of paupers）
"充分的价格"（Sufficient Price）
"丑陋的英国人"（Ugly Englishman）

D

达林爵士（Sir Darling，Ralph）
迪斯雷利，本杰明（Disraeli，Benjamin）
迪尔克，查尔斯（Dilke，Charles）

戴维斯爵士,约翰·弗兰西斯(Sir Davis,John Francis)
"大棋局"(Great Game)
达尔豪西总督(Governor Dalhousie)
德比伯爵(14th Earl of Derby,Stanley)
达勒姆伯爵(Earl of Durham)
德梅拉拉(Demerara,圭亚那)
"帝国特惠制"(Imperial Preferential)
的黎波里(Tripoli,利比亚)
"店主之国"(Nation of shopkeeper)
"东方学派"(Orientalists)
邓达斯,亨利(Dundas,Henry)

E

额尔金伯爵(Eearl of Elgin)

F

"反谷物法同盟"(Anti－Corn Law League)
范迪门地(Van Diemen's Land,澳大利亚)
"反帝国主义者"(Anti－imperialist)
"反奴隶制协会"(British and Foreign Anti－Slavery Society)
"非正式帝国"(Informal Empire)
菲利普港(Port Philip,澳大利亚)
斐济(Fiji)
费希尔,约翰(Fisher,John)
福音教派(Evangelicals)
福克斯,查尔斯(Fox,Charles James)

G

格拉斯顿,威廉(Gladstone,William)
格兰特总督(Governor Grant,Robert)
格雷维尔,查尔斯(Greville,Charles)
格雷,查尔斯(Grey, Charles, The 2nd Earl of)
格雷,亨利·乔治(Grey,Henry George,The 3rd Earl of)
《甘达马克条约》(Treaty of Gandamak,1879)
高尔特爵士(Sir Galt)
格利内尔勋爵(Lord Glenelg)
功利主义(Utilitarianism)
《谷物法》(The Corn of Law)
寡妇殉夫(印度,Suttee)
"关于英属北美事务的报告"(Report on the Affairs of North America)
"改进"(Amelioration)

H

海,罗伯特(Hay,Robert)
哈尔克岛(Kharak 波斯湾)
黑斯廷斯勋爵,弗朗西斯(Lord Hastings, Francis)
赫斯基森,威廉(Huskisson,William)
赫德爵士,罗伯特(Sir Hart, Robert)
赫拉特汗国(Heart,阿富汗)
赫尔戈兰岛(Heligoland,德国)
"海峡殖民地"(Straits Settlements)
海德拉巴(印度,Hyderabad)
《航海条例》(Navigation Acts)
亨利·费茨罗伊爵士(Sir FitzRoy)
《互惠关税法案》(Reciprocity of Duties Bill, 1823)
惠灵顿(Wellington,新西兰)
霍奇金(Hodgking)

J

贾丁,威廉(Jardine,William,又译渣甸)
金斯利,查尔斯(Kingsley,Charles)
吉普斯总督(Governor Gipps)
"加拿大谷物法令"(Canada Corn Act,1843)

"加拿大自治领"(The Dominion of Canada,1867)
教会传教协会(Church Missionary Society)
劫杀旅客(Thuggee,印度)
浸礼派传教协会(Baptist Missionary Society)
"旧殖民制度"(Old Colonial System)

K

卡莱尔,托马斯(Carlyle,Thomas)
喀布尔(Kabul,阿富汗)
卡德韦尔子爵(Viscount Cardwell)
卡那封伯爵(Earl of Carnarvon)
卡斯尔雷子爵(Viscount Castlereagh)
卡纳提克(Karnatik,印度)
坎宁,查尔斯(Canning,Charles)
坎宁,斯特拉特福德(Canning,Stratford)
开普殖民地(Cape Colony)
坎特伯雷(Canterbury,新西兰)
坎大哈(Kandahar,阿富汗)
康沃利斯勋爵(Lord Cornwallis)
科布登,理查德(Cobden,Richard)
"科布登条约"(Cobden's Treaty,1860)
克罗默勋爵(Lord Cromer, Evelyn Baring)
寇松勋爵(Lord Curzon)
魁北克会议(Quebec Conference,1864)
昆士兰殖民地(Queensland,澳大利亚)

L

拉各斯(Lagos,尼日利亚)
拉方丹,路易(Lafontaine)
拉布安岛(Labuan,又译纳闽岛)
莱佛士爵士,斯坦福(Sir Raffles,Stamford)
劳里埃爵士,威尔弗雷德(Sir Laurier, Wilfrid)
李嘉图,大卫(David Ricardo)
利物浦伯爵(Earl of Liverpool)
里彭伯爵(Earl of Ripon)
陆军与殖民地部(The Department of War and the Colonies)
"陆路邮递公司"(Overland Mail)
鲁珀特地区(Rupert Land,加拿大)
伦敦传教协会(London Missionary Society)
《伦敦海峡公约》(Straits Convention of London,1841)
罗素,约翰(Russell,John)

M

密尔,詹姆士(Mill,James)
密尔,约翰(Mill,John)
米尔斯,阿瑟(Arthur Mills)
马尔萨斯(Malthus, Thomas Robert)
马嘎尔尼勋爵(Lord Macartney)
马拉特(Maratha,印度)
马德拉斯(Madras,印度)
马考莱,托马斯·巴宾顿(Macaulay, Thomas Babington)
马哈茂迪耶运河(Mahmoudie Canal,埃及)
迈索尔(Mysore,印度)
麦肯齐,威廉(Mackenzie, William Lyon)
梅里韦尔,赫尔曼(Herman Merivale)
"曼彻斯特学派"(Manchester School)
《曼彻斯特卫报》(Manchester Guardian)
"贸易互惠条约"(Reciprocity Treaty, 1854)
毛利人战争(Maori Wars)

芒罗爵士(Sir Munro,Thomas)
孟加拉(Bengal)
"名门望族"(Family Compact)
明古连(Bencoolen,印度尼西亚)
墨尔本伯爵(Earl of Melbourne)
莫尔斯沃思,威廉(Molesworth, William)
穆罕默德,多斯特(Muhammad, Dost)
摩尔达维亚(Moldavia,罗马尼亚)
"母国先生"(Mr. Mother)
牧场主(Squatters)

N

纳尔逊(Nelson,新西兰)
纳塔尔(Natal,巴西)
纳尔逊勋爵(Lord Nelson)
纳瓦里诺海战(Navarino Bay)
南澳大利亚殖民地条例(South Australia Act)
内皮尔勋爵(Lord Napier,又译律劳卑)
纽卡斯尔公爵(Duke of Newcastle)
"奴隶制废除法令"(Abolition of Slavery Act,1833)

P

皮科克(Peacock,T.)
皮尔,罗伯特(Peel, Robert)
皮特,托马斯(Pitt,Thomas)
帕默斯顿子爵(Lord Palmerston, Henry John Temple,又译巴麦尊)
帕金顿爵士(Sir Pakington)
帕西菲科,唐(Pacifico,Don)
帕皮诺,路易·约瑟夫(Papineau, Louis Joseph)
"叛乱损失补偿法案"(Rebellion Losses Act,1849)
旁遮普(Punjab,印度)

"炮舰外交"(Gunboat Diplomacy)
《评论季刊》(*Quarterly Review*)

R

"仁慈的专制"(Benevolent despotism)

S

斯密,亚当(Smith, Adam)
斯宾塞,赫伯特(Spencer, Herbert)
斯宾塞勋爵(Lord Spencer)
斯汤顿,乔治(Staunton, George,又译斯当东)
《司法条例》(The New South Wales Judicature Act, 1823)
塞尔维亚(Serbia)
苏贾汗(Sujah,Shah 阿富汗)
苏格兰传教协会(Scottish Missionary Society)
苏门答腊岛(Sumatra,印度尼西亚)
索尔兹伯里侯爵(Marquis of Salisbury)
史密斯,戈尔德温(Goldwin Smith)
沙夫茨伯里伯爵(Earl of Shaftesbury)
沙捞越(Sarawak,马来西亚)
沙巴(Sabah,马来西亚)
施鲁斯伯里(Shrewsbury)
"水晶宫"(Crystal Palace)

T

塔斯马尼亚殖民地(Tasmania,澳大利亚)
特里威廉,乔治·马考莱(Trevelyan, George Macaulay)
突厥斯坦(Turkestan)
"土著人保护协会"(British and Foreign Aborigines Protection Society)
突尼斯(Tunis)
《泰晤士报》(*The Times*)

托马森牧师(Thomason)
托管人职责(Trusteeship)

W

瓦拉几亚(Wallachia,罗马尼亚)
"万国博览会"(The International Exhibition,1851)
威灵顿公爵(Duke of Wellington)
韦克菲尔德,爱德华·吉本(Wakefield, Edward Gibbon)
威尔伯福斯,威廉(Wilberforce, William)
维多利亚殖民地(Victoria,澳大利亚)
卫理公会传教协会(Methodist Missionary Society)
文莱(Brunei)
"沃伦·黑斯廷斯审判案"(Warren Hastings trial)
沃尔斯利将军(Wolsley, Garnet Joseph)

X

西德纳姆勋爵(Lord Sydenham)
西澳大利亚自由殖民地(Western Australia)
西北地区(North West Territory,加拿大)
西利爵士,约翰(Sir Seeley, John)
"系统殖民"(Systematic Colonization)
夏洛特敦(Charlottetown,加拿大)
谢尔本伯爵(Earl of Shelburne)
小皮特(Pitt, The Younger)
"小英格兰人"(Little Englanders)
新南威尔士(New South Wales,澳大利亚)
"新南威尔士与范迪门地政府条例"(New South Wales and Van Diemen's LandGovernment Act, 1823)
"新西兰宪法法案"(New Zealand Constitution Act,1852)
新普利茅斯(New Plymouth,新西兰)
信德(Sind,印度)
"宣言与抗辩书"(Declaration and Remonstrance of Legislative Council of New South Wales, 1851)

Y

"亚罗号"(The Arrow)
亚丁(Aden,也门)
牙买加起义(Jamaica Revolt,1865)
《议会议事录》(Hansard)
印度民族起义(Indian Mutiny,1857)
印度土兵(Sepoy)
印度立法委员会(the Supreme Council of India)
《印度教育备忘录》(Minute on Indian Education,1835)
印度事务大臣(Secretary of State for India)
印度文官制度(Indian Civil Service)
英国贸易部(Board of Trade)
"英联邦自由大宪章"(the Magna Charta of the Commonwealth)
"英国化"(Anglicized)
"英属北美法案"(British North America Act)
英国与外国圣经协会(British and Foreign Bible Society)
英印总督梅奥勋爵(Governor Lord Mayo)
"约翰牛"(John Bull)

Z

"自由贸易大厦"(Free Trade Hall)

"自由放任"(Laissez-faire)
"自由贸易的帝国主义"(The Imperialism of Free Trade)
《自由新闻报》(*Liberal Daily News*)
"罪犯遣送制度"(Transportation)
爪哇(Java,印度尼西亚)

"真正的英国大臣"(The Minister of England)
"殖民部"(Colonial Office)
"殖民地土地与移民委员会"(Colonial Land and Emigration Commission)